# GREGOR WEBER

## Krieg ist nur vorne Scheiße, hinten geht's

EIN SELBSTVERSUCH

W0069024

DROEMER ✺

**Besuchen Sie uns im Internet:**
**www.droemer.de**

# Inhalt

Prolog: Wer stehen bleibt, stirbt                7

Wieso, weshalb, warum? – Wer nicht fragt …     15

You're in the army now …                       28

Im Blick                                        38

Nennen wir es Krieg                             49

Auf dem Weg                                     60

Der Berg ruft                                   70

Angriff am Torjoch                              80

Die Mühen der Ebene(n)                          95

Wintertraining                                 102

Temperaturanstieg                              113

Camping                                        124

Camping, Teil II                               134

Wehrauftrag                                    149

Raus, raus                                     160

Ganz ruhig, es läuft                           173

Für Afghanistan?                               190

Im Angesicht …                                 206

Camping, extended version                      215

Aus, aus, das Spiel ist aus …                  227

Epilog: Look back in …?                        245

Verzeichnis der Abkürzungen                    251

# Prolog:
# Wer stehen bleibt, stirbt


Routinefahrt.

Was auch immer das heißen mag in Afghanistan. Angeblich gibt es im Einsatz ja keine Routine. Standards ja, oder SOPs, *Standing Operation Procedures,* aber keine Routine, um Himmels willen.

Das wird einem eingebleut. Den aktiven Soldaten schon in der Grundausbildung und dann in der Spezialgrundausbildung. Und auf allen weiterführenden Lehrgängen.

Alte Säcke wie ich lernen es während der Feldwebel- oder Offizierslehrgänge für Reservisten.

Und alle kriegen es wieder und wieder in den gemeinsamen Einsatzvorbereitungen hingerieben. »Lassen Sie keine Routine aufkommen. Routine ist gefährlich, dann machen Sie Fehler.«

Aber so ist das mit vielem, das man in der Vorbereitung lernt. Es wird mit großer Verve erklärt. Männer und Frauen, die schon im Einsatz waren, stehen vor solchen, die es jetzt zum ersten Mal machen werden, und haben die ganzen Horrorgeschichten parat. Warnen. Mahnen. Wiederholen. Können gar nicht oft genug hinweisen, machen es noch mal deutlich.

Und in einem selbst baut sich ein Bild auf: Man wird ständig im Stress sein. Die Augen werden wie gehetzt hin und her flitzen, die Landschaft absuchen nach Hinweisen. Man wird dauernd an der Sicherung seiner Waffe herumdoktern, sich vergewissern. Vor Abfahrt wird man zehnmal nachsehen, ob

Gewehr und Pistole wirklich geladen und bereit sind. Den Sitz der Schutzweste überprüfen, sich zum hundertsten Mal fragen, ob ein leichter Kevlargefechtshelm wirklich genauso gut wie oder sogar besser schützt als der beruhigend schwere Stahlhelm, den man noch aus dem Wehrdienst vor mehr als zwanzig Jahren kennt, und ob diese Kunststoffschutzbrille tatsächlich einen Schrotschuss aus einem Meter Entfernung davon abhalten kann, einem das Augenlicht zu nehmen.

In den ersten Tagen, vor den ersten Ausfahrten, ist es dann auch wirklich so. Aber es wird täglich weniger, rapide. Weil man erkennt: So einen Stress hält kein Mensch vier oder sechs Monate lang aus. Man muss einen Gang zurückschalten. Verdrängen. Und dann fällt einem ein, dass sie das auch gesagt haben bei der Einsatzvorbereitung. Dass man handlungsfähig bleiben muss. Keine Panik kriegen darf. Nicht die ganze Zeit Angst haben soll.

Dann sagt man abends am Telefon zu seiner Frau: Ist nur eine Routinefahrt morgen. Weil man weiß, dass die zu Hause erst recht keine Panik kriegen dürfen. Weil sie genug um die Ohren haben. Weil sie sich nicht noch mehr Sorgen machen müssen.

Und weil man es selbst so will und nicht anders: Dass es eine Routinefahrt ist, eine Busfahrt, etwas, das jeden Tag gemacht wird und jeden Tag gutgeht und deswegen auch morgen gutgehen wird. Heute gutgeht.

Und dann fährt man mit sieben oder acht gepanzerten Fahrzeugen von Kunduz nach Taloqan, keine hundert Kilometer nach Osten. Und baut dort etwas ab, weil die Bundeswehr sich ja aus dem Raum Kunduz zurückzieht, den Afghanen die Sicherheitsverantwortung in eigene Hände übergibt, wie es im ISAF*-Sprech so schön heißt. Und Taloqan baut

* ISAF = International Security Assistance Force Afghanistan

8

man eben jetzt schon ab. Da standen ja eh nur noch zwei Mannschaftszelte und ein Sanitärcontainer am Rande eines Feldlagers der afghanischen Armee, damit ein paar deutsche Ausbilder oder CIMIC*-Leute, deren Auftrag länger dauerte als ein paar Stunden, dort übernachten konnten. In einem eigenen Bereich, im sogenannten »Deutschen Eck«.

Und merkt, dass die afghanischen Soldaten, die beim Aufräumen helfen, sich einerseits freuen, dass sie eine Menge Feuerholz bekommen für ihre Küche, aber andererseits nicht sehr begeistert scheinen, dass sie jetzt also tatsächlich die alleinige Sicherheitsverantwortung haben werden, auch wenn wir ihnen hier eh nicht mehr allzu viel geholfen haben.

So kommt es mir zumindest vor, vielleicht täusche ich mich auch.

In Afghanistan täuscht man sich schnell, wenn man keine Ahnung hat. Und wer hat schon Ahnung? Ich bestimmt nicht. Ich bin kein Berufssoldat, kein Entwicklungshilfeprofi, kein Politikwissenschaftler. Ich bin Autor, Schauspieler, Koch, Ehemann, Vater. Deutscher Wohlstandsbürger, Winkelbewohner, Wiesenspazierer.

Und Reservist.

Wie jeder, der irgendwann mal Wehrdienst geleistet hat. Nach zwanzig Jahren als Zivilist und am Ende eines langen Prozesses des Überlegens, nach intensiven Gesprächen mit meiner Frau und den Kindern, mit Freunden und Bekannten, nach einer Unmenge von Anrufen, Briefen, Mails, nach Wochen und Monaten der Lehrgänge und Ausbildungen bin ich nicht mehr Gregor oder Herr Weber oder Schatz oder Papi, sondern Feldwebel Weber, Angehöriger der Reserve der Gebirgsjägerbrigade 23, jetzt Pressefeldwebel im »Unterstützungsverband Kunduz« in Taloqan, Afghanistan. Mit 44 Jah-

---

\* CIMIC = Civil Military Cooperation, militärische Unterstützung für zivile Aufbauprojekte

ren und mittlerer Fitness laufe ich auf staubigem Boden, von karg begrünten Hügeln eingeschlossen, die Sonne brettert gute 42° Celsius vom wolkenlosen Himmel.

Irgendwann ist dann alles gepackt. Der Müll getrennt, wir sind ja Deutsche, und wir lassen den Afghanen nur das Holz zurück, weil wir wissen, dass sie es wirklich nutzen in der Küche. Unseren Müll nehmen wir mit, den werden wir im Feldlager Kunduz sortiert abgeben an die afghanische Müllabfuhr, die dann vermutlich alles auf einen großen Haufen irgendwo wirft, Verwertbares wird mitgenommen oder verkauft und der Rest angezündet.

Wir hinterlassen das »Deutsche Eck« besenrein sozusagen, nur der afghanische Staub bleibt zurück und die aufgestapelten Hescos, die riesigen Drahtkörbe mit Pappeinsatz und mit Schüttgut gefüllt, aus denen hier Schutzmauern gebaut werden. Praktische Sache und effektiv. Steine und Schüttgut gibt es nämlich in Afghanistan jede Menge.

Und dann fahren wir wieder zurück nach Kunduz.

Ich habe Fotos gemacht, als Dokumentation des Rückbaus, das gehört zu meinem Job als Pressefeldwebel. Ich habe dem »religious and cultural advisor« (religiöser und kultureller Berater) des afghanischen Bataillons einen Brief unseres CIMIC-Offiziers übergeben, der sich gerne von dem afghanischen Offizier verabschiedet hätte, aber für den es keinen Platz mehr im Konvoi gab. Dann sitze ich wieder vorne in einem Transportpanzer »Fuchs«, ein über vierzig Jahre altes Modell. Aber dieser hier ist eher neu, und unser Konvoi rumpelt über die staubigen Landstraßen, über Schotter, bis wir wieder Asphalt unter den Rädern haben auf dem Highway. Über die Brücke, die den Taloqan-River überspannt, durch Dörfer, die bei uns kaum Dörfer hießen, sondern allenfalls Flecken, aber so etwas Kleines, in die Landschaft Geworfenes, Verwittertes und Armes gibt es ja gar nicht mehr im fetten Deutschland. Jedes Gehöft ist aus Lehm, von Lehmmauern umschlossen, verschlossen wie eine kleine Burg. An den Straßenrändern fast nur Männer und Kinder. Erwachsene Frauen immer in Burkas und in Eile. Sie ziehen Kinder oder tragen Einkäufe, schnell, schnell heim. Die Männer gucken meistens lethargisch oder gar nicht oder skeptisch. Vielleicht feindlich, aber das kann ich nicht mit Sicherheit sagen. Liegt es an der Fremdheit, oder haben Afghanen durch den Krieg gelernt, keinen Hass in ihren Gesichtern sehen zu lassen? Die Kinder sind immer Kinder. Zumindest bis sie acht oder neun Jahre alt sind. Dann schleicht sich die Lethargie in die Buben und die Scheu in die Mädchen. Die Kleineren winken, lachen, zeigen mit den Händen Bälle in die Luft, weil wir früher oft Bälle verteilt haben. Jetzt nicht mehr. Weil es so schwer ist, nicht für alle etwas zu haben, sagen die einen. Weil wir uns an jeder Front zurückziehen, sagen die anderen, auch an denen, an denen wir gut gekämpft haben. Sie laufen neben den schweren Fahrzeugen her und manchmal davor, das verursacht mir fast Panik. Ein Kind zu überfahren ist überall das Schlimmste, aber dann auch noch hier? Wir in Waffen und Stahl und so ein zartes, ungeschütztes Kind?

Ich sehe so gerne Afghanistan und die Afghanen, vor allem das, weil es um die eigentlich geht bei alldem hier, aber ich bin dann doch immer wieder erleichtert, wenn wir die Ortschaften verlassen. Mit der Landschaft kann man nichts falsch machen, und wer sie nutzt, um uns anzugreifen, um den muss ich mir keine Sorgen machen. Er macht sich auch keine um mich.

Wir fahren jetzt wieder an den weichen Ausläufern des Hindukusch vorbei. Reisfelder, Getreide. Ein wunderschöner Tag heute in der Kornkammer Nordafghanistans. Das Land zeigt sich hier von seiner grünsten Seite.

Ich mache unaufhörlich Fotos, weil ich endlich mal vorn in einem Fahrzeug sitze und durch die große Frontscheibe knipsen kann und nicht hinten, wo es im »Fuchs« gar keine und im »Dingo« nur sehr kleine Fenster gibt.

Wir sind schon wieder in der Provinz Kunduz, nicht mehr sehr weit vom Lager entfernt, da bleiben wir stehen. Normaler Verkehrsstop. Kreuzung oder so. Unser »Fuchs« ist das letzte Fahrzeug. Ich quatsche mit dem Fahrer, die Kameraden hinten quatschen auch. Dann geht es weiter, hören wir über Funk vom Zugführer. Der Fahrer haut den Gang rein, der Motor geht aus.

Bisschen schnell kommen lassen, denke ich. Denkt er wohl auch und lässt den Motor wieder an. Legt den Gang ein. Der Motor geht aus.

Das Spiel wiederholt sich.

Wenigstens bewegt sich der ganze Konvoi sehr langsam, und so ist der Abstand noch klein zum nächsten Fahrzeug. Aber wir müssen dem Zugführer Bescheid sagen, dass etwas mit dem Motor nicht stimmt.

Der Konvoi bleibt stehen, der Fahrer versucht es wieder und wieder. Der Motor lässt sich problemlos starten, aber sobald er den Gang einlegt, stirbt er ab.

Und jetzt steht dieses Fahrzeug.

In Afghanistan.

Ich habe in allen Lehrgängen gelernt, dass es nicht gut ist, hier in einem Fahrzeug stehen zu bleiben, schon gar nicht auf freier Strecke, so wie wir jetzt. Die Fahrzeuge vor uns stehen schon zwischen Gebäuden und Mauern, zwischen ein paar Gehöften an der Strecke.

Wir hinten stehen auf freiem Feld. Links und rechts geht es je einen Kilometer in die Tiefe. Welliges Gelände, bewachsen, von Gräben durchzogen, einzelne Bäume. Unübersichtlich. Ideal für Hinterhalte mit Panzerabwehrwaffen.

Und das Fahrzeug heißt zwar Transportpanzer, aber genau genommen ist das kein Panzer, sondern lediglich ein geschütztes Fahrzeug.

Eine Panzerfaust kann von der konisch geformten Außenhülle abprallen, wenn man Glück hat, aber wenn die Hohlladung zündet, dann sind wir alle Grillfleisch hier drin. Keine Chance.

Ich denke an den Satz, den ein junger Hauptmann vor ein paar Wochen zu mir gesagt hat, nach einem 280-Kilometer-Konvoi aus über dreißig Fahrzeugen von Kunduz nach Mazar-e Sharif:

»Wer stehen bleibt, stirbt.«

Der »Fuchs« wiegt siebzehn Tonnen, er ist das zweitschwerste Kampffahrzeug im Konvoi. Und ein »Fuchs« kann nicht von einem anderen »Fuchs« abgeschleppt werden, dafür hat er zu wenig Kraft. Ein »Dingo« schafft es sowieso nicht. Nur der »Boxer«, das neueste Gefechtsfahrzeug der Bundeswehr, ist dazu in der Lage, wenn man den nicht im Konvoi hat, dann kann man nur auf den Bergepanzer aus dem Feldlager warten oder – im schlimmsten Falle – muss man das Fahrzeug sogar selbst sprengen und die Besatzung auf den Rest des Konvois verteilen.

Wir haben einen »Boxer« dabei. Aber der ist ganz weit vorn. Unsere Version des »Boxers« ist ein sogenanntes Funk- und Führungsfahrzeug, quasi die rollende Kommunikations- und Kommandozentrale des Konvois, auch wenn der Konvoiführer nicht drin sitzt.

Der »Boxer« muss nach hinten. Auf dieser engen Straße mit einigem Gegenverkehr. Nicht einfach.

Wir müssen Geduld haben, hier in unserem »Fuchs«, der auf der Strecke steht und nicht wegkann. Aus dem heraus wir mit einer Bordwaffe schießen können, die ich mir noch nicht mal angeschaut habe beim Losfahren. Ich habe keine

Ahnung, ob es ein ganz normales Maschinengewehr ist, oder ein schweres MG, oder eine Granatmaschinenwaffe. Wir können auch aussteigen und den Kampf zu Fuß aufnehmen. Oder wegrennen. Oder gegrillt werden, wie sie in den Hollywoodfilmen immer so cool sagen.

Ich schaue nach links in die Tiefe und nach rechts. Alles friedlich.

Wirklich?

Ich bin freiwillig hier. Ich wollte es wissen.

Ist es das jetzt?

Ist das jetzt mein Krieg?

# Wieso, weshalb, warum? –
# Wer nicht fragt …

arum machst du das?« – »Warum tust du dir das an,
deiner Familie?« – »Was sagt deine Frau dazu?«
Von Anfang an waren das die Fragen.
»Du musst doch nicht …«
Stimmt.
Das war, so seltsam es klingt, einer der Gründe, warum
ich es machen wollte. Dass ich nicht muss.

Weil ich in einem Land lebe, das mich als normalen Bürger nicht zwingt, in seine Kriege zu ziehen. Dessen Verteidigung ich sogar mit Hinweis auf mein Gewissen verweigern
darf. Ein Land, das es – zumindest nach den Buchstaben seiner Verfassung – selbst in größter Not hinnimmt, dass mir
als seinem Bewohner die Reinheit des eigenen Gewissens
wertvoller ist als die Freiheit aller.

Allein das war es mir immer wert, eine Waffe in die Hand
zu nehmen. Diese Freiheit. Und deswegen habe ich es vor
über zwanzig Jahren nach mehreren Anläufen aufgegeben,
eine Begründung für meinen Antrag auf Anerkennung als
Kriegsdienstverweigerer zu schreiben, und mich entschlossen, Wehrdienst zu leisten. Mein Weg nach Afghanistan begann im Grunde schon mit dieser Entscheidung.

Ich habe tiefen Respekt vor unbedingtem Pazifismus, und
ich halte ihn auch weder für naiv noch für wirkungslos.

Doch ich denke, dass es Situationen gibt, die die Anwen-
dung von Gewalt, auch von tödlicher Gewalt, rechtfertigen.
Die Verteidigung meines Lebens oder das eines anderen, der

dazu nicht in der Lage ist, also die klassische Notwehr oder Nothilfe. Und deren Pendants im Völkerrecht.

Ich halte auch Tyrannenmord im äußersten Notfall für moralisch legitim. Ob ich den Mut dazu hätte, ist eine andere Frage. Die schwierigere Frage dabei ist ohnehin: Wer definiert, wer ein Tyrann ist und wer nicht? Ich bin friedfertig, aber ich bin kein Pazifist – das habe ich beim Schreiben und Verwerfen des Antrages damals über mich gelernt.

Die Welt war zu Zeiten meiner grundsätzlichen Entscheidung eine sehr andere als die Welt heute. Der Kalte Krieg zog klare Demarkationslinien, auch wenn ich nicht glaubte, dass der Konflikt unausweichlich sei oder nur blanke Abschreckung den Ausbruch des heißen Krieges verhinderte.

Aber ich war mir bewusst, dass unsere Freiheit nicht selbstverständlich ist. Dass sie Blut gekostet hat. Dass meine Vorfahren Millionen Menschen getötet hatten, um andere Völker zu knechten, und dass diese Völker den Kampf zwar aufnahmen, um sich selbst vom deutschen Joch zu befreien, aber am Ende auch für meine Freiheit von der Tyrannei geblutet hatten.

Ich fühlte mich verpflichtet, diese Bereitschaft ebenfalls zu zeigen. Und das fühle ich auch heute noch.

In diesem Denken und Fühlen ist eine Wehrpflichtarmee natürlich die einzig denkbare Konstruktion der Streitkräfte. Es geht um die Freiheit aller, also sind auch alle zu ihrer Verteidigung verpflichtet. Dass unsere Freiheit so weit geht, den bedingungslos Friedliebenden von dieser Verpflichtung zu entbinden und die Verteidigung seiner Freiheit, seines Lebens an die Kampfwilligen zu übertragen, ihn also durch die Gemeinschaft zu schützen, obwohl er in gewisser Weise gegen das Interesse der Gemeinschaft verstößt – das hat mich immer ein wenig atemlos vor der Größe und Güte unserer Verfassung sein lassen.

Und die Geschichte gerade des Zweiten Weltkrieges zeigt, dass Länder, die ihren wehrfähigen Männern diese Freiheit auch im Krieg zustanden, wie Großbritannien und die USA, wo es eine nicht unerhebliche Anzahl von Kriegsdienstverweigerern gegeben hat, sich damit wahrlich nicht wehrlos gemacht haben, sondern im Gegenteil das Bewusstsein für die eigene Freiheit stärkten.

An die Parolen des Kalten Krieges konnte ich nicht glauben. Ich erkannte auch keinen Feind, drüben, auf der anderen Seite der Mauer. Ich fühlte mich nicht aus dem bösen Osten bedroht und vom guten Westen beschützt, so einfach wollte ich die Welt nie sehen.

Ich sah das Ganze abstrakt. Im Falle, diese Bundesrepublik Deutschland würde jemals, von wem auch immer, angegriffen werden, und das mit der Absicht, uns allen die Freiheit zu nehmen, dann würde ich mich an der Verteidigung dieser Freiheit beteiligen.

Ich war achtzehn Jahre alt, wehrpflichtig, tauglich und würde bald mein Abitur in der Tasche haben. Der Staat verlangte mir diese Pflicht ab, ich war einverstanden, also würde ich gehen. Und außerdem wollte ich einfach wissen, wie sich das anfühlen würde – Soldat zu sein. Eine weitreichende Entscheidung, die in gewisser Weise mein ganzes Leben prägen sollte.

Ich zog den Antrag auf Anerkennung als Kriegsdienstverweigerer schriftlich zurück, und wenig später bekam ich die Aufforderung, mich bei der EVP, der Eignungs- und Verwendungsprüfung zu melden. Das war die erste Abkürzung, die ich bei der Bundeswehr kennenlernte. Ihr würden noch Myriaden anderer folgen und ich würde die Bundeswehr nicht nur als Armee, sondern auch in ihrer anderen Eigenschaft, nämlich als deutsche Behörde, kennenlernen.

Bei der EVP wurde in einer Reihe von Tests herausgefunden, für welche Verwendungen man sich psychisch und intellektuell eignet und für welche nicht. Sozusagen eine seelisch-geistige Musterung. Ich schwankte damals noch, mit was genau ich gerne meinen Wehrdienst verbringen wollte. Nur eines war klar: Ich wollte dabei auch etwas erleben, etwas mitnehmen für später. Auf keinen Fall nach der Grundausbildung stumpf in irgendeiner Kaserne Dienst abreißen, weil niemand mehr irgendwas für mich zu tun hatte. Diese Geschichten kannte man zur Genüge von Ehemaligen aus der irrwitzig aufgeblasenen 495 000-Mann-Bundeswehr dieser Zeit.

Zwischen Fallschirmjägern (Adrenalin), Gebirgsjägern (endlich was gegen die Höhenangst tun) und Marine (*Join the navy, see the world*) hin- und hergerissen, entschied ich mich schließlich für die letzte Variante.

Die erste Folge davon war, dass der Durchführende dieser EVP tierisch genervt war, weil er dafür besondere Unterlagen aus dem Schrank wühlen musste und ich der einzige von gut hundertfünfzig jungen Männern war, der zur See wollte. Die Marine nahm schon damals ausschließlich Freiwillige. Auch als Wehrpflichtiger musste man sich melden, um überhaupt in die Auswahl zu kommen.

Als Zweites kam viele Wochen später ein Anruf von der Stammdienststelle der Marine in Wilhelmshaven, in der mir von einem Offizier mitgeteilt wurde, dass ich für die Marine als Funker in Frage käme, aber doch einen KDV-Antrag gestellt hatte? Ich sagte, ja, aber den hab ich doch zurückgezogen. Das wisse er und es freue ihn auch, allerdings sei es so, dass die Ausbildung zum Seefunker sehr aufwendig und teuer sei und man wolle das nicht in einen Mann investieren, der es sich dann vielleicht doch noch anders überlegt. Zudem noch einer, der dann womöglich mitten auf dem Ozean seinen Pazifismus wiederentdeckt. Einen Panzergrenadier hätte man ja schnell wieder in der Kaserne, aber einen Seemann?

Ich fragte, nicht ganz ernsthaft, was ich denn nun noch tun könne, um der Bundeswehr zu beweisen, dass ich gewillt war, meinen Dienst bis zum letzten Tag zu leisten.

Dazu hatte die Bundeswehr tatsächlich eine Idee, und die teilte mir der Marineoffizier auch mit. Ich solle doch bitte einen Text schreiben, etwa im Umfang eines Antrages auf Anerkennung als Kriegsdienstverweigerer, in dem ich darlege, warum ich mich nun entschlossen hätte, doch Wehrdienst zu leisten.

Ich war zunächst sprachlos.

Dann nahm ich die Aufgabe einfach als Versicherung dagegen an, dass ich eventuell doch nicht aus moralischen Gründen den Wehrdienst leisten wollte, sondern aus Bequemlichkeit. Tatsächlich lernte ich im Wehrdienst dann später einige Kameraden kennen, denen eine Verweigerung schlicht zu viel Mühe gewesen war und für die außerdem dazukam, dass der Wehrdienst ja schneller vorbei sei. Damals dauerte dieser fünfzehn Monate und der Zivildienst stolze zwanzig.

Ich fragte den Offizier, ob das ein übliches Verfahren sei, worauf er mir antwortete, das glaube er nicht, ich sei ja auch kein üblicher Fall. Ich bin also vermutlich der einzige Wehrpflichtige, der je eine Begründung geschrieben hat, warum er *nicht* verweigert …

Die Begründung war jedenfalls offenbar einleuchtend, denn am vierten Januar 1988 trat ich meinen Wehrdienst in der vierten Inspektion der Marinefernmeldeschule, Lehrgruppe Grundausbildung, in Eckernförde an.

Die rein militärische Ausbildung war bei der Marine eher nebensächlich. Wir lernten marschieren (»Damit ihr beim Marsch zum Gelöbnis wenigstens aussieht, als ob ihr Soldaten wärt«), schießen (»Wenn ihr mal Wache stehen müsst, sollt ihr kein Risiko für euch und die Menschheit sein«) und die tiefste Gangart im Gelände, sprich kriechen (»Ich kann Ihren Arsch immer noch wackeln sehen«).

Den weitaus größten Teil machte aber die fachliche Vorausbildung für den Job, den wir später mal an Bord machen sollten, aus. Für uns angehende Funker hieß das, mit der Schreibmaschine schreiben zu lernen – damals wurde hauptsächlich mit Funkfernschreibern gearbeitet – und Morsezeichen zu üben. Nach drei Monaten wechselten wir dann alle an die »richtige« Marinefernmeldeschule in Flensburg und bekamen die dreimonatige Vollausbildung in Fernmeldetechnik, Fernmeldeverfahren, Schlüsselwesen, Funkgruppen, mehr und schneller morsen und Maschineschreiben und vor allem: Vorschriften, Vorschriften, Vorschriften.

Danach fuhr ich ein Jahr lang auf einem alten Zerstörer zur See. Wir waren vier Wochen im Nordatlantik, ohne jemals Land zu sehen. Weitere vier Wochen sind wir im Seegebiet nördlich Schottland auf Manöver gewesen. Zum Ende meines Wehrdienstes kam dann als Highlight eine viermonatige Mittelmeerreise. Auf der Hinfahrt durchfuhren wir Ende Februar einen dreitägigen Jahrhundertsturm in der Biskaya. Windstärken bis elf Beaufort und Brecher von mehr als zehn Metern Höhe. Es war beängstigend und großartig. Ich hatte Glück und wurde nie seekrank, das Einlaufen in Lissabon danach bei sonnigen fünfzehn Grad war ein Fest.

Ich hatte extra wegen dieser Reise noch eine dreimonatige Reserveübung an meinen eigentlich Ende März endenden Wehrdienst gehängt. Das taten auch einige andere Kameraden. Der Schiffsführung war das sehr recht, weil sie so erfahrene Mannschaftsdienstgrade behalten und nicht mitten in so einer Reise durch völlige Neulinge ersetzen musste.

Viereinhalb Monate später zog ich braungebrannt und mit ausgebleichten Haaren die Uniform aus und ging nach Hause.

Im November, vier Monate nach meinem Ausscheiden aus der Bundeswehr, endete der Kalte Krieg mit dem Mauerfall.

Ich begann ein Studium, wechselte zu einem anderen, entdeckte, dass ich Schauspieler werden wollte, und im August 1990 marschierten irakische Truppen in Kuwait ein. Der zweite Golfkrieg, oder nach NATO-Rechnung der erste, erschien am Horizont. Ein Freund rief mich an, sehr besorgt, und fragte, ob ich denn schon eine Einberufung bekommen hätte. Ich fand den Gedanken sehr befremdlich, schließlich war nirgends die Rede davon gewesen, dass Deutschland sich an diesem Krieg beteiligen würde.

Aber der Freund brachte mich zum Nachdenken. Was wäre, wenn es dazu käme? Das war keine Landesverteidigung, das stand fest.

Kurz danach nahm ein anderer Freund Kontakt auf, der zur selben Zeit wie ich seinen Wehrdienst geleistet hatte. Er schrieb gerade eine nachträgliche Verweigerung. Er folge der Diskussion und er könne dies auf keinen Fall mit seinem Gewissen vereinbaren.

Mir war dieser Schritt in jedem Fall zu voreilig, es bestand ja noch kein konkreter Anlass. Und sozusagen prophylaktisch den Dienst an der Waffe zu verweigern, bevor man überhaupt dazu aufgefordert wird, kam mir panisch vor.

Ich war damals zweiundzwanzig und natürlich kein Völkerrechtler, aber es war jetzt wichtig für mich, mir eine Meinung zu diesem Krieg zu bilden.

Grundsätzlich halte ich es für nicht in Ordnung, einfach so über ein Land herzufallen. Der Irak hatte mit Kuwait genau das getan. Es ging dabei um Öl und um die Kontrolle über die fast fünfhundert Kilometer lange Küste Kuwaits. Der Irak hat, trotz seiner Größe, auf nicht mal fünfzig Kilometer Länge Zugang zum Meer.

Kuwait ist aber nicht Deutschland und auch nicht Mitglied der NATO, konnte sich also nicht auf den Gedanken der kollektiven Verteidigung berufen, der ja entscheidendes Bindeglied zwischen allen NATO-Ländern ist. Ein Angriff auf einen der NATO-Partner ist ein Angriff auf alle Mitglieder, und also sind alle auch zur Verteidigung des einen verpflichtet.

Die UNO kam ins Spiel. Eine Resolution wurde verabschiedet.

Man konnte berechtigt zweifeln an der ausschließlichen Lauterkeit der westlichen Motive, schließlich ging es nicht nur um die Freiheit Kuwaits, sondern auch um Öl, um geostrategische Interessen. Einerseits.

Andererseits war kein Zweifel, dass der Irak über Kuwait hergefallen war und das Land nicht in der Lage, sich selbst von dieser Besatzungsmacht zu befreien. Die Vereinten Nationen hatten dieses Bedürfnis anerkannt, die Invasion verurteilt und den Auftrag erteilt, die Besetzung Kuwaits durch den Irak mit militärischen Mitteln rückgängig zu machen.

Ich konnte tatsächlich zu keiner wirklich festen Überzeugung gelangen, ob es gerechtfertigt sei, in Kuwait zu intervenieren. Wobei mich Vokabeln wie diese in dem Zusammenhang immer stören. Sie verschleiern mehr, als sie verdeutlichen, als wollten sie schwerwiegende Vorgänge verdaulich machen.

Die irakische Armee hatte einen Krieg gegen Kuwait geführt und gesiegt. Im Auftrag der UN würde nun ein Krieg gegen den Irak auf irakischem und kuwaitischem Boden beginnen. Krieg, das heißt: Menschen sterben, Menschen töten. Menschen werden verwundet, verstümmelt, traumatisiert. Vertrieben, in Gefangenschaft genommen. Es bedeutet, dass Milliarden und Abermilliarden ausgegeben werden für

Treibstoff, Munition, Verpflegung, Sanitätsmaterial. Dass die Umwelt leidet, Tiere sterben, Vegetation vernichtet wird. Dass Ortschaften und Städte in Trümmer gelegt werden. Heimat zerstört wird.

Wenn Deutschland sich entschließen würde, in diesem Krieg mitzukämpfen, und wenn ich dazu einberufen würde – was wäre das Richtige, was wäre zu tun?

Ich war damals ein jugendlicher Floater mit großem Erlebnishunger. Ob es überhaupt rechtens wäre, sich an diesem Krieg zu beteiligen, konnte ich nicht entscheiden, da stachen sich die Ansprüche von Grundgesetz, NATO und UNO gegenseitig aus. Mir blieb am Ende nur eines übrig: auf eine gut begründete Entscheidung der Politik zu vertrauen. Und wenn diese auf Teilnahme an diesem Kampf fallen würde, dann würde ich gehen, sollte ich gerufen werden. Naiv? Am Ende ist es doch immer die Frage in sich selbst hinein. Willst DU das? Kannst DU das?

Die USA und Großbritannien verhandelten, drohten, kauften, überzeugten, was auch immer, eine Koalition zusammen. Zwanzig weitere Nationen erklärten sich bereit, Truppen für diesen Krieg zu stellen. Deutschland war nicht dabei. Die Regierung Kohl hatte ein Agreement getroffen, dass sich Deutschland mit ganz erheblichen Mitteln an der Finanzierung dieses Krieges beteiligen würde, aber keinesfalls mit Truppen. Umfragen ergaben, dass die Bevölkerung sogar mehrheitlich mit Steuererhöhungen einverstanden war, um diesen ›Freikauf‹ zu finanzieren.

Ich war enttäuscht. Nicht, weil ich jetzt nicht ins Mittelmeer oder den Persischen Golf geschickt werden würde, sondern weil ich fand, damit sei überhaupt keine Entscheidung getroffen, sondern wieder mal etwas verschleiert worden. Meiner Meinung nach bedeutet, sich an einem Krieg zu beteiligen, Soldaten zu entsenden und mit den Folgen zu leben. Und sich nicht an einem Krieg zu beteiligen heißt, ihn für ungerechtfertigt zu halten. Und dann finanziert man ihn auch nicht.

Das deutsche Dilemma dieses Golfkrieges von 1991 zieht sich durch alle Kriege seither, an denen Deutschland sich beteiligen sollte oder sich beteiligt hat. Es ist ein Dilemma der Politik, die bis heute nicht fähig ist, einen ehrlichen Dialog mit dem deutschen Volk darüber zu führen, ob wir Gewalt einzusetzen bereit sind oder nicht. Und wenn ja, unter welchen Bedingungen und mit welchen Folgen. Das vor allem.

Und es ist ein Dilemma dieser Armee, die nach wie vor nicht weiß, wer sie sein will und sein soll. Und natürlich abhängig ist von der Politik, denn nur das Parlament kann diese Armee außerhalb des Verteidigungsfalles in Marsch setzen, und nur die Politik darf Ziele und Einsatzzwecke dieser Armee definieren. Die Armee unterliegt diesem Primat der Politik.

Aber am Ende der Kette packen deutsche Bürger ihr Einsatzgepäck und steigen in ein Flugzeug. Sie landen auf einem Flecken Erde, wo die Dinge nicht so rund und satt laufen wie in Deutschland. Und man schickt sie, die Soldaten, weil es für die anderen, für das Technische Hilfswerk und die Entwicklungshelfer, zu gefährlich ist oder weil es für die erst mal noch nichts zu tun gibt. Denn wer kann schon Trümmer beseitigen oder ein Land aufbauen, solange in diesem Land noch gekämpft wird?

Nach dem Ende des ersten Golfkrieges bestand ich die Aufnahmeprüfung an der Schauspielschule und nahm im Sommer 1991 das Studium auf.

Es kam Somalia, dann die Jugoslawienkriege. Somalia nahm ich sehr aus der Ferne mehr als seltsames Abenteuer wahr. Aber die Kriege auf dem Balkan erschütterten mich tief. Hier gab es für mein Empfinden gar keine Alternative zu einem Eingreifen von uns europäischen Nachbarn, und ich wartete geradezu täglich auf eine Entscheidung. Zu Beginn war meine innere Anteilnahme so groß, dass ich mir fest vornahm, sollte es zu einem entschiedenen Eingreifen kommen, würde ich sofort versuchen, mich freiwillig zu melden.

Aber es geschah lange, lange nichts. Und als sich Europa endlich entschlossen hatte, als es ein UN-Mandat gab, da waren es vor allem die Briten und Franzosen, die mit hohem Engagement und ohne lange Diskussionen den schweren Teil übernahmen.

Wir Deutschen zögerten wieder.

Srebrenica hat mich fassungslos gemacht. Ich sehe mir heute immer noch von Zeit zu Zeit die gespenstischen Videos von Mladic an, der den niederländischen Oberst Karremans demütigt und ängstigt. Etwas Schlimmeres kann man einem Soldaten seelisch kaum antun, als ihm seine Machtlosigkeit vorzuführen, die Unfähigkeit, die zu retten, zu deren Schutz er eigentlich bestellt ist.

Viele Veteranen des niederländischen UN-Kontingents, des Dutchbat, sind schwer traumatisiert, noch heute. Es gab eine Menge Selbstmorde unter ihnen. Roméo Dallaire, der kanadische General, der sich selbst ein Versagen in Ruanda attestierte, weil er es nicht geschafft hatte, alle Anweisungen und Befehle der UN zu ignorieren und damit unzählige Menschen zu retten, hat zweimal versucht, sich zu töten, und leidet noch heute an schweren Depressionen.

Ich will damit sagen: Es gibt – neben vielem Fragwürdigen – auch ein soldatisches Ethos, das es befiehlt, sich für Schwache einzusetzen. Sein Leben, seine Gesundheit in die Waagschale zu werfen und die Schuld des Tötens auf sich zu laden. Für andere. Ich habe tiefen Respekt vor diesem Ethos und ich hoffe immer, dass ich, sollte ich je in die Lage kommen, den Mut habe, diesem Ideal zu folgen.

Afghanistan war und ist anders als jeder der vorher genannten Konflikte und hat doch mit allen Berührungspunkte oder Gemeinsamkeiten. Gleichgültig, was darum herum alles eine Rolle spielt, im Zentrum steht wieder einmal ein geschundenes Land und vor allem geschundene Menschen, deren Leben ohne Hilfe von außen nicht besser werden wird.

Der Krieg in Afghanistan hat die Bundeswehr dramatisch verändert. Weit mehr als jeder andere Einsatz. Andererseits ist vieles gleich geblieben. In der Bundeswehr, aber vor allem auch in Politik und Gesellschaft. Mich haben dieser Krieg und diese Entwicklung so gefesselt, dass ich mich in meinem ersten Roman damit auseinandersetzte.

Um zu recherchieren, nahm ich Kontakt zur Luftlandebrigade 26 im Saarland auf. Die saarländischen Fallschirmjäger hatten zu diesem Zeitpunkt im Jahr 2009 die größte Kampferfahrung in Afghanistan und auch die meisten Toten in einem geschlossenen Verband. Sie luden mich zu einem Gespräch ein, und ich fuhr hin. Dann ein zweites Mal, diesmal für zwei Tage. Der Presseoffizier fuhr mit mir durch alle Standorte, und ich konnte mit einigen Soldaten sprechen, die im Einsatz gewesen waren. Es faszinierte mich. Was sie erzählten, war ganz anders, als das, was man in den Zeitungen las oder im Fernsehen sah. Nicht, dass wir belogen würden in den Medien. Nein, es war eine völlig andere Bewertung und Erzählung dessen, was dort geschah. Und: Ich stand vor einer anderen Generation von Soldaten als der, die ich aus meinem eigenen Wehrdienst kannte. Abgeklärter, professioneller.

Ich begriff, dass ich durch Reden niemals genug verstehen würde, um ein gutes Buch zu dem Thema zu schreiben. Ich wollte am eigenen Leib spüren, wie diese Bundeswehr sich verändert hat und was es heute heißt, Soldat dieser Bundeswehr zu sein.

Drei Monate später stand ich an einem Dezembermorgen um sieben Uhr früh in Flecktarn inmitten einer Fallschirmjägerkompanie auf einem verschneiten Kasernenhof, und ein Hauptmann rief laut ins winterliche Dunkel:

»Es tritt vor der Hauptgefreite der Reserve Weber.«

# You're in the army now …

**M**ittlerweile weiß ich, dass es für Reservisten die seltsamsten Karrieren bei der Bundeswehr gibt. An jenem kalten, verschneiten Dezembermorgen in Saarlouis wurde mir aber erst mal von meinem eigenen Sprung nach oben schwindlig.

Auf das Vortreten folgte nämlich meine ansatzlose Beförderung vom Hauptgefreiten der Reserve zum Stabsunteroffizier. Bei der Marine heißt derselbe Dienstgrad Obermaat.

Möglich war diese Beförderung aufgrund meiner Berufsausbildung zum Koch. Ich wurde als »Verpflegungsunteroffizier Streitkräfte« in der Stabskompanie der Luftlandebrigade 26 eingeplant. Bei berufsnahem Einsatz kann ein Reservist aufgrund eines Berufsabschlusses ohne weitere Voraussetzung zum Unteroffizier gemacht werden. Mit einem für die Bundeswehr nutzbaren abgeschlossenen Studium sogar zum Offizier.

Zu meiner aktiven Dienstzeit war Hauptgefreiter der höchste Mannschaftsdienstgrad und für einen Wehrpflichtigen eine Ausnahmebeförderung. Normalerweise endete man im Dienstgrad Obergefreiter, viele auch als Gefreite. Mittlerweile gibt es noch den Stabs- und den Oberstabsgefreiten darüber. Wenn Sie sich bei Dienstgraden auskennen, können Sie jetzt ein Stück weiterspringen im Text. Wenn nicht, dann bitte ich Sie um kurze Aufmerksamkeit. Ich will Ihnen die Verhältnisse so knapp und einleuchtend wie möglich näherbringen. Denn die Hierarchie spielt zum Verständnis der Armee natürlich eine wichtige Rolle.

Also.

Es gibt grundsätzlich drei sogenannte Laufbahngruppen. Von unten nach oben sind das: Mannschafter, Unteroffiziere, Offiziere. Jeder Angehörige einer Laufbahngruppe ist in fast allen dienstlichen Situationen Vorgesetzter aller Angehörigen niedrigerer Gruppen. Mannschafter sind niemandes Vorgesetzte, weil sie die niedrigste Laufbahngruppe sind.

So weit ist es einfach. Jetzt wird es etwas komplizierter.

Die beiden oberen Laufbahngruppen teilen sich wiederum in Dienstgradgruppen. Die unterste, die Mannschafter, nicht. Die Dienstgradgruppen sind insofern wichtig, weil auch von oberer zu niedrigerer Dienstgradgruppe ein Vorgesetztenverhältnis bestehen kann.

Die Unteroffiziere teilen sich in die Dienstgradgruppe der Unteroffiziere ohne Portepee[*] (Unteroffizier und Stabsunteroffizier) und die Gruppe der Unteroffiziere mit Portepee. Hier gehen die Dienstgrade von Feldwebel über Oberfeldwebel, Hauptfeldwebel, Stabsfeldwebel bis zum den Niederungen des Alltags entrückten und selten verliehenen Dienstgrad Oberstabsfeldwebel. Kurz fasst man alle Soldaten dieser Gruppe auch als »die Portepees« oder, nach dem niedrigsten Dienstgrad, »die Feldwebel« zusammen.

Auf die Feldwebel folgen dann, als unterste Dienstgradgruppe in der Offizierslaufbahn, die Leutnante (Leutnant, Oberleutnant). Die nur von Offiziersanwärtern durchlaufenen Dienstgrade Fahnenjunker, Fähnrich und Oberfähnrich entsprechen dem Unteroffizier, dem Feldwebel und dem Hauptfeldwebel.

Nach den Leutnanten kommen die Hauptleute (Hauptmann, Stabshauptmann), danach die Stabsoffiziere (Major,

---

[*]  Ein Portepee ist eine Schlaufe für den Offiziersdegen, deren Tragen etwa ab Mitte des 18. Jahrhunderts den Feldwebeln der preußischen Armee gestattet wurde, um sie von den einfachen Unteroffizieren zu unterscheiden.

Oberstleutnant, Oberst). Der Dienstgrad Oberstleutnant ist das sogenannte Laufbahnziel für Berufsoffiziere, also der Dienstgrad, den in der Regel jeder am Ende seiner Dienstzeit erreicht hat (bei Berufsunteroffizieren entsprechend der Stabsfeldwebel).

Oberst zu werden ist schon nicht ganz einfach, richtig anspruchsvoll wird es danach. Dann folgen nämlich schon die Generäle, aufsteigend: Brigadegeneral (ein Stern), Generalmajor (zwei), Generalleutnant (drei), General (vier).

Haben Sie alles?

Weil Sie das alles jetzt so tapfer durchgehalten haben, erspare ich Ihnen die Dienstgrade der Marine, die sind noch mal anders...

Als Wehrpflichtiger stand ich also immer ganz unten in der Hierarchie. Ich wurde in den letzten Monaten meiner Dienstzeit zwar fachlich wie ein Unteroffizier eingesetzt, hatte aber keinerlei Befehlsbefugnis. Ein Unteroffizier beziehungsweise ein Maat war für mich in dieser Zeit der häufigste direkte Vorgesetzte im Alltag. Ein Maat war mein Gruppenführer in der Grundausbildung. Zwei Maaten waren die Führer der Funkwache an Bord. Darüber gab es dann die den Feldwebeln entsprechenden Bootsleute. In der Grundausbildung waren das Zugführer, an Bord sogenannte Meister, die eine Abteilung leiteten. Bei mir also der Funkmeister. Offiziere waren weit weg ...

Um Unteroffizier zu werden, musste man damals eine militärische Ausbildung zum Gruppenführer durchlaufen und den entsprechenden Fachlehrgang. Erst dann wurde man Unteroffizier.

Ich möchte damit verdeutlichen, dass es für mich eine seltsame Erfahrung war, ohne irgendeinen Lehrgang, einfach nur aufgrund meiner Berufsausbildung zum Koch, plötzlich de facto ein militärischer Vorgesetzter zu sein, der Mannschaftern Befehle erteilen konnte und von ihnen gegrüßt werden musste.

Tatsächlich kam ich aber kaum in die Verlegenheit. Die Bundeswehr, speziell meine neue Einheit, die saarländischen Fallschirmjäger, war einfach meinem Interesse und meiner Neugier entgegengekommen, hatte einen Dienstposten gefunden, der meine Reaktivierung als Reservist vernünftig rechtfertigte, weil man mich als Koch ja nicht mehr ausbilden musste und so, außer meiner Einkleidung, Verpflegung und des Wehrsolds keine größeren Kosten entstanden. Und die Feldköche des Heeres können im Normalbetrieb in der Kaserne durchaus flexibel eingesetzt werden, weil sie nicht in voller Stärke an der Verpflegung der Kasernen mitarbeiten. Die Kantinen sind nämlich mittlerweile alle privatisiert. Die Stunde der Feldküche schlägt erst bei großen Übungsvorhaben.

Also durfte auch ich in die unterschiedlichsten Bereiche hineinschnuppern, mit einer Menge Soldaten reden und überhaupt mal diese neue Bundeswehr und das Organisationsgefüge einer luftlandefähigen Infanteriebrigade kennenlernen.

Es ist wieder Zeit für ein paar trockene Fakten: Eine Brigade der Bundeswehr kann von etwa 1500 bis etwa 5000 Mann umfassen. Sie gliedert sich in Bataillone, die wiederum aus vier bis sechs Kompanien bestehen. Die Kompanie ist aufgeteilt in drei Züge, diese wiederum in Gruppen.

Zu meiner Wehrdienstzeit führte ein Unteroffizier die Gruppe und ein Ober- oder Hauptfeldwebel den zweiten und dritten Zug. Ein Hauptmann befehligte die Kompanie, sein Stellvertreter war ein Leutnant oder Oberleutnant, der traditionell auch Führer des ersten Zuges war.

Heute ist ein Unteroffizier ohne Portepee kein Gruppenführer mehr. Das ist ein Feldwebel oder Oberfeldwebel. Zugführer, wenn es kein Offizier ist, ist ein Hauptfeldwebel, in seltenen Fällen ein Stabsfeldwebel. Dieser Umstand machte dann auch meine »Blitzbeförderung« weniger riskant für die Erhaltung der Kampfkraft der Einheit.

Die Einkleidung im Jahr 2009 sah mich bei einer privaten Ausrüstungsfirma, die gegen Bezahlung durch den Bund jeden Soldaten ausstattet. Servicegedanke, alle sehr höflich. Ich hatte sogar einen Einkaufswagen. Gut, es war auch kein Rekruten-Einkleidungstag, ich war der Einzige heute, das half sicher auch.

Die Kleidung wurde immer in mehreren Größen zur Auswahl gebracht, die Stiefel sorgfältig angepasst (»Da geht der Fallschirmjäger ja schon mal ein paar Meter mit, nicht?«).

Der Helm ist heute nicht mehr aus Stahl, sondern aus vielen gepressten Kevlarschichten, einer Kunststoffart, aus der auch die Hüllen für schusssichere Westen hergestellt werden. Die Hüllen wohlgemerkt, nicht die Schutzplatten darin. Er sieht aus wie im Kino und wiegt fast nichts. Was einen beim Üben im Gelände sicher freut, aber mir nicht allzu viel Vertrauen in seine Schutzwirkung einflößte. Ist aber wohl unbegründet, wie ich heute weiß.

Am besten fand ich den Rucksack. Das Dessin ist zwar nicht gerade fröhlich (Flecktarn), aber die Dinger haben heute ein richtiges Tragegestell und Rückenpolster. Im Verlauf meiner neuen »Karriere« würde ich allerdings lernen, dass der anspruchsvolle moderne Soldat den Standarddrucksack verachtet und entweder zu den Privilegierten gehört, die Anspruch auf die für die Spezialkräfte und die spezialisierte Infanterie der Bundeswehr gefertigten High-End-Rucksäcke der britischen Marke »Berghaus« haben oder sich gleich auf eigene Kosten ausrüstet.

Die ersten Tage als spätberufener Reservesoldat vergingen schnell und liefen manchmal wie ein Film ab, bei dem ich mir nicht sicher war, ob ich mitspielte oder zuschaute.

Ich bezog eine Stube mit Stockbetten (alleine ... uff), räumte meine tolle neue Ausrüstung in einen Spind, gewöhnte mich daran, um zehn vor sechs in der Kantine zu frühstücken und um sechzehn Uhr dreißig in einer mehr oder weniger leeren Kaserne zu stehen ...

Man stellte mir die anderen Feldköche vor, es wurde vereinbart, dass ich irgendwann mal eine Einweisung in die TFK250 bekommen soll, die »Taktische Feldküche 250«, die laut Hersteller für den Einsatz unter »Air-Land-Battle2000«-Bedingungen konzipiert ist. Konkret: Man kann das Ding an Lastenfallschirmen aus Flugzeugen werfen und unten dann an ein Fahrzeug hängen. Und natürlich damit kochen.

Es war allen klar, dass ich nach zwanzig Jahren Zivilleben und als ehemaliger Marinesoldat extrem weit weg von dem war, was heutzutage von einem Fallschirmjäger so erwartet wird. Zwar wurde wiederum nicht erwartet, dass ich mich hier zum vollständigen Luftlandeinfanteristen entwickelte, aber ich war ja nicht zuletzt zur Recherche hier und sollte also so viel wie möglich mitbekommen.

Der aktuelle Grundausbildungsdurchgang war fast am Ende des Trainings, also bekam ich Einzelunterricht. Auffrischung am Maschinengewehr MG3, das ich während meines Wehrdienstes ein einziges Mal abgefeuert habe, ebenso die Maschinenpistole MP2, auch als UZI bekannt. Erstausbildung am Sturmgewehr G36 und der Pistole P8. Zu meiner Zeit waren das G3 als Gewehr und die P1 als Pistole Standard. Erstausbildung bedeutet, die Waffe wird erklärt, die technischen Daten dargestellt, sie wird zerlegt und wieder zusammengesetzt. Alles unter Anleitung nach dem Prinzip – Achtung Abkürzung! – Venü, gleich Vormachen, Erklären,

Nachmachen, Üben. Pädagogik für Einsteiger, aber es funktionierte. Nach zwei Stunden fehlten keine Teile, und ich kriegte die meisten Waffen alleine auseinander und fast ohne Hilfe auch wieder zusammen …

Nebenbei zeigten mir die Soldaten Nachtsichtausrüstungen, Ferngläser, die bei der Bundeswehr DFs – Doppelfernrohre – genannt werden, Zieloptiken, unterschiedlichste Munition und erzählten aus dem Alltag der Einsatzarmee.

Dann gab es wieder mal Essen. Zeiten wie im Krankenhaus, das hatte ich schon längst vergessen. Frühstück ab 5.30 Uhr, Mittagessen schon ab 11 Uhr.

Ich wurde von Dienstzimmer zu Dienstzimmer gebracht, vom Kompaniefeldwebel* oder »Spieß« begrüßt, der mich zum Kompaniechef weiterreichte. Die Stabskompanie einer Brigade, der ich jetzt angehörte, ist deutlich größer als eine Standardkompanie, gut doppelt so stark, und wird deswegen in der Regel auch von einem Major geführt und nicht von einem Hauptmann. Die wesentliche Aufgabe der Kompanie ist es, die gesamte Logistik und den Nachschub für die dreieinhalbtausend Soldaten der Brigade sicherzustellen. Von der Schraube über die Klobürste bis zum Schneeräumgerät, vom Fallschirm über Munition bis zum luftlandefähigen Kleinpanzer.

Als Koch gehörte ich zur Versorgungsabteilung der Kompanie. Meine korrekte Dienstpostenbezeichnung war: »Truppführer Feldküche«. Wen ich da führen sollte, war unklar,

---

* Der Kompaniefeldwebel ist für Personalfragen mitverantwortlich, geht dem Chef bei solchen zur Hand, ist Führer aller Unteroffiziere der Kompanie und soll Ansprechpartner in allen Nöten und Sorgen sein, deshalb oft »Mutter der Kompanie« genannt. In früheren Zeiten trug er eine Stangenwaffe (einen Spieß), mit dem er Soldaten, die im Gefecht fliehen wollten, disziplinierte – sie »bei der Stange hielt«. Er marschiert immer am Schluss der Kompanie. Sein Erkennungszeichen in der Bundeswehr ist eine geflochtene gelbe Kordel um die rechte Schulter.

weil alle Köche Unteroffiziere oder Stabsunteroffiziere waren. Abteilungsleiter und in gewisser Hinsicht Vorgesetzter war der Truppenversorgungsbearbeiter, kurz TVB genannt, ein junger Hauptfeldwebel.

Sein Büro wurde für die ersten beiden Wochen, die ich jetzt wieder in Uniform verbrachte, meine Anlaufstelle. In der zweiten Woche eigentlich mein Hauptaufenthaltsort, weil irgendwie doch keiner so richtig was für mich zu tun hatte …

Außer der Versorgung und Logistik ist eine Brigade-Stabskompanie auch noch für einiges anderes zuständig. Sie verfügt über einen großen Fernmeldezug, was heutzutage gleichbedeutend mit IT-Technik ist, dazu den Gefechtsstand-Zug. Beide Komponenten zusammen stellen im Feld quasi das Gehirn der Brigade. Den Gefechtsstand, von dem aus der Kommandeur, ein – richtig – Brigadegeneral, die Brigade führt mit allen Kommunikationsmöglichkeiten, die er braucht.

Dazu gehört dann beispielsweise noch ein Sicherungszug, der den Gefechtsstand schützt, sowie der Aufklärungs- und Verbindungszug (AVZ – nicht zu verwechseln mit dem AuslandsVerwendungsZuschlag …), der beispielsweise nach dem Sprung aus den Flugzeugen zuerst mal den von Spezialkräften zuvor ausgesuchten Platz für den Gefechtsstand genau erkundet und sichert, bis der Rest nachrückt. Oder in weitem Umkreis um den Gefechtsstand fortwährend in Aufklärungsmissionen arbeitet, um einen eventuellen Feind früh genug zu erkennen.

Die erste Woche ging schnell vorbei, eine Menge Termine, viele wollten mich auch einfach nur kennenlernen und begrüßen. Im Dezember 2009 war ich ja noch saarländischer Tatortkommissar, und die Angehörigen der Brigade zeigen mir sehr deutlich, dass es ihnen Spaß machte, einen der beiden »Kommissare« als Reservisten in den Reihen der Einheit zu haben.

In die zweite und letzte Woche meiner ersten Wehrübung seit 1989 fiel die große Weihnachtsfeier der Stabskompanie, und ich wurde vom Chef beauftragt, einen lustigen Auftritt vorzubereiten. Wozu hat man einen Schauspieler und Autor in der Kompanie? Zu kochen brauchte ich nicht, das schafften die Jungs und das eine Mädel der Truppe ohne mich sehr gut. Und was ich eventuell an besonderen Kniffen und Würztricks aus meiner Lehre im Sternerestaurant VAU beizusteuern gehabt hätte, wird nicht unbedingt gebraucht bei einem Weihnachtsessen für über dreihundert Soldaten.

Die Feier fand in einer typischen Mehrzweckhalle statt. Eine Abordnung der Kompanie hatte einen riesigen Christbaum besorgt, die Halle mit Fallschirmen und Sternen dekoriert, Reihen um Reihen von Tischen und Bänken aufgestellt. Die Köche hatten tagelang vorgeschmurgelt und servierten verschiedene Braten, Klöße und Rotkraut, Süßes und Glühwein.

Es wurden Reden gehalten, das Jahr rekapituliert, über den für eine Menge Leute bevorstehenden Afghanistan-Einsatz gesprochen, Musik gemacht, und irgendwann musste ich dann hoch auf die Bühne.

Natürlich kann man beim Bund nicht einfach so auf die Bühne und loslegen. Das hatte ich zum Glück bei den Vorgängern gesehen. Da der Chef der Stabskompanie mich angekündigt hatte, der mein Disziplinarvorgesetzter war, musste ich beim Betreten der Bühne ins Stillgestanden gehen, ihn mit der Hand an der Stirn grüßen und sagen: »Stabsunteroffizier Weber, melde mich wie befohlen.«

Dann trat ich hinter das Pult, richtete mir das Mikro ein, raschelte bedeutend mit dem Manuskript und fing an.

Ich habe Theater gespielt, ich habe zig Filme und Serienfolgen in meinem Leben gedreht. Menschenmengen, die auf mich starren, machen mich nicht sehr nervös. Aber noch nie hatte ich in einer Halle voller Soldaten in Flecktarn gestanden, die jetzt – das spüre ich – etwas Besonderes von »ihrem« Schauspieler erwarteten.

Ich fing also an, vorzutragen, erstes verhaltenes Lachen, dann kamen die ersten Sätze in saarländischem Dialekt, das brach das Eis. Vereinzelte »Och, de Stefaan«-Rufe, die Stimmung stieg. Ich wurde locker, und wenn ich locker bin, bin ich besser. Es lief bestens. Die Halle dröhnte ein wenig von lachenden Fallschirmjägern, und es gab guten, sehr herzlichen Applaus.

Danach viele Gespräche, Schulterklopfen, ich sollte mich auch beim Kommandeur kurz vorstellen. Der General schüttelte mir die Hand, lachte laut und sagte, solange er hier Kommandeur sei, sei ich immer willkommen.

Bislang war ich hier, um zu recherchieren, die neue Bundeswehr kennenzulernen. Bislang hatte ich täglich das Gefühl, die Armee tue mir einen Gefallen, sei mir entgegengekommen. Was auch immer noch stimmte. Aber an diesem Abend und den letzten Tagen dieser ersten Wehrübung lernte ich etwas Neues.

Ich höre immer wieder, wie schön es sei, dass »jemand wie Sie sich für uns interessiert«. Nicht nur, weil ich so was wie prominent bin, sondern auch, weil ich nicht hier sein musste. Weil ich ein ganz normaler Bürger bin, der für einen begrenzten Zeitraum die Uniform wieder anzieht und sich bekennt.

Die Bundeswehr fühlt sich alleingelassen. Mehr als (zu diesem Zeitpunkt) zweihunderttausend Männer und Frauen mit Waffen und schwerem Gerät fühlen sich alleine. Dieser Gedanke ließ mich nicht mehr los.

# Im Blick

Am Freitag früh, dem letzten Tag meiner ersten Wehrübung, tat ich das, was Millionen Wehrpflichtige seit
mehr als fünfzig Jahren jeden Freitag tun. Ich packte für die
Heimfahrt.

Allerdings musste ich eine fast komplette sogenannte
»Friedenszusatzausstattung« (es fehlte eigentlich nur der
graue Dienstanzug), verteilt auf einen Seesack, die große
Kampftragetasche und den Kampfrucksack, transportieren.

Warum die Tasche »Kampf«-Tragetasche heißt, erschließt
sich mir bis heute nicht, aber es war klar, dass ich mich mit
dem ganzen Zeug ziemlich abkämpfen würde – denn ich
fuhr mit dem Zug vom Saarland nach München.

Außerdem fiel Schnee, der sich im Laufe des Tages entschloss, ein ausgewachsenes Schneetreiben zu werden. In
Mannheim gab es beim Umsteigen dann entsprechende Ver-
zögerungen, und so standen wir Fahrgäste bei eiskaltem
Starkwind im Schneesturm und hofften auf gute Nachrichten aus dem Lautsprecher.

Ich war weit und breit der einzige Soldat in Uniform.

Nicht wenige der Gespräche der letzten beiden Wochen hatten sich um die Akzeptanz der Bundeswehr in der Gesellschaft gedreht. Die ist aus Sicht der Soldaten nicht gut. Sie
fühlen sich nicht wahrgenommen, in ihren Leistungen nicht
geschätzt, ja oft angefeindet. Die meisten Soldaten vermeiden es, in der Öffentlichkeit Uniform zu tragen. Ausnahmen
sind da nur traditionelle Garnisonsstädte wie Saarlouis oder

Koblenz oder Landstriche, deren eher konservative Bevölkerung grundsätzlich staatlichen Organen freundlich gegenübersteht.

Ich habe Geschichten gehört von Beleidigungen, sogar, dass Soldaten angespuckt wurden. Ein Offizier (Offiziere müssen sehr häufig umziehen, weil sie ständig neue Dienstposten bekommen) erzählte, dass er es schon an einem Wohnort geschafft hat, während der gesamten Dienstzeit dort den Nachbarn zu verheimlichen, was er arbeitet. Auf die Frage, warum er das getan hätte, antwortete er mit einem leicht traurigen Lächeln, dass er eben viel weg sei und ja auch schon im Einsatz war und seine Frau und die Kinder sich nicht auch noch mit blöden Sprüchen über Soldaten abkämpfen sollten.

Soldat sein ist unter Abiturienten eher keine Karriereoption. Und so einen Satz wie: »Ich diene meinem Land«, kann ein Deutscher eigentlich ungestraft nur leise und wenn er allein ist, sagen.

Und es gibt andererseits Menschen mit grünem oder linkem politischem Hintergrund, die Soldaten mit einer gewissen Empathie begegnen, weil sie sich mit den Beschlüssen ihrer bevorzugten Parteien zu den Auslandseinsätzen auseinandergesetzt haben.

Vor allem aber gibt es einen breiten Konsens, dass die Bundeswehr lieber nicht öffentlich erscheinen, sondern hinter Kasernenmauern bleiben sollte. Und unsichtbar in Einsätze fliegen, aus denen die Soldaten bitte auch genauso unsichtbar wieder zurückkehren mögen.

Spätestens seit der Aussetzung der Wehrpflicht, aber eigentlich schon davor, als es nur kleine Teile jedes Jahrgangs überhaupt noch traf, von denen dann die Mehrzahl verweigerte, hat der deutsche Bürger stark mehrheitlich keine Berührung mehr mit dieser Armee. Bundeswehr ist für die meisten gleichbedeutend mit Preußentum, seltsamen Traditionen und so unangenehmen Themen wie Bombenabwürfe, Gefallene, Traumatisierte und Auslandseinsätze, von Letzteren glauben die meisten Bürger zu wissen, dass sie gescheitert sind und überhaupt ein Fehler waren.

Mir erzählten Soldaten sehr viel differenzierter, gerade über Afghanistan. Wie schön das Land sei. Wie bedrückend die Situation der Afghanen. Dass ihnen ihr Einsatz oft sehr sinnvoll vorkam, auch wenn viele Initiativen auf halber Strecke stecken blieben. Dass es nicht einfach für ihre Familien ist, mit der Situation klarzukommen. Dass es nicht einfach für die Soldaten selbst ist. Dass sie es wieder machen, wenn der Dienstherr sie schickt.

Sie reden auch über Frustrationen und Verzweiflung. Über Zweifel an der Richtigkeit der Strategien. Über das zu kurze Denken der Politik, das sich dann auf die Entscheidungen der übergeordneten militärischen Führung niederschlagen würde, weil so nun mal die Kommandofolge in Deutschland ist.

Sie reden über den Schmerz, wenn ein Kamerad stirbt. Über Verwundung. Über das Töten. Auch das.

Und dann schauen sie oft ein wenig ins Ferne und lächeln und sagen dann leise, dass das aber eben keinen interessiert draußen. Oft nicht mal die Verwandten oder Freunde. Dass sie die Partner nicht damit zuschütten wollen, aber dass es alleine nicht geht.

Und dann bleiben nur die Kameraden, die dasselbe erlebt haben und die einen bestätigen in seiner Erinnerung und in seinen Gefühlen.

In Mannheim stemmte sich jetzt die völlig übersteuerte Lautsprecherdurchsage gegen den Sturm und teilte mit, dass der ICE nach München noch weitere vierzig Minuten später kommen würde. Niemand stöhnte, weil alle genug mit der Kälte zu kämpfen hatten. Die ersten zockelten mit ihren Rollkoffern in Richtung Treppe. Im Bahnhof lockten Cafés und Imbisse.

Ich überlegte gerade, ob ich meinen ganzen Klumpatsch auch dorthin schleifen sollte oder ihn einfach hier liegen lassen. Klaut doch kein Mensch so was, oder?

Dann packte mich das schlechte Gewissen. Eigentum des Staates, von gesellschaftlichen Mitteln finanziert, so geht es ja auch nicht, Herr Stabsunteroffizier...

Meine Überlegungen wurden von einer Dame, dem Erscheinungsbild nach tippte ich spontan auf Lehrerin, unterbrochen, die mich sehr freundlich lächelnd und sehr vorsichtig ansprach.

»Ach, ich hätte eine große Bitte an Sie.«

»Ja?«

»Ich muss mich dringend aufwärmen, aber ich hab so viel Gepäck.« Sie zeigte auf einen riesigen Koffer und eine Reisetasche. Ich wollte schon auf den Haufen zugehen, weil sie sicher wollte, dass ich ihr helfe, aber sie hatte ein anderes Anliegen. »Würden Sie auf mein Gepäck aufpassen so lange? Oder wollen Sie selbst nach drinnen?«

Es gab eine Menge Männer auf diesem Bahnsteig. Die Dame war lässig-elegant gekleidet, und ich tippte, nicht ganz vorurteilsfrei, auf Grünen-Wählerin. Keine klassischen Fans der Bundeswehr. Aber dennoch war offensichtlich ich der Mann ihres Vertrauens.

Das konnte nur mit der Uniform zusammenhängen, mit der Staatlichkeit, die sie damit verband. Ich war echt verblüfft.

»Nein, ich passe gerne auf Ihre Sachen auf«, antwortete ich und zeigte nun meinerseits auf mein Gepäck, »ich will das auch nicht alles hin und her schleppen.«

Sie lächelte, dankte herzlich und drehte sich schon um, da fiel ihr noch etwas ein.

»Ich habe mich eigentlich nicht getraut, Sie das zu fragen, aber dann dachte ich, so ein Soldat, der hält bestimmt viel mehr aus als wir. Müssen Sie ja.«

Eigentlich wollte ich widersprechen, so was in der Art von: Ich bin nur Reservist, ich bin eher ein Zuckerpüppchen. Aber dann bremste ich mich. Es war ihr Gedanke, und er war eigentlich schön. Sie sprach dem Soldaten an sich eine positive Eigenschaft zu. Und hielt mich als Vertreter der Armee für vertrauenswürdig und standfest. Ich würde nichts stehlen, ich würde auf ihr Eigentum aufpassen, und mir würden die Kälte und der Wind nichts anhaben, weil ich besondere Belastungen gewohnt bin.

Davon stimmten zwar nur die ersten beiden Punkte, aber ich wollte diese Chance nicht ungenutzt lassen.

»Na ja«, antwortete ich ihr also, »gehört eben zum Beruf.«

»Danke schön!«, sagte sie noch einmal und lief schnell in Richtung Wärme und Kaffee, während ich zum Standbild des ehernen Wächters gefror.

Meine Frau war nicht begeistert. Nicht davon, dass ich wieder mit der Bundeswehr angefangen hatte und schon gar nicht, dass nun Tonnen von Kleidungs- und Ausrüstungsstücken in unserem eher kleinen Haus untergebracht werden mussten.

Als ich Stunden später aus der S-Bahn stieg, in Flecktarn, das bordeauxrote Barett der Fallschirmjäger auf dem Kopf, mit dem ganzen Gepäck, schlug sie die Hände vor den Mund und schüttelte den Kopf. Dann küsste sie mich und schaute mich an.

»Weißt du, was das Schlimmste ist? Du siehst darin so echt aus. Als wärst du immer Soldat gewesen.«

Die Kinder schauten auch nicht schlecht. Das war ein Bild, das sie von ihrem Vater nicht kannten. Ob es sie verstörte, kann ich nicht sagen. Aber ich vermute leider schon, da sie nicht darüber reden wollten. Mein Sohn, damals zehn Jahre alt, interessierte sich beim Auspacken zumindest ein wenig für die Ausrüstung, setzte probeweise den Helm auf und nahm dieses und jenes in die Hand. Das ließ aber nach nicht mal drei Minuten nach, und ich begann, den Kram irgendwie zu verstauen.

Weihnachten und Silvester kamen, wurden fröhlich gefeiert und gingen wieder. Meine Familie war weiterhin nicht übermäßig an meinen Erlebnissen als Vierzehn-Tage-Krieger interessiert, die Freunde, die uns an Silvester besuchten, etwas mehr. Aber alle fanden es irgendwie seltsam, was ich da tat und fragten immer: »Und wie lange willst du das machen?«

Meine immer gleiche Antwort war: »Bis ich mit der Recherche durch bin. Danach muss ich mal sehen …«

Wenn ich ehrlich bin, wusste ich damals schon, dass ich es zumindest versuchen würde, in den Einsatz zu gehen. Weil es DAS Thema ist, wenn man heute an die Bundeswehr denkt. Weil es das war, was mich auch für den Roman am meisten interessierte. Und weil ich schon nach der kurzen Zeit das Gefühl hatte, es könnte den aktiven Soldaten etwas bedeuten, wenn ein Typ wie ich das mit ihnen zusammen durchzieht.

Aber noch war die Idee nur eine Idee, ein weit entferntes Vorhaben, völlig unklar, ob es überhaupt durchführbar wäre.

Ich hatte keine Idee, in welcher Funktion ich denn überhaupt gehen könnte. Als Koch sicher nicht, da käme man nie aus dem Lager raus. Als Unteroffizier in der Kampftruppe? Völliger Wahnsinn, dafür war ich einfach zu alt und es hätte irrwitzig viele Ausbildungen erfordert.

Und ich hatte auch keine Vorstellung, ob die Bundeswehr sich auf so etwas überhaupt einlassen würde. Ich ließ den Gedanken einfach reifen. Zu dieser Zeit war ich im Kopf ohnehin ständig beim Thema Afghanistan. Nicht nur wegen meines Buches, sondern auch wegen der Vorbereitungen für den »Tatort Heimatfront«, die schon seit Monaten liefen, beziehungsweise eher vor sich hin dümpelten.

Ausgerechnet diese Erfahrung machte mir fassbar, wie wenig wir alle über diese Einsatzarmee wussten und was für Missverständnisse beziehungsweise Vorurteile in weiten Teilen der Bevölkerung zu dem Thema vorherrschen. Besonders schwer wog dabei für mich, dass man es in meiner beruflichen Sphäre im Schnitt mit ziemlich gebildeten, politisch informierten und vor allem durchaus meinungsbildenden Menschen zu tun hat.

Die Grundidee der Geschichte für den Film war irgendwann mal gewesen, dass ein Sniper, ein Scharfschütze, sein mörderisches Unwesen in Saarbrücken treibt. Was wir daran alle gut fanden, war der Umstand, dass ein Sniper, wenn er seine Opfer nach einem kaum nachvollziehbaren Muster auswählt und keinerlei persönliche Bindungen zu ihnen hat, sehr schwer zu erwischen ist. Und sich im Film damit sehr gut eine paranoide Stimmung in Bevölkerung und Polizei erzählen und erzeugen lässt.

Ein dramaturgisches Problem dabei ist jedoch, dass man ja irgendwann auflösen muss, warum der Täter tötet und warum genau die Opfer, die er gewählt hat. Darin liegt die Spannung einer solchen Story.

Da ich damals schon an meinem späteren Krimi »Feindberührung« herumdachte und erste Kontakte zur Bundeswehr geknüpft hatte, schlug ich in einer Runde vor, doch das Thema Posttraumatische Belastungsstörung, PTBS, bei Soldaten durch Erlebnisse im Auslandseinsatz zu verarbeiten.

Weil es spannend und zeitgemäß sei und außerdem für unseren saarländischen »Tatort« absolut passend. Schließlich beheimatet das kleine Bundesland ja die Luftlandebrigade 26 und somit eine nicht unerhebliche Anzahl an Afghanistan-Veteranen. Von denen, rein statistisch gesehen und je nach Quellen, zwischen zwei und zehn Prozent an einer PTBS leiden müssten.

Die Idee wurde aufgegriffen, und die Redaktion beauftragte die Autorin mit der Entwicklung der Story in diese Richtung.

Was allerdings viele Wochen später als erster Entwurf ankam, hatte vor allem ein großes Problem: Es war offenbar ohne die geringste realistische Vorstellung von der Bundeswehr und vom Afghanistan-Einsatz geschrieben. Die Dialoge und Figuren waren klischeehaft, und die Armee stand im Großen und Ganzen unter Generalverdacht. Dass im Einsatz ständig Dinge geschähen, die vor der deutschen Öffentlichkeit bewusst verborgen würden, dass in der Bundeswehr ein Ton herrsche wie in der Wehrmacht, inklusive Ordonnanzen, die mit weißen Handschuhen dem Major Kaffee nachschenken (davon kann ein deutscher Major nun wirklich höchstens träumen …) und häufig mit den Hacken knallen, und dass der traumatisierte Heimkehrer grundsätzlich nicht über das Erlebte reden kann, weil er zu männlich ist, und wenn, dann von der Bundeswehr allein gelassen würde.

Die beiden letzten Punkte waren zwar durchaus teilweise realistisch, aber eben zu pauschal und klischiert abgehandelt.

Meine Kritik kam beim Sender nicht allzu gut an, doch da der Regisseur sie teilte, wurden wieder Gespräche geführt. Dabei stellte sich heraus, dass weder Redaktion noch Autorin auch nur die geringste Recherche angestellt hatten, bis auf ein wenig herumgoogeln. Ansonsten hatte man sich auf das verlassen, »was doch jeder weiß«. Meiner Erfahrung nach weiß allerdings »jeder« erst mal gar nichts, vor allem bei diesem Thema. Und wenn man einen Film, noch dazu einen von Millionen angeschauten »Tatort«, über gleichgültig welches Thema zu drehen gewillt ist, darf es doch ein bisschen mehr Wissen sein als das, was jeder so zu haben glaubt.

Ich schlug vor, doch mal bei der Bundeswehr nachzufragen. Ich sei selbst derzeit mit Recherchen befasst (das war noch eine ganze Zeit vor meiner ersten Wehrübung) und hätte die Soldaten bislang als sehr zugänglich und offen erlebt. Ich gab ihm die Kontaktdaten des Presseoffiziers der Luftlandebrigade 26, sagte ihm, dieser würde sich freuen, wenn er mit »Herr Hauptmann« plus Name angesprochen und außerdem von mir gegrüßt würde.

Wochen später hatten der Redakteur und die Autorin dann tatsächlich einen Termin vereinbart, und die Rückmeldung war, dass man ihnen sehr offen Auskunft gegeben habe, auch Afghanistan-Veteranen im Gespräch, und vor allem, dass »die eigentlich ganz nett« gewesen seien.

Ich wollte schon fragen: »Ach, die haben euch nicht im Keller mit Gummischläuchen verprügelt? Dann waren sie aber echt gut drauf«, ließ es für diesmal jedoch sein.

Der Besuch in der Kaserne hatte zumindest etwas gebracht: Es war den Leuten aufgefallen, dass Soldaten irgendwie – Menschen sind. Ich habe damals gelernt, dass das für viele ein großer Erkenntnisschritt sein kann. Ein deutscher Soldat ist offensichtlich für die meisten Deutschen etwas so Fremdes, Fernes, so unwirklich und schwer begreifbar, dass man ihn sich einfach nicht an der Supermarktkasse oder beim Elternabend vorstellen kann. Genau dort trifft man die aber.

Das Drehbuch wurde nicht viel besser, aber der Realismus

bezüglich der Bundeswehr nahm langsam zu. Nach einem zweiten wurde noch ein dritter Autor an die Story gesetzt, der es dann in kurzer Zeit schaffte, eine gute Geschichte zu bauen, die im Vergleich zu den vorherigen Versionen tatsächlich ziemlich realistisch war.

Die Rollen wurden besetzt, die Dreharbeiten vorbereitet. Ganz zu Beginn bekamen die vier Schauspieler der Soldaten einen Tag in der Kaserne organisiert, damit sie so etwas wenigstens mal sahen. Schließlich war keiner von ihnen beim Bund gewesen. Die Kostümabteilung hatte sich sehr viel Mühe gegeben und sogar die Barette für die Hauptdarsteller nass vorgeformt, damit sie nicht wie Pizzabäckermützen aussahen. Die Flecktarnuniformen waren vorgewaschen und mit Fallschirmspringerabzeichen versehen. Die Dienstgrade stimmten, und es waren sogar Komparsen vom Reservistenverband zugesagt. Eine direkte Unterstützung der Dreharbeiten durch die Bundeswehr fand nicht statt, es gab keine Drehgenehmigung. Der Sender sagte, die Bundeswehr habe das nicht gewollt aus Angst vor dem Thema, ich habe später bei der Brigade gehört, der Antrag sei einfach erst zwei Wochen vor dem beabsichtigten Termin eingegangen und da nur das Verteidigungsministerium diese Genehmigungen erteilen könne, hätte es eben zeitlich nicht mehr gereicht.

Der Film war für deutsche TV-Verhältnisse gut vorbereitet, die Geschichte stimmig, und ich hoffte, dass dieser »Tatort« ein Beitrag zur Verständigung zwischen Einsatzarmee und Bevölkerung sein könnte. Ich freute mich auf den Drehbeginn am 7. April 2010.

Am 2. April gerieten deutsche Fallschirmjäger aus Seedorf in der Ortschaft Isa Khel im Bezirk Char Darah, nahe Kunduz, in das bis dahin schwerste Gefecht deutscher Soldaten seit dem Zweiten Weltkrieg. Die etwa sechzig Mann kämpften mehrere Stunden gegen mindestens hundert bis maximal dreihundert Gegner ums Überleben. Ein gepanzertes Fahrzeug wurde durch eine Explosion zerstört, die Fallschirmjäger schossen mit Gewehren, MGs, Granatmaschinenwaffen. Immer wieder wurden Teile der Kräfte eingeschlossen und mussten unter Lebensgefahr rausgehauen werden.

Die beiden Zugführer, zwei junge Hauptfeldwebel, standen dort völlig allein in der Verantwortung. Am Ende waren drei deutsche Soldaten gefallen und acht schwer verwundet. Der Sanitäter Ralf Rönckendorf verlor bei der Rettung eines alleine liegenden Verwundeten unter heftigem Feindfeuer durch eine Explosion sein Augenlicht. Er und fünf weitere Teilnehmer des Gefechts wurden später mit dem Ehrenkreuz der Bundeswehr für Tapferkeit ausgezeichnet. Darunter zwei der Gefallenen. Noch während unserer Dreharbeiten, knapp zwei Wochen nach Isa Khel, fielen vier weitere deutsche Soldaten bei Angriffen in Baghlan.

Die Wirklichkeit hatte uns überholt.

# Nennen wir es Krieg

Das Jahr 2010 war in vieler Hinsicht ein Wendepunkt für den Einsatz in Afghanistan und für die Bundeswehr. Vor allem war es ein Rekordjahr, was die Gefallenen anging.

Nur im Jahr 2002 gab es mehr tote Deutsche in Afghanistan, nämlich zehn. Allerdings verloren damals allein sieben Männer ihr Leben bei einem einzigen Hubschrauberabsturz. Die anderen drei fielen einem Munitionsunfall zum Opfer.

2010 starben neun deutsche Soldaten im ISAF-Einsatz, ausnahmslos alle durch Gefechtshandlungen oder Sprengstoffangriffe. Der damalige Verteidigungsminister Karl-Theodor zu Guttenberg errang eine mediale Tapferkeitsmedaille, indem er einräumte, dass man das, was in Afghanistan passiere, Krieg nennen könne. Die Soldaten nannten es so. Und für sie war es das auch längst.

Die Dreharbeiten für »Heimatfront« waren abgeschlossen. Doch die teilweise frustrierenden Vorarbeiten und die dabei ganz real erlebte Unkenntnis über und das Desinteresse an der Bundeswehr im Einsatz bewegten mich nachhaltig. Ich saß daheim und arbeitete an meinem Kriminalroman, bekam immer mehr das Gefühl, das Buch sei auch ein Versuch, eine Brücke zwischen Armee und Gesellschaft zu schlagen. Die Geschichte musste so realistisch wie möglich sein, ich brauchte mehr Wissen, mehr Gespräche, mehr eigene Erfahrung, wenn schon nicht über den Einsatz an sich, dann zumindest, was die Ausbildung in der heutigen Bundeswehr angeht.

Ich meldete mich für eine weitere Wehrübung bei den Fallschirmjägern. Von einem Kameraden wusste ich, dass im Sommer eine neue EAV* anstand. Dieser vierwöchige Crashkurs soll jungen Soldaten, die aus Grundausbildungen anderer Truppengattungen kamen, um jetzt ihren Dienst in der Stabskompanie der Luftlandebrigade zu versehen, militärische Arbeitsprinzipien der Fallschirmjägertruppe vermitteln und sie an Belastungen heranführen, die ihnen bei späteren Truppenübungsplatzaufenthalten oder sogar im Einsatz regelmäßig abverlangt werden würden. Die »richtigen« Fallschirmjäger lernen das alles sehr viel intensiver in der Spezialgrundausbildung der Truppengattung.

Um zumindest phasenweise an dieser EAV teilnehmen zu können, musste ich mindestens vier Wochen üben. Der für Reservisten zuständige Stabsfeldwebel fand das zwar ein ehrenwertes Unterfangen und sagte Unterstützung zu, wies mich aber auch darauf hin, dass ich als Feldkoch eingeplant sei und auch als solcher Dienst zu verrichten habe. Ich entgegnete, dass die Feldköche aber nun mal nicht wirklich kochen würden, beziehungsweise ich nicht allzu viel Sinn darin sähe, vier Wochen in einer Armeekantine zu arbeiten. In der ich noch nicht mal wirklich gebraucht wurde.

Er erinnerte mich nun daran, dass mir mein Dienstgrad nur vorläufig verliehen sei und an die Verwendung als »Truppführer Feldküche« gekoppelt, ich also folgerichtig auch auf diesem Dienstposten üben müsse. Er verstehe das mit dem Roman, das Projekt würde ja auch von der Führung gefördert, aber er müsse der Stammdienststelle der Bundeswehr in Köln, die für die personelle Führung aller Unteroffiziere und Mannschafter verantwortlich sei, Rechenschaft über meine Ausbildung und Verwendung ablegen. Nur so

* Einsatzorientierte Aufbau- und Verwendungsausbildung

könne nach einer gewissen Zeit der Dienstgrad auch unabhängig von der Verwendung endgültig verliehen werden.

Ich atmete möglichst geräuscharm tief ein und aus. Sagte mir, dass es mit Sicherheit keine zielführende Vorgehensweise sein würde, dem Stabsfeldwebel zu sagen, dass mir der Dienstgrad völlig wurscht, aber die Art und Weise, wie ich diese vier Wochen zubringen würde, extrem wichtig sei und ich mich deshalb sicher nicht in die verdammte Kantine stellen werde, zumal ich während fast vier Jahren meines Lebens für Geld Essen gekocht hatte. Richtiges und gutes Essen, keine Armeestandardkost.

Nein, diese Aussage würde der Stabsfeldwebel nicht schätzen, vermutlich noch nicht mal verstehen, und vor allem würde sie ein wichtiges Grundprinzip jeder Armee verletzen: Ein Soldat diskutiert nicht über seine Aufträge. Er nimmt sie entgegen und führt sie aus. Punkt. Ich beschloss, das Gespräch zu einem wenigstens halbwegs offenen Ende zu bringen, und zeigte mich kompromissbereit und verständig, ließ aber gleichzeitig durchblicken, dass er mir bitte auch entgegenkommen müsse. Das tat er, indem er mir ein paar Minimalforderungen stellte, die im Einzelnen mit der Feldküche zu besprechen wären, und ansonsten zusagte, mich bei den anderen Vorhaben so weit als möglich zu unterstützen.

Ich packte also wieder meinen Krempel komplett zusammen, weil das ja immer so in der Einberufung stand (»Bringen Sie Ihre gesamten militärischen Bekleidungs- und persönlichen Ausrüstungsgegenstände mit ...«), versuchte, das wenig begeisterte Gesicht meiner Frau halbwegs zu ignorieren beziehungsweise »Isdochfürsbuchschatz ...« zu murmeln, und stieg, wieder als Soldat verkleidet, in einen Zug Richtung Saarlouis.

Während der nun folgenden vier Wochen bekam ich teilweise sehr hautnah einen ersten Einblick in die neuen Realitäten der Einsatzarmee. An der EAV nahmen nicht nur Rekruten teil, sondern auch einige sogenannte Wiedereinsteller. Diese hatten ihren Wehrdienst schon abgeleistet, in der Zwischenzeit eine Berufsausbildung gemacht oder in ihrem vor dem Wehrdienst erlernten Beruf gearbeitet und sich nun doch verpflichtet. In der Regel in der Feldwebellaufbahn und meistens für acht bis zwölf Jahre.

Ich tat einige Dinge, die ich zum letzten Mal in meiner Grundausbildung 1988 gemacht hatte. Zum Beispiel auf der Schießbahn stehen, mit meinem Ausbildungszug durchs Gelände stolpern, als zweiter Schütze hinter einem MG liegen und Munitionsgurte aus der Box nachführen, aus dem Blechgeschirr, genannt »Pickpott«, essen. Einiges mehr machte ich überhaupt zum ersten Mal in meinem Leben. Einen Checkpoint aus Stacheldrahtrollen errichten und betreiben, auf den Alarmruf »RPG[*] von reeeeeeechtssssss!!!« mein Gewehr nach rechts richten, wie blöd schießen und in Richtung eines leichten geschützten Fahrzeugs vom Typ »Mungo« zu rennen, mich in der Deckung des losfahrenden Mungos japsend in Richtung Lager zu bewegen, während auf dem Fahrzeug ein MG ratterte. Ich hatte zum ersten Mal eine Panzerfaust in der Hand und machte Zielübungen damit. Ich wurde folgerichtig zum ersten Mal mit einem zweiten Soldaten als »Panzervernichtungstrupp« eingeteilt und merkte, wenn ich beim beliebten Kommando »Stellungswechsel« die zweite Panzerfaust zu schnappen und mindestens fünfzig Meter durch das Unterholz zu sprinten hatte, dass mir mehr Sport echt guttäte.

---

[*] RPG = Rocket Propelled Grenade, technisch unkorrekte amerikanische Sammelbezeichnung für eine russische Panzerfaust, die in Afghanistan weit verbreitet ist.

Wenn unser Ausbildungszug angetreten war und der Zugführer gesagt hatte, was zu sagen war, erging an mich als dienstgradhöchsten und ältesten Azubi regelmäßig der Befehl »Stuffz Weber, übernehmen«, was mich heftig in Schweiß brachte, weil mir damit zum Beispiel aufgetragen war, den Zug in Gruppen einzuteilen, die Essensreihenfolge festzulegen, Wachen und deren Ablösung zu bestimmen, und das alles in weniger als vier knappen Sätzen, die ausschließlich deutliche Befehle enthalten sollten, die jedem der angetretenen Soldatinnen und Soldaten aus der gerade erst überstandenen Grundausbildung absolut geläufig, mir aber völlig unbekannt waren.

Ich kramte dann jedes Mal fieberhaft in lange vergessenen Details meiner aktiven Zeit, ließ im Schnelldurchgang die Befehle und Kommandos des jeweiligen Tages an mir vorüberflimmern und bastelte mir dann etwas zurecht, was zumindest nicht allzu viel Chaos anrichten würde.

Im Großen und Ganzen ging es unfallarm durch, wobei ich sicher sehr davon profitierte, dass erstens das Soldatengesetz jeden Soldaten zur Kameradschaft verpflichtet und zweitens ein durchschnittlicher Gefreiter von zwanzig Jahren in einem doppelt so alten Stabsunteroffizier einfach eine Respektsperson sehen *will*.

Mein Wunsch nach mehr Sport wurde erfüllt, indem an drei Morgen nach dem Antreten ein Dauerlauf durch Saarlouis stattfand. Darüber hinaus hatte ich beschlossen, mir während dieser Wehrübung das »Abzeichen für Leistungen im Truppendienst« zu verdienen, weil meine Uniformjacke so leer war und ich irgendwas drauf haben wollte …

Männer, na ja. Aber man muss sich seiner Umgebung und seinen Umständen auch anpassen.

Das Abzeichen gibt es in Bronze, Silber und Gold. Ich

wollte es in Gold, weil Größenwahn manchmal leider Teil meiner Persönlichkeit ist. Zu den geforderten Leistungen für die Verleihung gehört das Deutsche Sportabzeichen, eine Schützenschnur in Gold, eine Auffrischung der Kenntnisse in »Selbst- und Kameradenhilfe«, also Sanitätszeug, ein AMILA*-Marsch von zwölf Kilometern mit fünfzehn Kilo Gepäck unter zwei Stunden sowie ein allgemein herausragendes Soldatsein im täglichen Dienst. Sanitätsausbildung war Teil der EAV, also schon mal gebongt, oder »check«, wie der moderne Soldat sagt. Der AMILA-Marsch war auch Pflicht, wieder check. Das Sportabzeichen dürfen ziemlich viele Infanteriefeldwebel oder -offiziere abnehmen, weil das Teil ihrer Ausbildung ist. In meinem Fall wollte sich der Spieß der Stabskompanie persönlich darum kümmern, mich über meine engen Leistungsgrenzen zu jagen. Und schießen musste ich auch sowieso. Wenn ich all das in den vier Wochen tatsächlich schaffen würde, versicherte man mir, dass allein das eine ausreichende allgemeine Großartigkeit im Dienstbetrieb begründen würde, um das goldene Abzeichen in Empfang nehmen zu können.

So flogen die Tage dieser zweiten Wehrübung zwischen Gelände, Unterricht und Sport dahin. Die Ausbilder und Hilfsausbilder waren zum Teil schon mehrfach im Einsatz gewesen, und man merkte das der Arbeit im Gelände an. Obwohl die Fallschirmjäger sich viel auf ihre Härte zugutehalten und eine EAV immer auch dazu dient, den Neuen Respekt einzuflößen, ging vor allem der Ausbildungszugführer für mein Empfinden pädagogisch vergleichsweise verständnisvoll mit uns um.

Äußerlich das prototypische Bild des knallharten Infanteristen – kantiges Kinn, schnittige Frisur, durchtrainiert bis

---

\* AMILA = allgemeines militärisches Ausdauertraining

zum Weißnichtwas, schlechtgelaunter Blick –, war er erstaunlich geduldig beim Erklären und Korrigieren. Er brachte immer Beispiele aus der eigenen Erfahrung, ließ so plastisch werden, warum man dieses so, jenes aber anders machte. Ich dachte viel an meine eigene Grundausbildung bei der Marine, die nicht wirklich hart war, weil es an der Zeit fehlte und es wichtiger war, uns auf unsere künftige Bordverwendung vorzubereiten, als spitzenmäßige Waldkämpfer aus uns zu formen. Doch angebrüllt und zurechtgestutzt waren wir bei so gut wie jeder sich bietenden Gelegenheit worden.

Der Hauptfeldwebel im Saarlouis des Jahres 2010 dagegen mühte sich sehr – auch wenn kein Freund vieler Worte –, uns ein Licht aufgehen zu lassen über das Verlangte. Weil er die Erfahrung gemacht hatte, dass auch ein Hauptgefreiter im Ernstfall verstehen muss, was seine Vorgesetzten da gerade machen wollen, damit er über das Befohlene hinaus auch selbst und aus eigenem Verständnis zu handeln in der Lage ist. Einsicht, Erfahrung, Fachwissen. Nicht Drill – der bei manchen Dingen natürlich dennoch wichtig ist –, stumpfer Gehorsam und Herdentrieb.

Fast zwei Jahre später, beim Feldwebellehrgang an der Infanterieschule in Hammelburg, würde ich mich intensiv mit diesem Ausbildungs- und Führungsprinzip auseinandersetzen dürfen. Es nennt sich »Führen nach Auftrag« im Unterschied zum »Führen nach Befehl«, das zum Beispiel die US-Armee zum Prinzip gemacht hat. Letzteres bedeutet verkürzt, dass beispielsweise ein Zugführer von seinem Kompaniechef ein Gefechtsziel zugewiesen bekommt inklusive einer exakten Anweisung, wie dieses zu erreichen sei. Wenn der Zugführer auf unerwartete Hindernisse stößt, die es seiner Meinung nach nötig machen, vom vorgegebenen

Plan abzuweichen, muss er mit der Zentrale Kontakt aufnehmen und sich eine solche Änderung genehmigen lassen. Diese Denkweise gründet aber auch auf der Überzeugung, dass die Zentrale, da ihr ja ALLE Informationen vorliegen, ein besseres Gesamtbild hat und deswegen besser als der Zugführer entscheiden kann, was zu tun ist. Dieser bekommt auch keine Begründungen, sondern wiederum einen Befehl, den er exakt auszuführen hat.

Bei der Bundeswehr gibt der Kompaniechef seinen Zugführern zunächst einen Überblick über die Gesamtlage und erläutert detailliert den Auftrag der Kompanie. Dann weist er jedem Zugführer den konkreten Auftrag seines Zuges zu und erläutert die Ziele, die jeder nach Möglichkeit zu erreichen hat, und setzt ein Zeitlimit. Aber wie genau der Zug diese Ziele erreicht, mit welchen Maßnahmen der Zugführer Gefährdungen ausschalten oder minimieren will, das entscheidet er selbst. Wenn er seinen Entschluss gefasst hat, formt er diesen wiederum in einen Befehl an die ihm unterstellten Gruppenführer um. Diesen Vorgang nennt man auch das »Herunterbrechen« des Befehls. Von der Kompanie- auf die Zugebene, von der Zug- auf die Gruppenebene. Jede Ebene kennt die Planungen der Ebenen darüber und kann ihre Entscheidungen situationsgerecht, aber mit Blick auf die übergeordneten Ziele treffen. Wenn der Zugführer mit dem Zug oder der Gruppenführer mit der Gruppe auf unvorhergesehene Schwierigkeiten stößt, wird er das zwar melden, aber es gilt das Prinzip »der Führer vor Ort entscheidet«. Was bedeuten kann, dass es an einem kleinen Oberfeldwebel und dessen taktischem Geschick und dessen Fähigkeit, seine Gruppe zu führen, hängt, ob der Plan eines Hauptmanns am Ende des Tages zum Erfolg führt. Eine Menge Verantwortung und eine Menge Vertrauen.

Ich gebe zu, dass ich das beeindruckend finde. Zwar gab

es dieses Prinzip schon immer in der Bundeswehr, aber natürlich musste es sich erst in den Einsätzen unter Gefechtsbedingungen bewähren. Und das hat es ziemlich oft. Mir gefällt daran vor allem die Eigenverantwortung, weil sie dem Klischee des Kadavergehorsams wirksam etwas entgegensetzt.

Der Hauptfeldwebel, der uns ausbildete, war als Zugführer in Kunduz gewesen. Er hatte an den Kämpfen um die Höhen 431 und 432 in Char Darah teilgenommen und war dabei nicht selten vor schweren Entscheidungen gestanden. Beispielsweise war eine Gruppe im Angriff sehr weit vorne immer wieder aus einem Gehöft unter Feuer genommen worden. Es hatte keine Erkenntnisse gegeben, wer genau dort drin saß, und keinerlei Möglichkeiten, Soldaten zur Aufklärung dorthin zu schicken. Der Zugführer hatte nur gesehen, dass seine Soldaten aus diesem Gehöft beschossen wurden und nicht weiterkamen.

»Das kann einem keiner abnehmen, damit muss man dann leben. Ob man nun da reinhält oder nicht. Entweder treffe ich möglicherweise Unbeteiligte, oder ich muss zugucken, wie meinen Männern was passiert oder der Angriff komplett zum Stehen kommt.« Wie hat er entschieden? Er guckte mich an und zuckte mit den Achseln. »Ist doch letzten Endes egal. Aber man muss im Einsatz eben genau so was entscheiden.« Dann schaute er auf die jungen Soldatinnen und Soldaten beim Essen. »Ein paar von denen werden irgendwann Feldwebel sein und auch so was entscheiden müssen. Die müssen das dann können.«

Ich habe damals diese durchweg jungen Gesichter angeschaut. Rosig, manche noch wie Kinder. Und hochgerechnet, dass ein Eiliger und Fitter schon in zwei, drei Jahren tatsächlich als Feldwebel eine Gruppe führen könnte. Und im Ernstfall führen müsste. Das ist nicht viel Zeit, ihn oder sie darauf vorzubereiten. Da muss in jeder Ausbildung alles sitzen. Und die Kameraden hier können wirklich von Glück reden, dass sie einen so erfahrenen Ausbilder erwischt haben.

Diese vier Wochen im Sommer 2010 brachten mich sehr viel weiter in meiner Recherche. Auch hinsichtlich des Spezialwissens. Ein Kampfmittelräumer briefte mich eingehend über Minen und Sprengfallen, ein Sicherheitsoffizier erzählte mir über Lagersicherung und auch nachrichtendienstliches Arbeiten im Einsatz. Ich lernte in der EAV und bei unzähligen Gesprächen viel über die Verfahren und Taktiken der modernen Infanterie. Am erstaunlichsten aber war, dass sie alle über Gefühle sprachen. Wie es war im Einsatz, wie sie es verarbeiten. Ich lernte den Fallschirmspezialzug kennen, besonders ausgebildete Soldaten, die vor allem als Vorauskommando nachts aus großer Höhe im freien Fall aus Flugzeugen stürzten, oft in großer Entfernung zum Einsatzort. Sie navigieren mit Kompass und GPS und können bei günstigem Wind bis zu fünfzig Kilometer Strecke fliegen, bevor sie landen. Sie erkunden am Boden und bereiten die Anlandung von Hauptkräften vor.

Mit einem dieser Männer erlebte ich meinen ersten Freifallsprung. Als Jugendlicher hatte ich mal dreizehn Fallschirmsprünge mit automatischer Auslösung absolviert. Dabei wird eine Aufziehleine im Flugzeug festgehakt und diese zieht den Schirm aus der Hülle. Man fällt nicht mehr als fünfzig bis siebzig Meter, dann ist der Schirm aufgespannt. Das war schon ein tolles Erlebnis, aber nicht zu vergleichen mit dem freien Fall als Tandempassagier. Fast eine Dreiviertelminute fliegen und die Welt ganz anders sehen. Das Erlebnis ist so intensiv und die Verbundenheit mit dem Mann, der einen aus über vier Kilometern Höhe sicher auf die Erde zurückgebracht hat, so groß, dass wir heute immer noch Kontakt haben.

Die Leitenden am Schießstand waren gute Lehrer, so dass ich die geforderten Schützenschnurleistungen mit der Pistole am Ende erbrachte. Der Spieß trieb mich mit der perfekten Mischung aus pädagogisch wertvollem Anbrüllen und ehrlicher Aufmunterung tatsächlich durch das Sportabzeichen. Die Sanitätsausbildung durch Kameraden, die in Afghanistan in Gefechten gewesen waren, bot tiefe und berührende Einblicke in etwas, das scheinbar technisch, wenn man aber alle Faktoren in Betracht zieht, tatsächlich sehr anrührend als *care under fire,* erste Hilfe im Gefecht, bezeichnet wird.

Am letzten Tag der Wehrübung nahm ich also neben dem Leistungsabzeichen in Gold noch das Deutsche Sportabzeichen und eine Dankesurkunde für den geleisteten Dienst entgegen. Es war ebenso seltsam wie ergreifend, vor der angetretenen Kompanie zu stehen und nach der Übergabe der »Geschenke« plötzlich aus gut zweihundert Kehlen »auf den soeben ausgezeichneten Kameraden ein dreifaches Glück ab!« zu hören. Es sträubte sich der Zivilist in mir, der Künstler, aber der Freizeitsoldat, der ich mittlerweile war, konnte nicht umhin, ein wenig zu erröten.

Kameradschaft. Ja, sicher. Das und das Abenteuerliche, das dem Ganzen anhaftet, faszinierten mich.

Aber vor allem wusste ich eines nach diesen vier Wochen: So viel zu wissen war toll. So viele Geschichten gehört zu haben eine Bereicherung. Darüber zu schreiben würde spannend und befriedigend sein. Und ich würde einen sehr viel besseren Roman schreiben können als ohne diese Erfahrungen.

Aber ich war angefixt. Ich wollte mehr.

Ich wollte es wissen. Ich wollte den Einsatz sehen, wollte wissen, wie er sich anfühlte, was er mit einem machte.

Alles.

# Auf dem Weg

Während dieser zweiten Wehrübung bei den saarländischen Fallschirmjägern hatte ich nicht nur gelernt, geübt und recherchiert, sondern auch eine mögliche Verwendung gefunden, in der ich meine zivilberuflichen Erfahrungen sinnvoller würde einbringen können als in der Feldküche. Und in der ich theoretisch auch an einem Einsatz teilnehmen könnte: die Presse- und Öffentlichkeitsarbeit.

Es hatte in der Bundeswehr schon immer Presseoffiziere gegeben. Jedoch waren das in der Regel junge Offiziere, die eigentlich eine ganz andere Hauptaufgabe im Stab hatten und die Pressestelle sozusagen noch mit bearbeiteten. Eher so eine Art Strafarbeit. Nicht vollständig scherzhaft wurde Pressearbeit in den Streitkräften lange Jahre »Presseabwehrarbeit« genannt.

Der Journalist galt als der Armee nicht gutgesinnter Schnüffler, der vor allem Schwachpunkte suchte, alle Soldaten für Neonazis hielt und linker Pazifist war.

Es ist leicht nachvollziehbar, dass ein riesiger Apparat wie die Bundeswehr, der dazu noch auf dem Prinzip Befehl und Gehorsam aufbaut, generell wenig Kommunikationsstrategien und Verhaltensregeln für den Umgang mit Kritik hat. Wenn so ein Apparat dann auch noch häufig mit sicherheitsempfindlichen Daten, Informationen und Geräten arbeitet, dann kommt natürlich am Ende ein derart großer Geheimhaltungsdrang zur Wirkung, dass Informationswille nur noch als bedrohlich wahrgenommen werden kann. »Wir werden sowieso missverstanden« und »Wir können dazu eh nichts sagen, weil es geheim ist« – sind die Standardsätze, mit denen dann auf Nachfragen gerne reagiert wird. Auf diesen beiden als Grundwahrheiten verstandenen Behauptungen baute lange Jahre die Pressearbeit der Bundeswehr auf.

Auch das änderte sich massiv mit den Einsätzen. Erstens stieg das Medieninteresse an der Bundeswehr sprunghaft an, weil plötzlich etwas geschah, womit niemand ernsthaft gerechnet hatte: Deutsche Soldaten setzten ihren Fuß in fremde Länder. Bewaffnet und mit robusten UN-Mandaten ausgestattet. Da wollte die Öffentlichkeit schon genau wissen, was die da so trieben. Vor allem auf historisch derart belastetem Boden wie Bosnien und dem Kosovo, wo deutsche Soldaten im Zweiten Weltkrieg unter der Bevölkerung gewütet hatten.

Und zweitens bemerkte die Bundeswehr irgendwann, dass sie selbst ein Interesse daran hat, zu informieren. Damit kein schiefes Bild entsteht, damit die Soldaten nicht vergessen werden und – vor allem nach Aussetzung der Wehrpflicht – um junge Menschen für den Dienst in den Streitkräften zu interessieren.

Und nicht zuletzt ist die Bundeswehr als Behörde einfach zur Auskunft verpflichtet und muss dafür sorgen, dass Journalisten als Vertreter der vierten Gewalt den Artikel 5 des Grundgesetzes (Meinungs- und Pressefreiheit) wahrnehmen und also in den Streitkräften recherchieren können.

Außerdem sahen die deutschen Offiziere, die in internationalen Stäben arbeiteten, dass die Armeen anderer Nationen schon längst über eigene Abteilungen und speziell qualifizierte Offiziere und höhere Unteroffiziere verfügten, die professionell mit Journalisten umgehen und auch selbst Beiträge für diverse militärische Medien herstellen konnten.

Also begann man mit dem Aufbau eines »Pressefach-

strangs«, samt dazugehöriger Ausbildungs- und Schulungs-
stätte: der Akademie der Bundeswehr für Information und
Kommunikation (AIK) in Strausberg.

Der erste Presseoffizier, mit dem ich bei der Luftlandebrigade 26 zu tun bekam, Hauptmann Claus, war an dieser
Schule ausgebildet worden, und – fast noch wichtiger – er
war als Presseoffizier hauptamtlich im Dienst. Das heißt,
seine einzige Aufgabe war die Presse- und Öffentlichkeitsarbeit der Luftlandebrigade. Unterhalb der Brigadeebene, in
den Bataillonen, gibt es nur nebenamtliche Presseoffiziere,
ganz wie früher. Hauptmann Claus hatte sich schon zu Beginn der Recherche mir gegenüber sehr offen, professionell
und gastfreundlich gezeigt. Er fuhr mit mir durch alle Standorte der Brigade, stellte mir eine Reihe von besonderen Einheiten vor. Unter anderem den Hundezug, die Kampfmittelräumer und die Fallschirmwerkstatt. Er vermittelte Ge-
sprächspartner und gab selbst gern und ausführlich Auskunft.

Während meiner beiden ersten Wehrübungen hatte er Urlaub und wurde von einem Reservisten vertreten, der allerdings keinerlei Erfahrung mit dem Thema hatte und auch
keine Ausbildung dafür. Das war dann eher so das alte Denken, dass Pressearbeit ja irgendwie von alleine lief und keine
Professionalität erforderte.

Nach ersten Gesprächen im Stab und mit dem Feldwebel
für Reservistenangelegenheiten bekam ich einen Termin
beim Personaloffizier der Brigade. Er hielt es für eine ziemlich gute Idee, in die Pressestelle zu wechseln, und brachte
auch gleich einen sogenannten Laufbahnwechsel aufs Tapet.
Ich sollte dann doch besser Reserveoffizier werden. Erstens
sei ich mit meinem Bildungshintergrund eher für die Offi-
ziers- als die Unteroffizierslaufbahn geeignet und zweitens
wäre in der Pressearbeit »Feldwebel« der niedrigste überhaupt mögliche Dienstgrad, von daher diese Laufbahn wenig

geeignet für jemanden, der zwanzig Jahre Medienerfahrung mitbringt.

Das Problem an der Sache: Um in fortgeschrittenem Alter noch Reserveoffizier zu werden, braucht man ein abgeschlossenes wissenschaftliches und für die Laufbahn verwertbares Studium. Ein Schauspielstudium stand nicht auf der Liste dieser verwertbaren Studien, es war auch kein wissenschaftliches, sondern ein künstlerisches Studium, und drittens hatte ich damals aus Ärger über die Hochschule zwar das Studium bis zum letzten Tag absolviert, aber mich geweigert, eine Diplomprüfung abzulegen.

Dreimal nichts. Der Personaloffizier war dennoch zuversichtlich, da würde es bestimmt irgendeinen Weg geben, könne ja nicht sein, immerhin sei ich ja Abiturient. Er würde das in Ruhe mit dem Reservistenfeldwebel besprechen und sich genauer kundig machen.

Ich widmete mich wieder meiner infanteristischen Weiterbildung und dem Training meines erschlafften Körpers, traf zwischendurch den Reservistenfeldwebel, der die Reserveoffiziersidee ganz offensichtlich blöd fand und ihr auch keine Chance gab. »Mach mal Feldwebel, das ist eh besser.«

Dann besuchte uns ein Zivilist vom Presse- und Informationszentrum (PIZ) des Heeres in Koblenz. Er war mit einer aktiven Dienstzeit von vier Jahren seinerzeit Oberleutnant geworden, mittlerweile Hauptmann der Reserve und seit zwanzig Jahren Journalist. Beim PIZ arbeitete er als Chef vom Dienst, oder CvD.

Er hatte den Auftrag, einen Bericht über mich für die Internetseite des Heeres zu verfassen, mit Fotos. So von wegen prominenter Reservist. Ich mag das Wort »Prominenter« nicht, ich finde es ebenso kleinmütig wie aufgeblasen und möchte nicht darunter subsumiert werden, weil es mittlerweile, völlig unabhängig von einem tatsächlichen Beruf, eine einkommensstarke Tätigkeit ist, die vorwiegend von Vollidioten ausgeübt wird. Außerdem halte ich Extrawürste für eine grundsätzlich schwer verdauliche Mahlzeit.

Aber ich hatte mittlerweile schon verstanden, dass die Bundeswehr sich ziemlich alleingelassen fühlte mit allem. Mit Einsätzen, Reformen, wenig Wehrwillen, was erhebliche Nachwuchssorgen verursachte. Und dass gerade solche Leute wie ich, eher links gestrickte Medienmeute, normalerweise so gar nicht zu den Freunden der Streitkräfte gehörten, aber eine nicht unerhebliche meinungsbildende Wirkung haben können. Weswegen ein TV-Schauspieler und Autor in Uniform fraglos ›good news‹ war.

Herr Peters, der freundliche Journalist vom PIZ Heer, zeigte sich als Inhaber eines angenehmen Sarkasmus, nahm aber nichtsdestotrotz seine Arbeit und seinen Arbeitgeber ernst. Er begleitete mich einen ganzen Tag lang durch den Dienst. Auf der Schießbahn, beim Essen, in die Stube. Wir sprachen viel und lange, und er machte fast nebenher Fotos und Notizen.

Er fragte mich, ob ich denn auch in Zukunft Reservist bleiben wolle, und ich erzählte von dem geplanten Wechsel in die Presse- und Öffentlichkeitsarbeit oder auch PröMartina.

Das fand er eine gute Idee, zog aber bei der Erwähnung der Feldwebellaufbahn sofort eine Augenbraue hoch. »Das ergibt überhaupt keinen Sinn bei Ihnen.«

Ich war zugegebenermaßen verwirrt. Die Offiziere fanden es sinnlos, Feldwebel zu werden, die Feldwebel mochten die Idee, Offizier zu werden, nicht. Mir ging langsam auf, dass es eine fast unüberbrückbare Schlucht der gegenseitigen Verachtung zwischen den Feldwebeln und den Offizieren gab. Erstere verstehen sich als »Rückgrat der Armee«, ohne das gar nichts geht, Letztere als intellektuelle Führungselite, die die eher simpel gestrickten Unteroffiziere mit ihren durchaus achtbaren, aber doch rein handwerklichen Fähigkeiten leiten und lenken muss. Und jeder hält die anderen für viel zu empfindlich, das müsse man doch professionell sehen…

Mir persönlich war es eigentlich relativ egal, weil ich so oder so ja nie ein vollwertiges Mitglied einer der Laufbahnen sein könnte, dazu gehörten für aktive Soldaten einfach viel zu viele Nebenqualifikationen und natürlich auch Erfahrungen, die ich als relativ alter Reservist sowieso nicht mehr machen würde. Jeder Dienstgrad auf meiner Schulter würde gewissermaßen in Anführungszeichen stehen. Mir war nur wichtig, dass ich in dem konkreten Job, den ich gern machen wollte, mit meinen Kenntnissen optimal eingesetzt würde.

»Das ist ja der Punkt«, meinte der freundliche Herr Peters vom PIZ Heer in Koblenz, »Sie werden als Feldwebel in der Pressearbeit niemals kreativ gestalten. Und das würde Ihre Fachkenntnisse und Fähigkeiten verschleudern.«

Gutes Argument, aber hatte er denn eine Idee, wie das trotz fehlendem Studium zu machen sei?

Hatte er. Erstens solle ich meine Beorderung zum PIZ Heer wechseln, dort säße ausschließlich Pressefachpersonal, das direkt dem Befehlshaber beim Heeresführungskommando unterstellt sei. Und zweitens gäbe es sogenannte »Info-DVags* für zivile Führungskräfte«, bei denen Manager, Personalchefs, Politiker und Medienleute für eine Woche mit dem vorübergehenden Dienstgrad »Oberleutnant« die Bundeswehr kennenlernen und für sie begeistert werden sollten. Ursprünglich wollte die Armee damit in der Wirtschaft für

---

* DVag = Dienstliche Veranstaltung, eine Art Ultrakurzwehrübung, für die ein Reservist in der Regel Fahrtkosten, Unterkunft und Verpflegung gestellt bekommt, aber keinen Wehrsold erhält.

die bereitwillige Genehmigung von Reserveübungen ihrer Führungskräfte werben, mittlerweile wurden sie als wichtiges Mittel betrachtet, Kontakt mit Wirtschaft, Politik und Gesellschaft aufrechtzuerhalten. Na ja …

Nach Peters' Meinung sei es durchaus möglich, mit einer entsprechenden Beorderungsstelle diesen vorübergehenden Dienstgrad durch eine längere »richtige« Wehrübung endgültig verliehen zu bekommen. Dazu dann die entsprechenden Fachausbildungen, und schon sei ich Presseoffizier. Und da bei Reservisten vieles schneller ginge als bei Aktiven, wenn sie fleißig übten, wäre ich im Nu Hauptmann und, warum nicht?, irgendwann Major.

Das klang nun schon seltsam und fremd, Major Weber, hallo?, aber natürlich wusste ich mittlerweile genug über die Bundeswehr, um eines zu begreifen: Je höher man in der Hierarchie sitzt, umso mehr darf man machen in so einem strikten System. Für mich ist Freiheit auch beim Arbeiten immer wichtig gewesen. Und wenn ich das hier langfristig regelmäßig machen würde, dann wollte ich die innerhalb dieses Systems größtmögliche Freiheit.

Der Personaloffizier fand den Plan schlüssig, der Brigadekommandeur sagte, er würde mir angesichts der Möglichkeiten einen Beorderungswechsel nicht übelnehmen (das Gespräch hatte ich gesucht, weil ich erstens von den Fallschirmjägern sehr viel bekommen hatte und zweitens die Truppengattung wirklich spannend fand), und so fuhr ich mit einem neuen Plan im Kopf nach vier Wochen wieder heim in mein Zivilleben.

Die Familie guckte mir diesmal überhaupt nicht mehr beim Auspacken zu, meine Frau stöhnte leise über die flecktarnfarbene Dreckwäsche und verkniff sich (fast) jeden Kommentar zum Reserveoffizier-werden-Wollen und der Aussicht auf weitere Militärausflüge.

Die folgenden Monate vergingen mit wenig Kontakt zur Bundeswehr. Ich beendete meinen Kriminalroman »Feindberührung«, der Wechsel nach Koblenz wurde verwaltungstechnisch vollzogen oder »durchgeführt«, wie der Soldat gerne zu allem sagt (Ausbildungen, Fahrten, Tage der offenen Tür, Treffen, Besprechungen, Übungen, Kaffeekränzchen, Unteroffiziersabende, Offiziersabende, vermutlich auch Toilettengänge – alles wird durchgeführt), und ich bewarb mich für eine dieser »Info-DVags«.

Im Januar 2011 wurde der Tatort »Heimatfront« gesendet und machte schon im Vorfeld Furore. Die Öffentlichkeit reagierte stark auf das Thema, und auch die Bundeswehr zeigte sich sehr gespannt. Das PIZ Heer bat mich um einen Text über den Film und die Arbeit daran, den ich gerne schrieb, und Radio Andernach meldete sich.

Für die, die es nicht kennen: Radio Andernach ist der deutsche Soldatensender. Nach dem US-Vorbild AFN* in den siebziger Jahren gegründet und nach seinem ersten Standort benannt, produzierte der Sender zunächst nur vereinzelte Sendungen für die sehr wenigen deutschen Soldaten im Ausland, vorwiegend für die Schiffsbesatzungen der Marine. Mit Beginn der Auslandseinsätze gewann natürlich auch Radio Andernach massiv und schnell an Bedeutung. Heute produzieren die Studios in den Einsatzländern nahezu ein Vollprogramm mit Musik, Information, Unterhaltung und Grüßen. Künstler, die die Truppe besuchen, werden obligatorisch am Auftrittstag von Radio Andernach zum Gespräch eingeladen.

Der junge Redaktionsoffizier wollte mich interviewen, das Gespräch sollte am Ausstrahlungstag von »Heimatfront« gesendet werden. Ich fragte, ob die Soldaten denn den Film

---

\* AFN = American Forces Network

überhaupt würden sehen können, was er bejahte. Die ARD habe der Bundeswehr das Senderecht übertragen und »Heimatfront« würde in Afghanistan sogar zweieinhalb Stunden früher zu sehen sein als in Deutschland, wegen der Zeitverschiebung.

Das machte mich schon nervös. Keiner von uns, die an dem Film gearbeitet hatten, war in Afghanistan gewesen, keiner von uns war je in Lebensgefahr gewesen. Wie würde unsere Geschichte bei den Soldaten ankommen, die tatsächlich dort saßen? Jetzt und in Farbe?

Und gleichzeitig fand ich diese Nervosität schön. Wann hatte man als deutscher Fernsehschaffender schon mal mit einem Stoff zu tun, der sich tatsächlich mit einem Ausschnitt der Wirklichkeit befasste? Der ein schwieriges und schwer zu begreifendes Thema beherzt aufgriff und seine Geschichte erzählte? Und der sich Menschen stellte, die das, worüber wir erzählten, tatsächlich kannten?

Um es kurz zu machen: Der Film kam allgemein gut an, wir hatten sehr gute Besprechungen in Zeitungen. Bei Soldaten und Veteranen gab es natürlich auch Kritik, klar. Wir waren nicht in allem gut und realistisch gewesen. Aber im Großen und Ganzen sahen auch die »Betroffenen« das Bemühen um Wahrheit und die ihnen sehr zugeneigte Haltung des Films, der für Empathie mit Einsatzsoldaten warb, auch wenn er sie in seinen Figuren nicht nur positiv schilderte.

Torsten Michaelis, der im Tatort einen Bataillonskommandeur spielt, erzählte mir später, dass er am Tag nach der Ausstrahlung beim Zeitungskauf mit Hand an der Schläfe und »Jut jemacht, Herr Major« gegrüßt worden war.

Im März absolvierte ich meine erste Wehrübung im Presse- und Informationszentrum des Heeres in Koblenz. Sie dauerte zwei Wochen, und ich wurde in der Online-Redaktion eingesetzt, wo Herr Peters, der mich in Saarlouis interviewt hatte, Chef vom Dienst war. In der Redaktion fühlte ich mich ziemlich wohl, es herrschte ein für Bundeswehrverhältnisse lockerer Umgangston, und es wurde engagiert gearbeitet.

Dass im Krieg das erste Opfer die Wahrheit ist, ist ein ebenso breitgetretener wie immer noch wahrer Satz. Der Tod von Menschen ist immer dramatischer und beklagenswerter, aber der Tod der Wahrheit kann letzten Endes Ersteren sogar verursachen. Ich hatte in Koblenz tolle Gespräche mit Presseoffizieren, die schon im Einsatz waren oder demnächst gehen werden, über ihre Skrupel und Wünsche. Wie sie ihre Armee gern »verkaufen« möchten und wie sehr es sie oft drängt, die Einsätze schonungsloser darzustellen, um einerseits den Erlebnissen der Soldaten gerecht zu werden und andererseits eventuellen Interessenten am Beruf von Beginn an eine wirkliche Chance zu geben, sich auch über die Risiken absolut klarzuwerden. Es ging in diesen Gesprächen oft um das Ethos des Soldaten. Um das Helfen und Schützen unter Einsatz des eigenen Lebens. Um das Bewusstsein, dass Politiker alleine die Entscheidungen treffen, in deren Konsequenz Soldaten töten und sterben, und dass das einerseits völlig in Ordnung ist so, aber andererseits deswegen Politik und Öffentlichkeit bitte Anteil an der Armee nehmen und sich gut überlegen sollen, was sie mit ihr veranstaltet sehen wollen.

All das bestärkte mich sehr in der Entscheidung, in diese Fachrichtung zu wechseln, und steigerte mein Interesse an einem Einsatz gewaltig.

# Der Berg ruft

Nach meiner ersten Wehrübung im PIZ Heer drehten wir in Saarbrücken den Tatort, der Maximilian Brückners und mein Abschied aus der Reihe sein würde – was wir aber zu der Zeit noch nicht wussten.

Nicht lange nach Ende der Dreharbeiten fuhr ich dann zum Ausbildungszentrum Munster in der Lüneburger Heide, der früheren Panzertruppenschule, um dort meine »Info-DVag für zivile Führungskräfte« zu absolvieren.

Die ganze DVag war natürlich eine reine Showveranstaltung mit etwas Abenteuercamp, aber nicht krank werden, bitte. Die Bundeswehr zeigte sich von ihrer freundlichsten Seite, hielt uns mit leichten Orientierungsmärschen, gruppendynamischen Aufgaben und Mitfahrten im Leopard bei Laune. Ich kam ganz gut damit zurecht, plötzlich »Herr Oberleutnant« zu sein, weil das für die fünf Tage hier ja jeder Teilnehmer war und der Dienstgrad insofern absolut nichts bedeutete.

Ein Höhepunkt der speziellen Art war für mich und die meisten Teilnehmer allerdings der Vortragstag und dort speziell der Auftritt von Oberstleutnant Nikolaus Carstens, damals Kommandeur des Gebirgsjägerbataillons 232 in Bischofswiesen. Er sprach über seinen Einsatz in Afghanistan, der erst gut zwei Monate her war. Er war Kommandeur des Außenpostens OP* North in der Provinz Baghlan gewesen, rund achtzig Kilometer südlich von Kunduz. In seiner fünf-

* OP = Observation Post, Beobachtungsposten

monatigen Dienstzeit dort hatten seine Soldaten in der größten deutschen Landoperation seit dem Zweiten Weltkrieg, der Operation »Jadid«, Taliban aus dem gesamten Raum Baghlan herausgekämpft. Unter erheblichen Anstrengungen, aber ohne eigene Tote. Ein Erfolg, nicht nur in Hinblick auf die Leistung der Gebirgsjäger, Panzergrenadiere, Aufklärer und Pioniere unter seinem Befehl, sondern auch für das sogenannte »Partnering«, die neueste Strategie der ISAF-Truppen. Idee der Sache war, dass ISAF afghanische Truppen nicht nur ausbildet, sondern mit ihnen zusammen lebt und kämpft. Um den Ausbildungsstand auch direkt im Gefecht überprüfen zu können, um die Afghanen bei der Planung und bei unvorhergesehenen Entwicklungen während der Kämpfe wirksam unterstützen zu können und um durch das enge Zusammensein in allen Lagen Vertrauen zu schaffen.

Es funktionierte gut, wie auch schon im Jahr 2010 bei der Operation »Halmazag« im Raum Kunduz, wo Fallschirmjäger der Bundeswehr gemeinsam mit Afghanen kämpften und zum ersten Mal seit Ende des Zweiten Weltkrieges deutsche Artillerie in einem Gefecht schoss. Das Ansehen der deutschen Soldaten stieg sprunghaft.

Am 18. Februar 2011 betrat ein Soldat der ANA[*] den deutschen Bereich des OP North. Panzergrenadiere aus Regen waren gerade dabei, ihre Schützenpanzer zu warten und zu reinigen. Sie trugen weder Schutzwesten noch Helme und hatten nichts als ihre Pistolen bei sich. Sie fühlten sich sicher.

Dann eröffnete der Afghane das Feuer aus seiner Kalaschnikow und erschoss drei der Grenadiere, verletzte sechs zum Teil schwer, bis es einem jungen Soldaten gelang, ihn aus

[*]  ANA = Afghan National Army

kürzester Entfernung mit mehreren Schüssen aus seiner Pistole zu töten.

Für Nikolaus Carstens bis heute der schwerste Tag seines Soldatenlebens.

Ohne alle anderen Opfer dieses Einsatzes herabzusetzen, kann man sagen, dass der Angriff im OP North seit den Toten von Isa Khel den größten Schock in der Truppe auslöste. Ich habe Bilder gesehen, die das Chaos und Entsetzen in den Minuten nach der Schießerei dokumentieren. Im Schlamm liegende Körper, Kameraden, die sich über Verwundete beugen. Herumliegendes Verbandsmaterial. Soldaten, die dort waren, erzählten von der tiefen Panik, die jeden ergreift, wenn der Feind mitten im eigenen Lager steht, man ihn nicht erkennt und noch nicht mal weiß, mit wie vielen Männern er da ist.

Als der Angriff in Deutschland bekannt wurde, tobte gerade die Farce um zu Guttenbergs geklaute Doktorarbeit. Der Verteidigungsminister kam in der BILD auf den Titel.

Die Toten von Baghlan und das Entsetzen aller, die dabei waren, schafften es nur in den Innenteil.

Die Begegnung mit Oberstleutnant Carstens – von der Herr Carstens ja eigentlich nichts wusste – entfaltete nachhaltige Wirkung.

Da war natürlich die emotionale Wucht, mit der mich sein Bericht traf, aber fast noch stärker bewegte mich das Auditorium. Die gut hundert Teilnehmer der Veranstaltung im Alter zwischen Ende zwanzig und Ende fünfzig kamen aus Wirtschaft, Politik und ein kleiner Teil aus den Medien. Durchweg universitär gebildete Frauen und Männer, politisch interessiert und mit einer gewissen Nähe zur Bundeswehr, sonst wären sie nicht hier.

Die Reaktionen auf den Vortrag, die Fragen an Carstens und die Gespräche danach zeigten, dass praktisch niemand von ihnen ein annähernd realistisches Bild von dem hatte, was deutsche Soldaten in Afghanistan taten und aushielten.

Ich würde mich zu diesem Zeitpunkt auch nicht als Spezialisten bezeichnet haben, aber durch die gezielte Recherche für meinen Roman und eine Reihe von Gesprächen war mir bewusst, dass unsere Soldaten in diesem Land Krieg führten. Mit allen Konsequenzen. Und wenn ein Auditorium wie dieses sich darüber nicht klar war, dann konnte das nur heißen, dass die Erzählungen über die harte Realität des Afghanistan-Einsatzes nirgends in Deutschland ankamen.

Ein Teilnehmer aus meiner Gruppe, der sich tief erschüttert gezeigt hatte und dies auch vor allen an Carstens weitergab, arbeitete in einem großen Rüstungsunternehmen als Projektleiter. Er entwickelte Fahrzeuge für die Bundeswehr, er sprach bei seiner Arbeit mit einsatzerfahrenen Soldaten, aber offenbar ausschließlich über technische Belange.

Wie stark muss die Panzerung sein? Was kann man an den Sitzgurten verbessern, damit die Soldaten Explosionen unverletzt überstehen? Welche Bewaffnung muss das Fahrzeug haben? Wie kommen die Leute raus, wenn ein Sprengsatz das Ding auf den Rücken wirft?

Der Mann gab offen zu, dass es trotz allem nicht wirklich in sein Bewusstsein gedrungen war, dass diese Anforderungen aus konkreten Erfahrungen entstanden sind. Dass Menschen gestorben waren, weil Fahrzeuge nicht optimal konstruiert waren oder Bombenbauer in Afghanistan sich intensiv mit den Schwächen der Fahrzeuge beschäftigt und entsprechend reagiert hatten. Oder weil der Sprengsatz einfach so groß und stark war, dass eben nichts zu machen war, weil man Panzerungen nicht endlos verstärken kann. Irgendwann ist das Fahrzeug zu langsam und zu unbeweglich.

Wenn also ein gefasst und formell gehaltener Vortrag eines Berufsoffiziers, der lediglich nichts beschönigt und an der einen oder anderen Stelle seinen Emotionen etwas Raum gegeben hatte, solche Wirkung entfalten konnte, dann war es höchste Zeit, in der Kommunikation der Bundeswehr offensiv an das Thema heranzugehen.

Ich hatte zu diesem Zeitpunkt schon ein erfolgreiches Sachbuch geschrieben (»Kochen ist Krieg!«), mein erster Kriminalroman lief mit dem Thema Afghanistan nicht schlecht, und ich hatte durch das Fernsehen eine gewisse Prominenz. Wenn ich in den Einsatz ginge und darüber schreiben würde, dann hatte so ein Buch – man muss das ehrlich sehen – vermutlich gute Chancen auf eine gewisse Reichweite. Johannes Clairs großartiges Buch »Vier Tage im November« über seine Zeit als Fallschirmjäger in Kunduz gab es damals noch nicht.

Aus der bislang eher diffusen Vorstellung, einen Einsatz selbst erleben zu wollen, formte sich in diesen Tagen ein konkretes Vorhaben, eine Aufgabe. Ich begann, Soldaten zu fragen, was sie von so einem Projekt hielten, und bekam eigentlich nur positive Rückmeldungen. Der Wunsch, das Bedürfnis, in einen Dialog zu treten mit der Restgesellschaft, war offensichtlich sehr, sehr hoch in der Armee, und tatsächlich hatte ich – alles in allem – sehr gute Voraussetzungen, mit einem Buch dazu einen Beitrag zu leisten.

Dieser Entschluss war die eine Nachwirkung von Carstens Vortrag, eine weitere kam mittelbar. Im Herbst 2011 machte ich für das Magazin JS (»Junger Soldat«) der evangelischen Militärseelsorge bei einer Geschichte über das Kantinenessen der Bundeswehr als »Testesser« mit. Um nicht zu weit fahren zu müssen, bat ich darum, Standorte in Oberbayern zu wählen, und so landete ich zum ersten Mal bei den Gebirgsjägern in Bad Reichenhall und bei Oberleutnant Jonasson, dem dortigen Presseoffizier.

Wir hatten sofort ein sehr offenes und angeregtes Gespräch, ich erzählte ihm von Oberstleutnant Carstens Vortrag und zeigte meine ehrliche Begeisterung für die Standorte Mittenwald und Bad Reichenhall, die beide zu Füßen großartiger Berge unter weißblauem Himmel liegen. Überhaupt waren mir die Gebirgsjäger beim ersten Kontakt sehr sympathisch. Ich hatte immer großen Respekt vor Bergsteigern, weil ich nicht ganz frei von Höhenangst bin. Und ich kann nicht Ski fahren, würde es aber eigentlich gerne können, zumindest Touren gehen, was die Gebirgsjäger ja intensiv betreiben. Wir tauschten Kontaktdaten aus und Oberleutnant Jonasson ließ mich wissen, dass ich jederzeit als Gast-Wehrübender in Reichenhall willkommen sei.

Ich hatte in Koblenz viel gesehen und gelernt, aber auch für mich entdeckt, dass ich reine Redaktionsarbeit, letzten Endes Stabsarbeit fern von der Truppe, nicht ideal für mich fand. Ich wollte – wenn ich schon als Reservist so aktiv war – möglichst nah an der Realität der Bundeswehr sein, bei den besonderen Fähigkeiten ihrer Einheiten. Ganz einfach da, wo es passiert. Und darüber berichten und erzählen. Lieber mit meiner Höhenangst kämpfen und dafür live dabei sein, als in einem Büro sitzen und den Bericht eines anderen darüber redigieren. Außerdem – nicht zu vernachlässigen – waren die Gebirgsjäger einfach näher an meinem Wohnort als das PIZ Heer in Koblenz, das auf absehbare Zeit außerdem nach Berlin-Strausberg umziehen sollte. Schon auf der Heimfahrt fasste ich den Entschluss, zur Gebirgsinfanterie zu wechseln, da klingelte mein Handy. Es war der für den Tatort zuständige Redakteur des Saarländischen Rundfunks, der mir in knappen Sätzen mitteilte, dass der Sender beschlossen habe, »die Kommissare Kappl und Deininger in Rente zu schicken«.

Alles auf Anfang …

Die nächsten Wochen waren sehr stark geprägt von der medialen Aufmerksamkeit für unseren Rauswurf. Viele Interviews, viel Nervenkrieg. Ende Januar 2012 kochte das Thema wieder hoch, weil dann Maximilian Brückners und mein letzter gemeinsamer Tatort lief, danach wurde es endlich ruhiger. Neben vielem Unangenehmen hatte diese Entscheidung des Senders auch etwas Gutes: Ich konnte die Zäsur nutzen, um mich endgültig vom Schauspielerberuf zu lösen, der mir schon lange keinen Spaß mehr gemacht hatte, außer wenn ich mit Max vor der Kamera stand oder ausnahmsweise mal ein guter Regisseur mit uns arbeitete. Es blieb für mich der schönste Beruf der Welt als mein einziger übrig: Autor. Endlich.

Das bedeutete aber auch, ich musste jetzt mehr schreiben, eigentlich nichts anderes mehr tun, als zu schreiben. Ich würde ab sofort zwei Bücher pro Jahr fertigstellen müssen, was dem Afghanistan-Projekt richtigen Schwung verlieh.

Neben dem Interviewmarathon hielt ich Kontakt mit Oberleutnant Jonasson, der mir schon bald ein tolles Projekt vor die Nase hielt: Im Sommer 2012 würde die Brigade zu einer zweiwöchigen Hochgebirgsübung namens »Edelweiß« nach Österreich ausrücken. Da könne er jede Unterstützung in der Pressestelle brauchen, ich solle doch gerne als Gast dazu kommen. Über tausend deutsche Soldaten, dazu Österreicher und Franzosen, würden zu einer riesigen Gefechtsübung auf bis zu 2500 Metern zusammentreffen. Unterbringung inmitten eines wunderschönen Taleinschnittes. Zwei Wochen frische Luft und ganz viel Einblick in eine sehr besondere Truppengattung. Und er wolle gerne ein Medientraining für das Führungspersonal der Brigade organisieren, von den Zugführern über die »Spieße«, Kompaniechefs, Bataillonskommandeure, Stabsangehörige bis hin zum Kommandeur selbst, einem Brigadegeneral, alle sollten an dieser

Schulung teilnehmen können. Und mich würde er gerne als einen der Vortragenden gewinnen. Er hatte mich am Haken.

Ich wechselte meine Beorderung zur Gebirgsjägerbrigade 23, und ich sagte für »Edelweiß« zu.

Ich teilte Oberleutnant Jonasson, mittlerweile Hauptmann, mit, dass ich nach Afghanistan gehen wolle und also über die Brigade meine Ausbildung planen lassen möchte. In seiner Antwortmail hieß er mich willkommen und gab mir ein paar organisatorische Dinge mit, außerdem schrieb er: Das sei ja wirklich schräg, er habe auch die Absicht, im nächsten Jahr in den Einsatz nach Afghanistan zu gehen. Vielleicht würden wir ja gemeinsam dort sein.

Mittlerweile hatte es sich als nicht realisierbar erwiesen, Reserveoffizier zu werden, aber Stabsunteroffizier konnte ich auch nicht bleiben, ich musste mindestens Feldwebel sein, um als Pressefeldwebel in den Einsatz gehen zu können. Vor die Beförderung zum Feldwebel ist aber der Feldwebellehrgang gesetzt. Genauer gesagt, zwei Feldwebellehrgänge, nämlich erstens der rein militärische, der im Wesentlichen die Ausbildung zum Gruppenführer beinhaltet, und dann der fachliche Feldwebellehrgang, in meinem Fall die Ausbildung zum Pressefeldwebel, oder »Informationsfeldwebel Streitkräfte«, wie es offiziell heißt.

Meine Frau beobachtete das Ganze jetzt schon mit zwei hochgezogenen Augenbrauen. Sie hatte zähneknirschend akzeptiert, dass ich in ein Kriegsgebiet gehen wollte, weil sie verstand, warum ich das tun und dann noch ein Buch darüber schreiben wollte. Außerdem war Autor ja nun mein einziger Beruf, und ich hatte einen Buchvertrag in Händen.

Zwischenzeitlich war ich dann zu meiner ersten Wehrübung als »Gebirgsjäger« eingerückt. Ich bekam in der Kleiderkammer in Bad Reichenhall einen neuen Ausgehanzug mit kurzem Ski-Blouson und Keilhose. Eine Kombination, die von Hauptmann Jonasson lachend als »Helden in Strumpfhosen« bezeichnet wird. Dazu tauschte ich die Kampfstiefel gegen Bergstiefel und das Fallschirmjäger-Barett gegen die Bergmütze, die leider fatal an die Mützen der Wehrmacht erinnert, auch wenn sie ihren Ursprung in ziviler Forstbekleidung hat und schon im Ersten Weltkrieg von österreichischen Gebirgstruppen getragen wurde. In der Wehrmacht wurde sie von den Österreichern und aus dem zivilen Gebrauch übernommen und zunächst nur für die Gebirgjäger angeschafft, setzte sich aber im Laufe der Zeit in der gesamten Wehrmacht durch. Mir hätte es als Reservist freigestanden, den klassischen Dienstanzug und das Barett zu behalten, aber ich dachte mir, wenn schon, denn schon. Ich kann schlecht als Pressevertreter der einzigen verbliebenen Gebirgsjägerbrigade der Bundeswehr im Fallschirmjägerlook auftreten. Außerdem blieb mir von den Jahren als Schauspieler natürlich ein tiefes Bewusstsein für das richtige Kostüm zur Rolle …

Am Tag nach der Umkleidung ging es dann frühmorgens im Konvoi in Richtung Wattener Lizum in Tirol. Ich muss sagen, dass ich bei allen Wehrübungen – nicht nur, aber auch – sehr offene und freundliche Menschen in Uniform getroffen habe und dass überall – nicht nur, aber auch – toller Zusammenhalt und vorurteilsfreie Kameradschaft zu finden waren.

Aber die Gebirgsjäger überraschten mich doch sehr. Ob es daran liegt, dass die Truppe nach wie vor sehr »bayerisch« ist, auch wenn spätestens seit der Auflösung des Gebirgsjägerbataillons 571 in Schneeberg der Sachsenanteil stark gestiegen ist, oder weil das Zusammenarbeiten am Berg, unter stetiger Gefahr und teilweise knallharten Witterungsverhältnissen, dafür verantwortlich ist; Ich traf in Österreich auf eine rauhbeinige Gemütlichkeit und freundliche Gleichmut, wie ich sie bislang nur von Bergwanderungen oder aus dem Biergarten kannte.

Mein Höhepunkt in diesen beiden Wochen kam allerdings erst kurz vor Schluss. Ich musste dafür ziemlich keuchen und frieren und bin vermutlich nur knapp einer Lungenentzündung entgangen, aber es war die bislang eindrücklichste Erfahrung in Sachen »Soldat sein«.

# Angriff am Torjoch

Wir hatten einen Medientag mit mehreren Journalisten, einen Besuchertag, bei dem die kleine Pressestelle (Hauptmann Jonasson und ich) die kleine Besucherzelle unterstützte, wir sammelten Geschichten, ich schrieb eine kleine Meldung für das PIZ Heer, und vor allem waren wir viel an der frischen Luft, genossen die sehr gute österreichische Verpflegung und am Abend auch das gute Zillertaler Bier.

Jonasson und ich freundeten uns schnell an und unterhielten uns ausdauernd über Pressearbeit und wie wir sie uns wünschen würden. Was sich alles in der Hinsicht bewegt hatte in der Bundeswehr und wie viel noch zu ändern und zu bedenken sei. Die erste Woche stand im Zeichen der Vorbereitungen für die große Gefechtsübung, die dann in der zweiten Woche beginnen und sich über mehrere Tage erstrecken sollte. Jonasson und ich waren uns einig, dass der Pressesoldat nah am Geschehen sein, wie ein ziviler Journalist denken und hungrig sein müsse.

Und so fuhren wir eines Abends von unserer Unterkunft, dem Lager Walchen auf 1400 Metern, zum Lager Lizum, in 2000 Metern Höhe, wo die letzten Vorbereitungen für die am nächsten Tag beginnende heiße Phase liefen. Fast im Vorbeilaufen sprach Jonasson einen jungen Hauptmann namens Marcus an und wies auf mich: »Das ist unser Pressefeldwebel, der würd gerne morgen mit euch hoch, geht das?« (Ich wusste bis dahin nicht, dass ich das wollte.) Marcus gab mir die Hand, sagte »Ja, klar« und dass ich in zwei Stunden zur Befehlsausgabe im Zelt der Kompanie sein solle. Aufbruch wäre am nächsten Morgen gegen sechs. Hauptmann Jonasson ließ sich das Kompaniezelt zeigen, bedankte sich und grinste mich an: »Hab ich dich jetzt überfallen?« Ich musste selber grinsen, nickte und sagte: »Aber recht so.«

Nach dem Abendessen wurde ich wieder nach oben gefahren und quetschte mich in das vollbesetzte Zelt. Dort standen Feldbetten, lagen Rucksäcke und Ausrüstung auf dem Boden. Etwa fünfzehn Soldaten, vom Obergefreiten bis zu Hauptmann Marcus, dem Chef der vierten Kompanie des Gebirgsjägerbataillons 233 aus Mittenwald, waren fast alle Dienstgrade vertreten, drängten sich in der Enge. In einer Ecke waren Karten an der Zeltwand befestigt, geographische mit taktischen Zeichen und meteorologische, die gerade am Berg für die Planung eine besonders wichtige Rolle spielen.

Hauptmann Marcus stellte mich Hauptfeldwebel Anton vor, seinem Kompanietruppführer. Neben dem Spieß ist der Kompanietruppführer der wichtigste Unteroffizier. Wo Ersterer sich mehr um Disziplinar- und Personaldinge zu kümmern hat sowie – sehr allgemein gesagt – die Versorgung und den Innendienst der Kompanie sicherstellt, kümmert sich Letzterer um die Planung aller Übungsvorhaben, Ausbildungen, Schießplatzaufenthalte und ist der taktische Berater und Führungsgehilfe des Kompaniechefs. Sein Kompanietruppsoldat ist meist gleichzeitig der Fahrer und Funker des Chefs. Beide sind bei Übungen und im Gefecht stets in dessen direkter Umgebung.

Hauptfeldwebel Anton begrüßte mich mit Handschlag, grinste bis tief in die blauen Augen und bayerte: »Grias di, willkommen bei da Vierten, mir gfrein uns, dosd moign mitgehst.« Dann wies er auf einen gedrungenen Oberstabsgefreiten mit nach hinten pomadierter Tolle und dichtem Vollbart: »Des ist der Fußbauer, mei Soldat, mia san moign den gonz'n Dog zam.«

Auch Fußbauer drückte mir fröhlich lächelnd die Hand, schnell wurde etwas Platz auf einer Bank freigeräumt, und dann setzten sich alle, die konnten, der Rest blieb stehen.

Der Kompanieeinsatzoffizier, ein Leutnant und Marcus' Stellvertreter, gab Informationen über den Auftrag der Kompanie, der Chef erläuterte seine Absichten zur Umsetzung. Ein Heeresbergführer klärte über die Wetterlage der nächsten Tage und damit verbundene etwaige alpinistische Schwierigkeiten und Gefahren auf. Die Zugführer bekamen ihre Einzelaufträge, es wurde eifrig notiert, mitgedacht und nachgefragt. Ich war wieder mal beeindruckt. Ich mag Profis, in jeder Branche. Ich finde Professionalismus, Eigenverantwortung und Leidenschaft für das, was man tut, großartig.

Und dieser Professionalismus gab mir auch den Mut, nach der Besprechung gegenüber dem Kompanietruppführer zuzugeben, dass ich noch nie so etwas mitgemacht habe, und zu fragen, was ich denn überhaupt mitnehmen solle.

Anton nickte, zwinkerte mir zu, und dann zählte er auf, was alles in meinen Rucksack sollte und warum. Er bot mir an, im Kompaniezelt zu schlafen, wenn ich wolle, dann könne ich morgen länger schlafen, als wenn ich von unten raufkäme. Ich hatte aber unten außer dem Packen noch einiges zu tun und wollte weder den Fahrer der Presseabteilung um Mitternacht losjagen noch die Soldaten hier wecken, indem ich dann mit Rucksack ins Zelt stolperte.

Ich verabschiedete mich und fuhr mit einem kleinen Kribbeln im Magen nach unten. Hauptmann Jonasson half mir beim Packen und hatte als ehemaliger Zugführer der Gebirgstruppe auch noch den einen oder anderen Tipp. Vor allem lieh er mir seinen leichten, warmen Schlafsack, die Biwakhülle und Winterhandschuhe, die ich als Bergneuling natürlich nicht mitgenommen hatte, es war ja schließlich

Juli. »Das hat auf 2000 Metern nicht viel zu sagen«, lachte Jonasson. Und er würde damit recht behalten …

Gegen sechs Uhr früh war ich mit Gepäck, ohne Waffe (bin ja Kriegsberichter …), aber mit Helm auf dem Kopf am Zelt. Es gab noch einen Schlag Kaffee, dann bewegte sich der Chef mit seinem Trupp und mir in Richtung OPZ[*], wo Marcus die letzten Anweisungen, Lageberichte und Wetternews bekommen würde.

Die Luft war, obwohl Sommer, herbstlich kühl und feucht, was die bevorstehenden vierhundert Meter Aufstieg bis zum Torjoch erleichtern würde, aber die Aussichten für die nächsten Tage waren nicht gut. Die vierte Kompanie sollte zwei bis vier Tage auf dem Joch bleiben, egal, was für ein Wetter dort herrschte. Heute sah man die Sonne noch hinter Wolken, es roch nach nassen Wiesen und Vieh, Schweine und Rinder liefen frei herum. Mitten im Hochlager befindet sich nämlich ein Bauernhof und eine Hütte des ÖAV[**].

Ich wartete mit Hauptfeldwebel Anton, seinem Stabsgefreiten Fußbauer und dem Obergefreiten Pfandes auf den Chef. Am Berg brauchte Hauptmann Marcus zwei Funker, Fußbauer würde die Verbindung zu den einzelnen Zügen halten und Pfandes zum Bataillonsstab in der OPZ im Tal.

Die drei sprachen über Afghanistan. Anton und Fußbauer waren schon dort, Pfandes würde im Januar zum ersten Mal gehen. Die ganze Kompanie hatte den Auftrag bekommen, das kleine Lager Pol-i-Khomri zu schützen, während die ungarische Besatzung dort abbaute. Keine leichte Sache.

Hauptmann Marcus kam aus dem Gebäude, ein paar Unterlagen in der Hand. Marcus war ein sehr schlanker Mann um die dreißig, wirkte wesentlich jünger und eher intellektuell als robust. Er war Politologe. Aber eben auch Offizier mit

[*]  OPZ = Operationszentrale
[**] ÖAV = Österreichischer Alpenverein

Einsatzerfahrung in Afghanistan. Er war schon in Feyzabad und würde ab Januar zum ersten Mal als Chef im Einsatz sein. Er schaute Anton kurz an, nickte, und die drei Mann seines Führungstrupps schnappten ihre Ausrüstung.

»Pack mer's!« Hauptfeldwebel Anton rückte die Schutzbrille mit den orangefarbenen Gläsern zurecht, setzte den Helm auf und schloss den Kinnriemen. Der Oberstabsgefreite Fußbauer schulterte seinen dreißig Kilogramm schweren Rucksack mit Funkgerät und persönlicher Ausrüstung, und der Obergefreite Pfandes hängte sein Gewehr um. Es war ein G3, Baujahr lange vor Pfandes' Geburt, und es hat viel mit Afghanistan zu tun, dass der junge Soldat dieses alte Gewehr trägt.

Das neuere Modell, G36, besteht im Wesentlichen aus Kunststoff und hat ein kleineres Munitionskaliber als das G3. Gewichtsersparnis und leichteres Handling waren für die Auswahl ausschlaggebend. Mit ständiger Verkürzung der Wehrdienstzeit musste eine Standardwaffe her, die leichter zu bedienen war und mit weniger Ausbildung ausreichende Schießleistungen ermöglichen würde. Das G3 hatte einen heftigen Rückstoß, und es war deswegen nicht einfach, damit exakt zu treffen.

Aber im Kampf um Ortschaften in Afghanistan hatte sich schnell gezeigt, dass jede Infanteriegruppe ein Kaliber brauchte, mit dem man auch durch eine geschlossene Tür schießen konnte und außerdem noch auf relativ große Entfernungen mit präzisem Feuer tödlich treffen. So kam das G3 zurück, und in der Infanterie ist mittlerweile jede Gruppe (acht bis zwölf Mann) mit mindestens einem G3 mit Zielfernrohr ausgerüstet.

Marcus und ich nahmen unser Gepäck auf. Wir marschierten los.

Die drei Züge der Kompanie, heutzutage nicht mehr von

eins bis drei numeriert, sondern Alpha, Bravo und Charlie genannt, waren schon seit sechs Uhr zu unterschiedlichen Operationsgebieten unterwegs. Der Spieß hatte vor zwanzig Minuten mit Mulis das Lager verlassen, um all das auf den Berg zu bringen, was die Infanteristen beim besten Willen nicht schleppen können. Zusätzliche Munition, Verpflegung, Zeltteile und die schweren Granatmaschinenwaffen. Trotzdem trug jeder Soldat immer noch um die dreißig Kilo Ausrüstung mit sich, bei manchen, zum Beispiel den MG-Schützen, wurden es auch vierzig oder fünfzig.

Das Szenario für die Übung: In einem fiktiven Land haben irreguläre Kräfte die Regierung verjagt, mit Schmuggel wird Geld für Waffen verdient und diese selbst ins Land gebracht. Eine Stabilisierungstruppe soll wieder geordnete Verhältnisse herstellen. Also die Art Auftrag, die die Bundeswehr tatsächlich in ihren Einsätzen ausführt. Und vermutlich auch die Art Auftrag, die immer wieder auf sie zukommen wird.

Nach zehn Minuten passierten wir eine kleine Kirche am Rande des Lizumer Hochtals und ließen damit das letzte Gebäude auf dem Weg hinter uns. Der Aufstieg begann.

Hauptfeldwebel Anton war ein schwerer, dafür aber erstaunlich fitter und beweglicher Mann. Mitte dreißig, blonde Strubbelhaare, ewiges Grinsen. Seit über fünfzehn Jahren Gebirgsjäger, er war zweimal als Zugführer in Afghanistan eingesetzt. Während des gesamten Aufstiegs hatte er mich im Blick, hörte auf jedes Lungenpfeifen und lächelte mir Mut zu.

Wir folgten dem Alpha-Zug der Kompanie ans Torjoch. Dort wurden »feindliche Kräfte« in unbekannter Zahl vermutet. Der Zug sollte das Joch gewinnen, um von der Höhe aus Schmuggel zu unterbinden und das Eindringen von irregulären Kräften zu verhindern – so sah es das Szenario vor.

Während des Aufstieges wechselte die Witterung stetig.

Schnürlregen, Nebel, Wind. Dann wieder klare Sicht auf das atemberaubende Panorama. Der deutsche und der französische Hochgebirgszug hockten ein paar hundert Meter höher tatsächlich im dicksten Schnee.

Regelmäßig musste Halt eingelegt werden, weil einer der Funker eine lange Nachricht bekam. Positionen wurden notiert, erste Informationen des Spähtrupps, der noch im Dunkeln aufgebrochen war, aufgenommen und bewertet.

Ich war für die »taktischen« Halte sehr dankbar, denn der steile Anstieg, die verdammt dünne Luft und das schwere Gepäck machten mir ziemlich zu schaffen. Ich tröstete mich damit, dass ich einer der Ältesten war, nahm mir aber dennoch vor, in Zukunft noch mehr Sport zu machen. Mit der Absicht, nach Afghanistan zu gehen, hatte ich ohnehin schon mein Trainingspensum erhöht. Ich wollte auf den anstehenden Lehrgängen, und vor allem im Einsatz selbst, nicht wegen mangelnder Kondition und Kraft zum Problem der ganzen Truppe werden. Denn ich erlebte an diesem Tag auch, dass Kameradschaft unter Umständen für alle gefährlich sein kann – was den Wert dieser Tugend nur unterstreicht.

Ich blieb nämlich das eine oder andere Mal ein gutes Stück zurück, worauf immer wieder einer der jungen Funker nach vorn rief, er bleibe mit dem Stabsunteroffizier zurück und wir kämen dann nach, was Hauptfeldwebel Anton stets mit »Wir bleiben alle zusammen« beantwortete. Dann stoppte der gesamte Trupp, samt Kompaniechef und wartete, bis ich wieder Luft hatte und weiterkonnte. Ohne einen abschätzigen Blick, ohne blöde Bemerkung. Immer aufmunternd. Immer geduldig. Und – wir befanden uns ja schließlich in einem Übungsszenario – immer die Umgebung absuchend, sichernd. Ein Soldat japst und drei passen auf. »Wer stehen bleibt – stirbt.« Gott sei Dank kannte ich den Satz damals noch nicht …

Eine halbe Stunde vor Erreichen der Ausgangsstellung unterhalb des Jochs, meldete der Alpha-Zug von oben einen TIC, *troups in contact*. Der Zugführer hatte unter Deckung des Nebels in einen Taleinschnitt vorrücken lassen, in dem eventuelle Feindkräfte das Torjoch gut absperren können. So vorsichtig und geschickt der Hauptfeldwebel oben sein Vorgehen auch angegangen war, er hatte einfach Pech: Der Nebel löste sich ganz plötzlich auf und gab den gut ver-schanzten »Gegnern« volle Sicht auf die heranrückenden Soldaten. Das simulierte Feuergefecht forderte dann auch den ersten »Ausfall« des Zuges.

Die nächsten Stunden zeigten, über welche nicht aus-schließlich militärischen Eigenschaften ein Soldat in dieser Umgebung verfügen muss. Geduld, Durchhaltewillen, inne-re Ruhe und vor allem: Wetterfestigkeit. Hauptfeldwebel Anton ließ die Außenhülle eines Hochgebirgszeltes rasch als provisorischen Wetterschutz aufstellen. In dem eigentlich für zwei Mann gedachten Zelt schlüpften zeitweise fünf Sol-daten, inklusive eines erschöpften Reservisten, unter.

Kompaniechef Marcus war ständig draußen unterwegs, um Punkte zu suchen, von denen aus er Blick in den Tal-einschnitt nehmen konnte, ohne selbst gesehen zu werden. Doch der ständige Nebel machte es unmöglich, den Gegner genauer zu beobachten. Und die neblige Nässe kroch unauf-haltsam unter die Kleidung.

Endlich gelang es einem weiteren Spähtrupp, die Lage im Einschnitt besser aufzuklären, eine Gegnerstärke von min-destens vierzehn Mann in erhöhten Stellungen galt als si-cher. Nach eingehender Beratung mit Anton und dem Alpha-Zugführer fasste Marcus seinen Entschluss. Er würde vom Tal aus Nebelgranaten schießen lassen, die dem Gegner die Sicht nehmen und dann mit Hilfe der Bataillonsreserve an-greifen. Beides forderte Hauptmann Marcus unten an. Der

Nebel war kein Problem, aber die Reserve, die nicht umsonst Bataillonsreserve heißt, schon.

Auf zweitausendvierhundert Metern hieß es also wieder warten. Auf die Entscheidung des Bataillons, auf besseres Wetter. Im Regen zu hocken, schlägt aufs Gemüt. Obwohl die Rucksäcke bleischwer waren, hielt sich die Menge der mitgenommenen Kleidung in Grenzen. Und was bei solchen Bedingungen mal nass ist, wird nicht mehr trocken.

»Im Gebirg musst schaugn, dass'd Leit trocken hältst, sonst is ruckzuck aus.« Bei diesen Worten grinste Anton mal ausnahmsweise nicht. Die Erfahrung am Berg hat ihm für Afghanistan mitgegeben, dass er als Vorgesetzter mit Kampfkrafterhaltung und Fürsorge mindestens genauso beschäftigt ist, wie mit dem Kämpfen. Schwierige Witterung und das Warten auf Entscheidungen, die irgendwo weit weg getroffen werden – auch das ist Einsatzrealität.

Marcus und sein Alpha-Zug verschwanden unter Regenponchos, »Anzug Hui-Buh« nennen die Soldaten das, weil man im Nebel wie ein Gespenst damit aussieht. Die Ponchos schützen allerdings perfekt vor Nässe, und man kann sie schnell abwerfen. Sollte sich die Truppe schnell bewegen müssen, wäre der Goretex-Anzug, den alle dabeihaben, eher unpraktisch. Er hält zwar den Regen ab, aber bei Anstrengung schwitzt man extrem darin und hat dann doch nasse Klamotten, inklusive der Innenschicht des Regenschutzes, die bei einem eventuellen Temperatursturz auch noch gefrieren kann. Am Ende des Tages werden lange Unterhosen und Unterziehrollis mit Goretex darüber für die meisten hier oben die einzige trockene Kleidung sein, die ihnen verblieben ist.

Aber noch waren Zelt und Schlafsack weit.

Nach langem Hin und Her teilte das Bataillon Hauptmann Marcus mit, dass die Reserve für ihn in Marsch gesetzt wurde.

Wenn die Soldaten hier angekommen sein werden, würden sie einen Steilhang von gut sechzig Metern erklimmen, den Kamm überschreiten und auf der anderen Seite in Stellung gehen müssen. Nach dem Einnebeln würden sie dann von oben im Sturm angreifen. Allein das war schon ein ziemlich sportliches Unterfangen, aber dann auch noch nach einem anstrengenden Anmarsch?

Marcus verschob seine ganze Truppe näher an den Gegner. Eine Granatmaschinenwaffe wurde auf den Einschnitt gerichtet, Scharfschützen hatten sich im Nebel auf erhöhte Positionen vorgearbeitet.

Die Reserve kam sehr viel früher als erwartet in Sicht und war trotz der Anstrengung sofort bereit – es waren schließlich Gebirgsjäger. Marcus gab seine Befehle. Die Reserve erklomm rasch den Steilhang und ging auf der anderen Seite in Stellung. Die Granatmaschinenwaffe wurde feuerbereit gemacht, Koordinaten per Funk durchgegeben, Nebelgranaten angefordert.

Dann die sprichwörtliche Ruhe vor dem Sturm. Sie wurde gebrochen durch die Nachricht, dass die Mörser jetzt simuliert gefeuert hatten – auch Nebelgranaten können Menschen gefährden, und deshalb verzichtet man bei solchen Gefechtsübungen darauf, sie tatsächlich auf Soldaten abzufeuern.

Das Feuer der Granatmaschinenwaffe wurde ebenfalls durch Signalraketen simuliert. Im Ernstfall haben die Explosivgeschosse der Waffe eine verheerende Wirkung. Der Alpha-Zug feuerte zur Ablenkung mit Manövermunition auf den Gegner, dann stürmte die Reserve den Steilhang hinunter.

Spätestens jetzt verspürte ich ein gewisses Unbehagen, aber vor allem Erleichterung, dass das hier alles nur eine Übung war und niemand wirklich zu Schaden kam. Schiedsrichter mit weißen Armbinden beobachteten das Geschehen und registrierten jede Entscheidung des Kompaniechefs und die Ausführung durch seine Soldaten.

Falls ich je nach Afghanistan kommen würde – wären es Situationen wie diese, die mich dort erwarteten? Nur dann mit scharfer Munition und einem entschlossenen Gegner? Die Übung im idyllischen Österreich diente ja nicht zuletzt auch der Einsatzvorbereitung, und gerade die Soldaten der vierten Kompanie sollten schon Anfang Januar in den Flieger Richtung Hindukusch steigen.

Nach knapp zwanzig Minuten war das »Gefecht« dann vorbei, der Gegner geflohen, und Marcus konnte mit seinen Soldaten den nun freigekämpften Raum beziehen. Es wurde stetig kälter und nasser am Torjoch, mittlerweile richteten sich alle Gedanken auf den Moment, an dem endlich das Zelt aufgebaut sein würde, man die feuchte Kleidung zum Trocknen zwischen Schlafsack und darübergestreifte Biwakhülle gestopft hätte und sich vielleicht hinlegen könnte. Doch das würde noch dauern.

Zuerst musste dem Bataillon berichtet und die weitere Vorgehensweise abgestimmt werden. Dann wurde das Gebiet vorsichtig erkundet, ob sich noch irgendwo ein »Feind« aufhielt. Erst danach rückten der Alpha-Zug und die Kompanieführung samt wankendem Pressefeldwebel vollständig ein. Und es regnete und regnete.

Als endlich mit dem Zeltaufbau begonnen werden konnte, brachen alle himmlischen Dämme, und sturmartiger Starkregen ging auf den Berg nieder, der sich in Minuten zu Graupeln und dann zu Hagel entwickelte. Man musste sich auf kürzeste Entfernung anschreien, die Sicht verringerte sich durch den Niederschlag auf wenige Meter. Man brauchte die Helme, um sich vor dem Hagel zu schützen, und alle Bewegungen liefen nur noch in Zeitlupe ab. Ich spürte, dass ich in rasender Geschwindigkeit alle Kraft und Entschlussfreude

verlor, konnte den Zeltaufbau nur mit höchster Willens-
anstrengung zustande bringen und hatte das Gefühl, zu Eis
zu erstarren. Erst nach Minuten gab ich meine Versuche auf,
an irgendeiner Stelle des Körpers trocken zu bleiben. Ich
hatte während des Aufstiegs ja gelernt, dass die Gebirgsjäger bei Regen nie Schutzkleidung trugen, solange sie sich
bewegen mussten, aber erst jetzt begriff ich, was das im Ex-
tremfall bedeuten konnte: akzeptieren, dass man vollständig
durchnässt und ausgekühlt wurde, sich nur durch Bewegung
noch einigermaßen warm halten konnte und trotzdem weiter
funktionieren musste. Und das im schlimmsten Falle auch
noch in der Steilwand oder im Gefecht, also unter Lebensgefahr.

Das schwere Unwetter tobte gut dreißig Minuten, um
dann schlagartig aufzuhören. Niemand hatte auch nur noch
einen trockenen Fetzen Kleidung am Leib, ein scharfer Wind
hätte die Zelte beinahe fortgerissen und biss jetzt in die nasse
Haut. Das größte Zelt des Führungstrupps wurde fürs Umziehen und Aufwärmen genutzt, später sollte alles Material
dort rein. Je einer durfte alleine ins Zelt, sich auszuziehen, ab-
rubbeln, aus seinem Rucksack trockene Kleidung zupfen
und das Goretex-Zeug drüberziehen. Die anderen froren der-
weil draußen weiter und richteten die Schlafzelte mit Iso-
matten und Schlafsäcken her.

Halbwegs trocken und mit leiser Hoffnung, dass das Wetter morgen zumindest nicht schlimmer werden würde,
schliefen wir ein. Noch bis tief in die Nacht knackte und
rauschte immer wieder der Funk, immer wieder musste einer
die Nachrichten entgegennehmen und beantworten. Draußen lagen Alarmposten, die regelmäßig wechselten.

Nach einer unruhigen Nacht auf hartem Untergrund däm-
merte der Morgen. Um zehn nach sechs wollte die Kompanieführung zu den vordersten Stellungen aufbrechen, ein

Marsch von gut fünfundzwanzig Minuten. Mühsam schälte ich mich aus der Schlafhülle, jede Bewegung kostete Willenskraft. Die Stiefel waren feucht und kalt, der Schädel brummte von der dünnen Luft. Anton reichte einen Blechnapf mit warmem Wasser ins Zelt, statt Kaffee. Dazu ein paar EPA[*]-Kekse. Ich dachte kurz nach, wann ich zum letzten Mal etwas gegessen hatte – eine richtige Mahlzeit lag fast vierundzwanzig Stunden zurück, zwischendurch hatte ich immer nur von Anton angebotene Trockenfleischstücke gegessen und Wasser getrunken. Verrückt. Ich werde normalerweise unausstehlich, wenn ich nicht regelmäßig esse, aber unter diesen Bedingungen hatten mein Körper und meine Seele offenbar beschlossen, dass das Frieren wesentlich lebensbedrohender war als mein bisschen Appetit, der sich locker von meinen Fettreserven stillen ließ.

Es war Sonntag, der zweiundzwanzigste Juli, sechs Uhr früh auf 2400 Metern. Dicker Nebel. Null Grad. Schnee. Nach der Erkundung der Stellungen, die mir durch ein Nebelloch einen atemberaubenden Blick in einen Talkessel gewährte, in dem im Laufe des Vormittags noch ein Übungsgefecht stattfinden würde, sagte mir Anton, dass der Spieß mit den Mulis auf dem Weg nach oben sei und mich nach Ablieferung der Verpflegung und weiterer Ausrüstung wieder mit nach unten nehmen würde. Ich verabschiedete mich von meinem kleinen Trupp und spürte, dass die wenigen Stunden am Berg und die gemeinsam ertragenen Strapazen ein festes Band zwischen uns geknüpft hatten. Tatsächlich bin ich mit Marcus und Anton bis heute in Kontakt, Anton habe ich sogar in Afghanistan wiedergesehen.

Ich zog meine nassen Sachen aus dem Zelt, stopfte sie in den Rucksack und machte mich auf den Weg zum Treff-

---

[*]  EPA = Ein-Mann-Packung, Karton mit Feldverpflegung für 24 Stunden

punkt. Der Spieß und die Tragtiere kamen in hohem Tempo, von Regen und Schnee durchnässt, schwitzend, keuchend und mit dicken Atemwolken oben an. Die Tiere mussten noch eine Weile verschnaufen, weil sie am Tag zuvor den Weg schon zweimal gegangen waren, was nicht nur sie, sondern vor allem die Muliführer schlauchte. Man mag es nicht glauben, aber die Tragtierführer gehören wegen des hohen Tempos der Tiere am Berg zu den Fittesten in der ohnehin fitten Gebirgstruppe.

Irgendwann standen der Spieß, ein Hauptgefreiter und ein Oberstleutnant, der als Schiedsrichter oben gewesen war, vor mir, und der Spieß knurrte nur »Abmarsch«, worauf er sich schon umgedreht hatte und losgestapft war.

Der Abstieg war zwar weniger kräftezehrend als der Aufstieg, allerdings ging er erstens ganz schön auf die Knie, und zweitens war der Untergrund über weite Strecken rutschig. Es fiel mir nicht leicht, unter diesen Umständen das Tempo mitzugehen, das die drei erfahrenen Gebirgsjäger vorlegten. Bei der Gurtrast* bekam ich die knappe Anweisung, mein Goretex-Zeug gegen normales Flecktarn zu wechseln (für den bewegungsarmen Morgen war es richtig gewesen, aber nichts für den Abstieg) und mir vom Hauptgefreiten zeigen zu lassen, wie man die Rucksackgurte richtig einstellte. Dann ging es in flottem Schritt weiter nach unten. Nur seine gelegentlichen Blicke nach hinten signalisierten mir, dass der Spieß sich durchaus um mein Fortkommen scherte, ansonsten hatte ich das Gefühl, unsichtbar zu sein. Es wurde nichts geredet, nur marschiert, gerutscht und weitermarschiert.

Unten angekommen, ich keuchte mich gerade etwas aus,

* Erster Halt beim Bergmarsch, nach ca. 30 Minuten. Gelegenheit, das Gurtzeug anzupassen, den Rucksack umzupacken, Kleidung abzulegen oder sich wärmer anzuziehen, die Stiefel richtig zu schnüren usw.

drehte sich der Spieß aus der Bewegung heraus um, streckte mir lächelnd die Hand hin und sagte: »Tempo woar in Oardnung, guat mitg'hoitn, Stuffz Weber, i bin der Hacks, Servus.«

Drehte sich wieder um und rumpelte mit Riesenschritten davon, seinen Hauptgefreiten im Schlepptau.

Der Oberstleutnant lächelte sehr fein, sagte: »Glückwunsch, Herr Weber, Sie haben da wohl etwas bestanden.« Und lud mich dann zum Mittagessen ein.

Dass leider hinter denselben Anlagen und Fähigkeiten, die Menschen in der Gebirgs- oder Fallschirmjägertruppe Außerordentliches leisten und herausragende Kameradschaft leben lassen, ein Elitebewusstsein und eine Leidensfähigkeit stecken, die auf der anderen Seite zu fatalen Auswüchsen und Fehlleistungen führen – wie roher Schweineleber bei Unteroffiziersaufnahmen, Südfrüchten, die in Hintern geklopft werden, Totenschädeln in Afghanistan und Kindern, die beim Tag der offenen Tür in Bad Reichenhall auf ein Miniaturdorf namens »Klein-Mitrovica« zielen –, ist psychologisch erklärbar, aber fraglos ein Missstand und zu verurteilen. Auch hier ist, neben der ständigen Werte-Erziehung in der Truppe, vor allem die Presse- und Öffentlichkeitsarbeit der Bundeswehr immer wieder hochgradig gefordert. Da, wo es weh tut, ist der Dialog mit der Gesellschaft am wichtigsten.

Es bleibt spannend.

# Die Mühen der Ebene(n)

Ende August 2012 fuhr ich mit meiner Familie in den Sommerurlaub, den ich genau drei Tage lang genießen konnte. Dann musste ich alleine nach Hause reisen und mal wieder meine »gesamten militärischen Bekleidungs- und persönlichen Ausrüstungsgegenstände« zusammenpacken. Am nächsten Tag startete ich in Richtung Hammelburg/ Franken. Mein nächster »Abenteuerurlaub« begann.

In Hammelburg meldete ich mich in der ersten Inspektion der Lehrgruppe Alpha an der Infanterieschule für den Lehrgang »Feldwebel der Reserve außerhalb des Wehrdienstes«.

In den kommenden sieben Wochen sollten die Teilnehmer – alles Reservisten – zum Gruppenführer ausgebildet werden und die Kenntnisse am Ende in mehreren theoretischen Tests und einer praktischen Laufbahnprüfung nachweisen. Prüfungsfächer würden verschiedene Rechtsthemen, die alle mit der Vorgesetztenfunktion der Feldwebel zu tun hatten, und Führen im Gefecht sein – Letzteres sowohl theoretisch als auch praktisch.

Ich ging im Grunde ahnungslos in diesen Lehrgang, weil ich als ehemaliger Mariner praktisch keine Erfahrung mit Gefechtsdienst an Land hatte.

Vieles in den nun folgenden Wochen erinnerte mich an meine Grundausbildung. Sonntagabend in Hammelburg aufschlagen, Stube beziehen, auspacken, nicht richtig schlafen können, weil dauernd Leute aus dem Wochenende kommen, nicht wenige davon besoffen. Montag bis Donnerstag normaler Dienst, Freitag dann hoffen, dass pünktlich mittags

Schluss ist, damit man den frühen Zug kriegt ins Wochenende.

Alkohol spielte während des Lehrgangs eine unrühmliche Rolle. Es wurde von den meisten einiges, von einigen wenigen sehr viel getrunken, so eine Art Papa-allein-im-Zeltlager-Phänomen, teilweise aber auch echte Lebensprobleme. Ich fand es beschämend, beim Morgenappell den Versuch zu unternehmen, längst erwachsene Kameraden in halbtotem Zustand aus der Stube zu ziehen. Da es ja ein Lehrgang für angehendes Führungspersonal war und gewisse Ansprüche an unsere Fähigkeit zur Selbstorganisation gestellt wurden, gab es erst nach dem Frühstück Ausbilderkontakt, täglich hatte ein anderer von uns den sogenannten »Zugdienst« und war in einer Art Vorgesetztenfunktion dafür verantwortlich, dass wir nicht wie ein Sauhaufen rüberkamen, hatte alle Lehrgangsteilnehmer in Formation auf dem Weg zwischen den Gebäuden zu führen und auch weitere Aufgaben über den Tag einzuteilen. Man war also mit den morgendlichen Ausfällen als Gruppe befasst, und so entstand eine Mischung aus Achselzucken und Omertà, weil man Kameraden nicht hinhängt.

Im selben Gebäude waren auf dem Flur über und dem Flur unter uns Lehrgänge für aktive Soldaten untergebracht. Zum einen der Zugführerlehrgang für Feldwebel, zum anderen ein sogenannter Umsetzerlehrgang, der dazu diente, schon fertige Feldwebel anderer Truppengattungen mit dem infanteristischen Know-how auszustatten, um in eine Verwendung als Jägerfeldwebel wechseln zu können. In all den Wochen habe ich keinen dieser Soldaten je auch nur angetrunken gesehen. Ein Haufen gut durchtrainierter, fokussierter und sehr abgeklärt wirkender, ruhiger junger Männer. Was den Zustand meiner Truppe noch beschämender machte.

In den Theoriefächern machte ich mir keine Sorgen, ich

bin Lernen gewohnt und die Inhalte waren größtenteils nicht allzu schwer zu verstehen. Wo ich mir allerdings schnell Sorgen machte, war das Praktische. Also die militärische Handwerksarbeit im Gelände. Da fehlte mir im Grunde jede Vorbildung. Das wenige, was ich noch aus der Marine-Grundausbildung und den Wehrübungen wusste, reichte zu Beginn nicht mal aus, um vollständig zu verstehen, wovon die Ausbilder überhaupt redeten.

Eines jedoch kapierte ich schnell: Wenn ich tatsächlich als Pressefeldwebel nach Afghanistan gehen würde, bedeutete das, dass ich viel draußen sein würde. Und sollte irgendetwas passieren, würde es nur noch eine untergeordnete Rolle spielen, dass ich ja eigentlich Presse und ja eigentlich Reservist und ja auch schon etwas älter bin. Die Kameraden würden mich dann als Soldat wahrnehmen, und zwar als Feldwebel, und erwarten, dass ich das Handwerk eines Gruppenführers einigermaßen beherrschte.

Ich beschloss, offensiv mit meinen Wissenslücken umzugehen, sowohl den Kameraden als auch den Ausbildern gegenüber. Bemerken würden sie es ja ohnehin, also besser gleich mit offenen Karten spielen. Das wiederum kam auf beiden Seiten gut an, und ich wurde wieder mal des Wunders der Kameradschaft teilhaftig. Ich bin von diesem Begriff und dieser Tugend wirklich sehr angetan. Denn Kameradschaft im eigentlichen Sinne bedeutet, einem anderen gegenüber volle Loyalität, Hilfsbereitschaft und Unterstützung auch unter Lebensgefahr entgegenzubringen, unabhängig von jeglicher Sympathie. Eine ziemliche Kulturleistung, die dem deutschen Soldaten sogar rechtlich vorgeschrieben ist. Der notorische Paragraph zwölf des Soldatengesetzes regelt die Pflicht zur Kameradschaft, unabhängig von Dienstgrad und Person. General und Gefreiter sind, so entfernt sie durch ihre Dienstgrade auch sein mögen – Kameraden. Man könnte es auch als befohlene Freundschaft bezeichnen, und sosehr ich diese schätze, wenn sie gelebt wird, so extrem deprimierend empfand ich stets ihren Mangel. Den gibt es nämlich auch.

In Hammelburg klappte es aber ziemlich gut damit, auch vonseiten der Ausbilder, und so wurden mir die dümmsten Fragen stets geduldig beantwortet. Ich nahm mir vor allem die Ratschläge der Ausbilder zu Herzen, die ich auch in den Einsatzvorbereitungen immer wieder hören würde: »Wenn wir nach Freiwilligen fragen für die Rolle des Gruppenführers, dann nehmen Sie die Gelegenheit wahr«, »Nur üben übt«, »Besser, Sie machen die Fehler im Lehrgang als in der Realität«.

Ich meldete mich beinahe ermüdend regelmäßig freiwillig, und tatsächlich: Nach den ersten, panisch verschwitzten und durchstotterten Durchgängen wurde ich sicherer in der Entschlussfassung und Befehlsgebung, ich fing an, mehr und richtiger als Soldat zu denken, und plötzlich schreckte mich die Aufforderung, ein Gelände zu beurteilen, nicht mehr, ich war in der Lage, ein Ablösegespräch als Alarmposten fehlerfrei durchzuziehen und alle wichtigen Informationen weiterzugeben oder aufzunehmen, konnte meine Gruppe in einen befohlenen Raum führen, nach Maßgabe des Zugführers Stellungen wählen und beziehen lassen und meine Schwerpunktwaffen, MG und Panzerfaust, sinnvoll plazieren. Als kurzfristig das Thema »Spähtrupp« statt des wochenlang geübten »Beziehen eines Raumes« als Prüfungsfach festgelegt wurde, dauerte meine Panik bloß noch drei Minuten an. Dann beschloss ich, das Thema einfach interessant zu finden und anzugehen.

Ich lernte die wichtigsten Sichtzeichen, also Handsignale, wie man sie aus Kriegsfilmen kennt, und setzte mich mit Prinzipien des Waldkampfs auseinander. Das alles sind simple

Basics, die vom Spezialwissen eines modernen Infanteriefeldwebels noch meilenweit entfernt sind, aber ohne die Basics würde gar nichts gehen.

Es machte mir Spaß, und ich entwickelte Ehrgeiz. Cowboy und Indianer mit bester Ausrüstung, klar. Aber ich hatte auch den Einsatz immer im Hinterkopf. Ich wollte so gut ausgebildet sein wie irgend möglich. Niemandem zur Last fallen draußen, keine Panik verbreiten und keinem das Gefühl geben, die Dinge würden durch meine Anwesenheit noch schwieriger, als sie ohnehin schon waren.

Gegen Ende des Lehrgangs wurde ich zuerst vom Kommandeur der Lehrgruppe zu einem Gespräch geladen, und bald danach sollte ich mich beim Schulkommandeur melden. Beides war einerseits meiner Fernsehbekanntheit, andererseits dem Buchprojekt geschuldet, wie man mir überall offen sagte. Die Bundeswehr hat Hierarchien, das Buch berührte Interessen der Öffentlichkeitsarbeit der Bundeswehr, ohne dass sie Einfluss auf den Inhalt nehmen konnte – also wurden alle Dienststellen und Schulen, an denen ich auf meinem Weg nach Afghanistan aufschlug, über mich und das Vorhaben informiert.

Das Gespräch mit dem Lehrgruppenkommandeur, einem Oberst, verlief sehr locker und freundlich. Er fragte mich nach dem Lehrgangsverlauf und wie ich das Programm fände, erkundigte sich nach dem Fortgang meiner Einsatzpläne und erzählte von seinen beiden Afghanistan-Einsätzen. Am meisten erschütterte mich neben seiner offensichtlich nach Jahren immer noch tiefen Betroffenheit über Gefallene aus seiner Einheit eine Erzählung über uns Deutsche und unser Verhältnis zum Krieg.

Längere Zeit nach einem der Einsätze hatte der Oberst das Gefühl, seiner Frau läge etwas auf der Seele, was sie sofort bejahte. Jetzt sei ja genug Zeit vergangen und sie könne es ihm erzählen. Der Sohn der Familie hatte während des Einsatzes plötzlich Schulprobleme bekommen, und auch sein Verhalten zu Hause veränderte sich. Erst nach langem Bohren und Zureden bekam die Mutter aus ihm heraus, dass er gemobbt wurde, weil sein Vater »in Afghanistan sei, um viele Leute zu ermorden«. Auf Nachfragen stellte sich heraus, dass die Angriffe und ihre Motivation offenbar im Lehrkörper nicht ganz unbekannt waren, aber niemand so recht etwas dagegen unternahm, weil, na ja, da könne man ja wirklich geteilter Meinung sein.

Der Oberst gab zu, dass es vernünftig von seiner Frau gewesen war, ihm das Ganze erst Monate später zu erzählen, weil er sich vermutlich kurz nach dem Einsatz nicht im Griff gehabt hätte.

Der damalige Schulkommandeur und damit gleichzeitig General der Infanterie, Brigadegeneral Engel, war so jovial, mich einfach zum Essen einzuladen. Engel ist Saarländer und war die meiste Zeit seiner Laufbahn Fallschirmjäger. Als »Tatort«- und »Heinz Becker«-Fan wollte er sich diesen Soldatenkomiker mal von nahem ansehen.

Alle Teilnehmer hatten am Ende den Lehrgang bestanden, was bei ehrlicher Ansicht der tatsächlich erbrachten Leistungen und erworbenen Kenntnisse eines Teils der Leute schon ein wenig nach geschönter Statistik aussah. Ich möchte mir beim einen oder anderen Kameraden nicht vorstellen, dass er als Gruppenführer in einer Grundausbildung oder ansonsten Vorgesetzter auf junge Mannschafter oder Unteroffiziere losgelassen wird.

In der aktiven Truppe gibt es viele Vorbehalte gegen Reservisten, und ich muss nach vier Jahren des »Übens«, inklusive eines Einsatzes, sagen: leider oft zu Recht.

Woran es liegt? Sicher auch an aus der Zeit gefallenen Ausbildungen und Organisationsformen der Reserve, aber auch daran, dass sich eben nicht viele aus den richtigen Motiven und mit den richtigen Fähigkeiten für ein dauerhaftes Engagement in der Reserve finden. Ein Problem, das auch die Anwerbung aktiver Soldaten betrifft.

Und daran, dass die Bundeswehr es entgegen ihrer eigenen Laufbahnverordnung vielfach nicht wirklich hinbekommt, aktive Soldaten und Reservisten nach Eignung, Leistung und Befähigung zu fördern und zu fordern.

Am letzten Lehrgangstag gab es Zeugnisse und den sogenannten Beurteilungsbeitrag, der bei jeder weiteren Beförderungs- oder Laufbahnentscheidung aufmerksam gelesen würde. Meiner war sehr freundlich ausgefallen und enthielt noch mal die explizite Empfehlung, mich in die Laufbahn der Offiziere der Reserve wechseln zu lassen. So fuhr ich alles in allem gebauchpinselt und zufrieden nach Hause.

Eine weitere Etappe war geschafft.

# Wintertraining

**D**er noch zu absolvierende Sanitätslehrgang war ziemlich interessant. Ich wusste praktisch gar nichts mehr über Erste Hilfe, obwohl ich vor gar nicht allzu langer Zeit in Saarlouis zumindest einige Übungseinheiten absolviert hatte. Sollte man wirklich jedes Jahr machen, finde ich. Soldaten sind dazu nämlich verpflichtet, und ich muss sagen, dass alle Kursteilnehmer, die nicht gerade erst seit ein paar Monaten bei der Bundeswehr dienten, ziemlich fit als Ersthelfer waren. Auch das kam auf meine geistige Merkliste für den Einsatz: Die Kameraden setzen einen hohen Standard voraus und verlassen sich aufeinander.

Die Ausbilder, zum Großteil mit Einsatzerfahrung, brachten uns nicht nur konkretes Handlungswissen bei, sondern erläuterten auch die Rolle und den Aufbau der Rettungskette im Einsatz. Immer wieder wurde auf die »Golden Hour« verwiesen, auf die erste Stunde nach der Verwundung, die über das Schicksal des Betroffenen entschied. Und wie viel im Ernstfall vom Ersthelfer abhängen konnte, weil die Standardausstattung mit Rettungssanitätern und Ärzten draußen schon von einem bis zwei Schwerverwundeten so beansprucht würde, dass jeder weitere Verwundete auf wirklich gute Ersthelfer angewiesen war, die sich zwar Rat von den Profis holen konnten, aber doch selbst schnell und sicher handeln mussten. Diese Verantwortung drückte sich auch darin aus, dass der »Ersthelfer Alpha«, die niedrigste sanitätsdienstliche Qualifikation der Bundeswehr, in Afghanistan einiges machen durfte und also auch beherrschen musste, was ihn in Deutschland ins Gefängnis bringen könnte. Unter anderem das Anlegen der »Tourniquets«, einer Aderpresse, mit der man stark ausblutende Extremitäten auf einfache Weise abbinden kann. Oder die Vergabe von Morphin, wovon jeder Einsatzsoldat ständig eine Ampulle bei sich trägt.

»Wenn Sie das Morphium verlieren, dann haben Sie echt ein Problem. Da kommt ratzfatz der Staatsanwalt aus Deutschland angeflogen. Munition verlieren ist im Einsatz dagegen ein Kinkerlitzchen.«

Das war die eindeutige Warnung, die ich genauso dann auch bei der Ausgabe des Morphins in Kunduz erhielt.

Und sie sprachen auch davon, dass die deutschen ISAF-Kräfte in puncto MedEvac* völlig auf die Hilfe der Amerikaner angewiesen seien, weil nur diese über halbwegs geschützte und von Kampfhubschraubern begleitete Rettungshubschrauber verfügten, die tatsächlich in einer sogenannten »Hot Zone«, einer Kampfzone und unter Beschuss, landen konnten.

Die drei Tage waren also lehrreich. Sogar meine Frau war zufrieden. »Haste bei denen wenigstens mal was gelernt, was man wirklich braucht. Ich bin froh, dass einer im Haus über Erste Hilfe Bescheid weiß.«

Immerhin.

Es wurde Weihnachten. Es wurde Silvester. Ich hörte nichts von der Bundeswehr. Man hatte mir Tonnen von Formularen und einen Ausbildungspass geschickt. Erstere waren im Wesentlichen Einverständniserklärungen, Packlisten, Zollregeln und Informationen zur Hinterbliebenenversorgung, zur Unterhaltssicherung, zum Testament. In Letzterem sollten alle absolvierten Ausbildungen eingetragen wer-

---

* MedEvac = Medical Evacuation. Das Ausfliegen von Verwundeten aus der Kampfzone.

den und wenn er fertig ausgefüllt sein würde, konnte ich in den Einsatz gehen.

Kurz vor Antritt eines dreiwöchigen Lehrgangs zum »Informationsfeldwebel Streitkräfte« in Strausberg klingelte mein Handy.

»Herr Weber, ich habe gute Nachrichten. Der Einplanungsvermerk ist da. Sie gehen nach Mazar-e Sharif. Ich tüte alles ein.«

Halleluja.

Der Lehrgang machte viel Spaß, wenn er auch mit drei Wochen tatsächlich etwas kurz war. Der Großteil der Teilnehmer hatte mit Pressearbeit noch nie etwas zu tun gehabt, und nicht wenige waren auch gar nicht für eine Verwendung in der Presse- und Öffentlichkeitsarbeit vorgesehen, was natürlich die Frage aufwarf, warum sie diesen Lehrgang machten.

Es war für mich die erste Wehrübung, bei der ich im Tagesdienst kein Flecktarn trug. Den zum Dienstanzug passenden blauen Winterpullover musste ich mir von meinem Presseoffizier, Hauptmann Jonasson, aus Bad Reichenhall borgen. Er brauchte ihn zu der Zeit nicht, weil er seit Anfang Januar schon in Mazar-e Sharif im Einsatz war.

Im Unterricht ging es um Grundsätzliches. Was ist eine Meldung, was ein Artikel, was eine Reportage? Presserechtliche Grundlagen, Artikel fünf des Grundgesetzes, der die Meinungs- und Pressefreiheit garantiert und auf dessen Basis die Bundeswehr als Behörde auskunftspflichtig gegenüber Journalisten ist. Wir lernten, wie der sogenannte Pressefachstrang von der Einheit über vorgesetzte Dienststellen und die Presse- und Informationszentren bis hoch ins Verteidigungsministerium organisiert ist. Und dass Heer, Luftwaffe und Marine das ziemlich unterschiedlich handhaben.

Journalisten hielten Vorträge und unterrichteten. Wir übten Statements in Hörfunkmikrofone und Fernsehkameras. Wir übten, unseren Kommandeur auf ein schwieriges Interview vorzubereiten, in dem er über einen schweren Unfall mit Toten zu reden hatte. Wir arbeiteten generell am Thema Krisenkommunikation, wofür als Beispiele reale Vorkommnisse dienten.

Ich traf in diesen drei Wochen auf eine sehr kommunikative, nachdenkliche, engagierte und kreative Bundeswehr. Auf Soldaten, die viel über die Ethik und den Sinn ihres Berufs nachdenken und darüber, wie sie all das in die Gesellschaft transportieren und im Rückschluss wiederum den Soldaten mehr Verständnis für die Berührungsängste der Zivilisten vermitteln sollten.

An einem Freitag – bei der Armee ist es immer irgendein Freitag – packten wir alle zusammen, gaben unsere Schlüssel an der Rezeption ab und fuhren als frischgebackene »Informationsfeldwebel SK« ins Wochenende.

Meines war allerdings höllisch kurz, weil ich schon zum Wochenbeginn in Wildflecken bei Hammelburg aufkreuzen musste. Dort, am VN*-Zentrum, würde meine ZA EAKK** stattfinden.

Eigentlich musste man zuerst die zwei- bis dreiwöchige Basis-EAKK absolvieren, bevor man nach Wildflecken ging, bei mir hatte das aus organisatorischen Problemen bei der Bundeswehr nicht geklappt, also machte ich die Ausbildungen in umgekehrter Reihenfolge. Die ZA EAKK ist im Grunde eine vertiefende Wiederholung der Übungsinhalte der EAKK.

Wildflecken steht in meiner Erinnerung hauptsächlich für

---

* VN = Vereinte Nationen
** ZA EAKK = Zentrale Ausbildung – Einsatzausbildung Krisen- und Konfliktverhütung

Dunkelheit und Kälte. Die Rhön ist ohnehin immer ein ziemlicher Windsack, aber Angang Februar 2013 war es sibirisch. Ständig zwischen minus fünf und minus zwölf Grad, Schnee und häufig hohe Windgeschwindigkeiten. Ich hatte mir nach den Erfahrungen an der Infanterieschule und in Österreich auf eigene Kosten gekauft: Funktionsunterwäsche gegen Kälte und zum Schweißtransport, warme Funktionsstrümpfe, Gamaschen, um die Beine bis zu den Knien vor Nässe und Schnee zu schützen, Neoprenhandschuhe, eine Skull-Cap (eng wie eine Badekappe anliegende Mütze, die man unter dem Helm tragen kann), Mundschutz. Und ich schwöre – nichts davon war überflüssig.

Wir fuhren morgens gegen fünf Uhr mit Bussen raus zum Übungsgelände und frühstückten dort in Schichten in einer Art Feldkantine. Für untertags gab es Verpflegungsbeutel, und mittags kam der Spieß mit Suppe raus. Abends dann die warme Mittagsmahlzeit. Morgens saß man in voller Winterkampfmontur im überheizten Bus und starb vor Hitze, abends konnte der Bus nicht genug geheizt sein, weil wir alle völlig ausgekühlt waren. Wir waren in Ausbildungszüge eingeteilt und wechselten durch die diversen Trainingsstationen.

Als Führer der IRF* kam ich trotz Einweisung nicht mit der Funkanlage im Transportpanzer »Marder« zurecht und manövrierte meinen Halbzug fast führungslos in eine unübersichtliche Gefechtssituation. Der Stationsleiter, ein Jägerfeldwebel mit Einsatzerfahrung, hielt sich an die Kameradschaft, aber ließ wenig Zweifel, dass er mich unter anderen Umständen gerne erwürgt hätte.

Als Konvoiführer befahl ich zwei Soldaten, Verwundete zu bergen, wobei diese von einem von mir übersehenen

---

* IRF = Immediate Reaction Force, Alarmzug im Feldlager, der von eigenen Kräften draußen zu Hilfe gerufen werden kann. In der Regel wechselnde Bereitschaft von je 24 Stunden.

»feindlichen« MG umgemäht wurden. Immerhin organisierte ich das Retten und gemeinsame Ausweichen nach dem Anschießen ordentlich.

Richtige Führungsverantwortung in komplexen Lagen kann man natürlich mit dem bisschen Erfahrung, das ich hatte, nicht übernehmen, aber ich fand heraus, dass die Eigenüberforderung mich, die Kameraden und die Ausbilder zwar nervlich manchmal an den Rand brachte, allerdings meine Ruhe und Funktionsfähigkeit sehr stärkte, sobald ich auf niedrigeren Verantwortungsebenen arbeitete. Durch den Einblick in höhere Anforderungen, als ich realistisch je im Einsatz würde erfüllen müssen, wurde ich für Situationen, die wesentlich wahrscheinlicher auf mich zukommen konnten, gelassener und verstand schneller, worauf es ankam.

In der Bundeswehr sagt man: Man muss zwei Ebenen höher verstehen, eine Ebene höher können und die eigene Ebene beherrschen. Das bedeutet für einen Gruppenführer, er muss vollständig verstehen, was der Kompaniechef taktisch macht, er muss den Job des Zugführers zur Not können und seine eigene Arbeit im Schlaf beherrschen. Prinzip Eigenverantwortung.

Wir übten die Suche nach versteckten Ladungen als Fußpatrouille, wie man sich als Gruppe aus einem plötzlichen Feuerüberfall rauskämpft, immer wieder Verwundetenversorgung, den Betrieb eines Feldlagers mit Außensicherung, Patrouillen, Eingreifreserve, Operationszentrale. Wir patrouillierten im Gelände und in Ortschaften, evakuierten UN-Mitarbeiter von einem Anschlagsort und wurden diversen Belastungstests unterzogen.

Beispielsweise mussten wir vor einer Halle in Schutzweste, mit Helm und Waffe Liegestütze machen, auf der Stelle rennen, das Gewehr mal über den Kopf, mal nach vorn strecken, und als alle keuchten, wurde die Tür zur Halle geöffnet und wir mussten hineinkriechen. Drinnen herrschte sehr diffuses Licht, von Stroboskopblitzen erhellt, ohrenbetäubender Gefechtslärm vom Band, aus allen Ecken hörten wir Jammern und Schreien. Die angenommene Lage war, dass uns Soldaten der ANA zu Hilfe gerufen hatten, und unsere Aufgabe, Verwundete zu finden, mit Tourniquets stark blutende Extremitäten abzubinden, die Soldaten aus der Hot Zone zu bringen und dann komplette Erste Hilfe zu leisten. Das Kriechen, der völlig überzogene Lärm, die schlechte Sicht, die Lichtblitze, der Umstand, dass die »Verwundeten« als »Afghanen« weder Deutsch noch Englisch sprachen, und die immer wieder herantretenden Ausbilder, die brüllten: »Du verlierst ihn. Der blutet aus. Du hast die Wunde immer noch nicht gefunden. Du hast keine Zeit mehr«, und einem dazu warmes Wasser ins Gesicht sprühten, was Blutspritzer simulieren sollte – jedes für sich genommen hatte etwas Theatralisches, aber alles zusammen blieb nicht ohne Wirkung. Ich sagte mir die ganze Zeit über, dass ich ruhig bleiben müsse, musste mich zwingen, tief zu atmen und Außeneinflüsse zu ignorieren, ohne dabei völlig die Aufmerksamkeit zu verlieren, und mich vor allem auf den Verwundeten zu konzentrieren. Ich versorgte ihn viel zu gründlich, obwohl wir just an dem Tag noch mal die Prinzipien der *Care under fire* durchgegangen waren: Unter Feuer nur die allerallernotwendigsten Maßnahmen (in aller Regel also Blutungen stoppen), dann so schnell wie möglich mit dem Verwundeten in Deckung kommen und erst dort gründlichere Untersuchung und Erste Hilfe.

Ich mühte mich elend ab, den achtzig Kilo schweren Mann am Boden kriechend mitzuschleifen und dann zitterten mir vor Erschöpfung die Hände, als ich ihn fertig verbinden wollte.

Bei einer anderen Station mussten wir in voller Kampf-
ausstattung in eine enge Röhre kriechen, die von Wellblech
abgedeckt war. Soldaten donnerten mit Stöcken auf die Ble-
che, und wir mussten im Halbdunkel unter Zeitdruck Re-
chenaufgaben lösen. Das Ganze war Teil eines Parcours,
über den wir als Gruppe eine schwere Munitionskiste zu
transportieren hatten. Alles auf Zeit und stets unterbrochen
von unterschiedlichen militärischen Aufgaben.

Bei dem Großszenario »Feind bricht ins Feldlager ein«
kamen übungsweise eine ganze Reihe von Belastungsfakto-
ren zu Bewusstsein: Chaos, fehlende Übersicht, überraschend heftiger Beschuss, der einen zwingt, ewig in irgendwelchen Deckungen zu verbleiben, während in Sichtweite
ein »verwundeter« Kamerad brüllt. Entscheidungsschwäche
oder Entscheidungsfehler. Wobei ich oft an einen Merksatz
aus dem Feldwebellehrgang denken musste: Besser eine
schlechte Entscheidung als gar keine. Die Soldaten warten
auf Entschlüsse und Befehle. Nichts verunsichert sie mehr,
als wenn der Führer vor Ort grübelt und nichts tut.

Ich bekam einen Begriff davon, wie lange ein Gefecht
dauern kann, wie langsam es vorangeht oder sogar gar nicht,
obwohl um einen herum die Hölle los ist. Wie man sich
möglicherweise an den Stress gewöhnt und dabei übersieht,
wie sehr man innerlich zerfällt. Und wie fertig einen extre-
mes Klima machen kann, in diesem Fall scharfe Kälte und
Nässe. In Afghanistan würde es dann extreme Hitze sein.
Und hoffentlich nicht so eine Situation in Wirklichkeit …

Nach Wildflecken hatte ich zwei Wochen lang Ruhe. Nur ich
und meine Familie. Von Anfang Januar bis fast Ende Februar
war es in einem Rutsch durchgegangen, ich nur an wenigen
Wochenenden daheim gewesen. Mittlerweile herrschte Klar-
heit über den weiteren Ablauf. Ich würde am 1. April nach

Köln reisen, dort in einer Luftwaffenkaserne nächtigen und am nächsten Tag mit dem Bundeswehr-Airbus nach Termez fliegen. Dort wieder übernachten und am Folgetag über Mazar-e Sharif nach Kunduz gebracht werden, wo ich dann bis Mitte Juli als Pressefeldwebel im Einsatz sein würde. Nach langem Hin und Her hatte ich um Stationierung in Kunduz gebeten, weil ich hoffte, dort einfach mehr Einsatzrealität und mehr richtige Pressearbeit erleben und leisten zu können als in Mazar. Noch in Strausberg kam die Zusage, und in Wildflecken lernte ich dann sogar meinen künftigen Pressestabsoffizier, Major Mischke, kennen, der schon knapp einen Monat vor mir nach Kunduz verlegen würde (nur zur Erklärung: Der Soldat wird nicht verlegt, sondern *er* verlegt. Von Deutschland nach Afghanistan, von Hannover nach München, aber auch vom Büro in die Kantine).

Zur Einkleidung für ISAF fuhr ich nach Kaufbeuren in die Luftwaffenkaserne und bekam dort Wüstenstiefel, Wüstentarnkleidung, hellbraune Palästinensertücher, die bei der Bundeswehr »Shemag, Spezialkräfte« heißen, eine Splitterschutzbrille mit klaren, orangefarbenen und dunklen Sonnenschutzgläsern zum Wechseln, Tropenhüte, Tropenunterhosen und T-Shirts, die auf den Ärmeln die deutsche Flagge trugen und auf der Brust Klett, um Dienstgradabzeichen daran zu befestigen, weil man manchmal in Afghanistan im Feldlager bei sehr großer Hitze die T-Shirts als Oberbekleidung ohne Feldbluse tragen durfte. Ich bekam zwei ISAF-Abzeichen, die mit Klett an den Blusen- und Jackenärmeln zu befestigen waren, den leichteren Schlafsack, ein Moskitonetz und Pflegespray für die Wildlederstiefel. Außerdem ein Taschenmesser.

Das Taschenmesser erzählt etwas über deutschen Irrsinn.

Die Bundeswehr hatte viele Jahre ein Standardtaschenmesser, das jeder Soldat bei der Einkleidung bekam. Klar, ein Soldat braucht ein Taschenmesser. Bei der Marine bekam man das sogenannte Bordmesser mit einem Marlspieker, bei den Fallschirmjägern das Kappmesser.

Das Standardtaschenmesser mit olivgrünen Plastikgriffschalen hieß bei den Soldaten nur »Messer, BW, stumpf«, weil es aus minderwertigem Stahl war und schlecht scharf zu halten. Man konnte damit die Verpackung der Feldverpflegung aufschneiden, Brote schmieren, Obst schneiden, Schrauben rein- oder rausdrehen und Dosen und Flaschen öffnen.

Vor Jahren wollten die Beschaffer den Soldaten etwas Gutes tun. Sie orderten neue Standardmesser beim traditionsreichen Schweizer Hersteller Victorinox. Besserer Stahl, eine Sägeklinge zusätzlich, eine feststellbare Messerklinge mit Einhandbedienung. Die Soldaten waren happy und nannten das neue Messer »Messer, BW, scharf«.

Dann gab es eine Verschärfung des Waffengesetzes. Einhandmesser mit feststellbarer Klinge wurden verboten. In der Zentralen Dienstvorschrift (ZDv) 37/10 der Bundeswehr wird die Trageweise aller Uniformen genau festgelegt. Das geht so weit, dass für den Feldanzug sogar festgelegt ist, was in welcher Hosen- und Jackentasche zu stecken hat. Neben Taschentuch, Impfbuch und Bleistiftspitzer ist das eben auch das Taschenmesser, das in die rechte Beintasche der Feldhose gehört.

Merke: Der Anzug des Soldaten ist also ohne Taschenmesser laut Vorschrift unvollständig.

Die Folge war, dass plötzlich vermehrt Soldaten bei der Wochenendheimfahrt von der Polizei angehalten, durchsucht und dann wegen Verstoßes gegen das Waffengesetz angezeigt wurden.

Nach einigem Hin und Her (Messer nur noch im Dienst und innerhalb militärischer Anlagen) löste die Bundeswehr das Problem so, dass Soldaten das Taschenmesser nur noch bekommen, wenn sie in den Einsatz gehen. Weil sie dort ja auch mit scharf geladenen Schusswaffen rumlaufen.

Noch eine Woche mit meiner Familie, dann musste ich für fünf Tage nach Sigmaringen, zum NSAK\*-Lehrgang. Aus den Erfahrungen in Afghanistan hatte die Bundeswehr geschlossen, dass man die Schießausbildung verändern musste. Die Erfahrung dort zeigte, dass Soldaten auf wesentlich kürzere Entfernungen kämpfen mussten als in alten Szenarien, dass die Pistole nicht nur eine Offiziers- oder Hilfswaffe für MG-Schützen, Sanis oder Kraftfahrer war, sondern eine wichtige Back-up-Waffe für den Fall, dass das Gewehr schwer behebbare Störungen hatte oder die Kampfentfernung auf unter zehn Meter sank.

Im Wesentlichen lernt man nach dem neuen Konzept, intuitiver und schneller zu schießen, übt den laufenden Waffenwechsel, also das Gewehr am Riemen seitlich des Körpers nach unten hängen zu lassen, seine Pistole zu ziehen und möglichst übergangslos mit dieser den Kampf fortzusetzen. Man übt, zunächst zwei gut gezielte Schüsse schnell hintereinander in den Bereich des Oberkörpers abzugeben, und sollten diese nicht die erwünschte Wirkung haben, mit der Pistole ins Gesicht, mit dem Gewehr in den Beckenbereich nachzuschießen. Brutal, effektiv, beängstigend.

Und in einer knappen Woche nicht wirklich zu lernen. Aber da wir täglich von morgens bis abends nichts anderes machten, als zu schießen, und einen guten Ausbilder hatten, verbesserte sich die Schießleistung dennoch erheblich.

Jetzt hatte ich noch mal drei Tage mit meiner Frau und unseren Kindern. Ostern. Dann würde es losgehen.

---

\* NSAK = Neues Schießausbildungskonzept

# Temperaturanstieg

Am Ostermontag, 1. April 2013, schliefen wir alle etwas länger, es waren Schulferien. Gegen halb neun gingen meine Frau und ich mit unserem Hund Kasper los, danach wollten wir frühstücken.

Es war knapp über null Grad, der Schnee weich an der Oberfläche. Von Frühling war nicht viel zu spüren, aber der lange Winter ging doch seinem Ende zu. Wir gingen Hand in Hand, umarmten uns. Viel mehr als sowieso immer. Ich genoss die frische kalte Luft Oberbayerns, sog das Bild von Wald und Feld, Himmel und Erde, von Zunftbaum, Kirche und ehemaligem Wasserturm im Nachbardorf in mich auf. Bis Mitte Juli würde ich all das nicht sehen, nicht spüren, nicht riechen. Und vielleicht … nie mehr?

Dieser Gedanke war von Anfang an da. Und doch weit weg, fremd, undenkbar oder eher: unvorstellbar in seiner Konsequenz.

Wir hatten darüber gesprochen, natürlich. Und waren uns einig geworden, dass die Gedanken an alles Schreckliche, das passieren könnte am Hindukusch, keine Macht über uns haben dürften. Noch nicht mal eine Zusatzversicherung hatte ich abgeschlossen, meine Frau war strikt dagegen gewesen. Das sei, als würden wir eine Wette auf meinen Kopf abschließen. Die Versorgungsleistungen der Bundeswehr sind mittlerweile sehr gut, muss man sagen. Einzig für seelisch Traumatisierte dauern die Anerkennungsverfahren noch viel zu lange und sind oft schwer zu ertragen für die psychisch ohnehin schwer angeschlagenen Veteranen.

Ich hänge sehr an meinem Leben. Nichts würde ich an meiner Vergangenheit ändern wollen und bin so gespannt auf meine Zukunft, unsere Zukunft. Was aus den Kindern wohl wird, wie wir als altes Ehepaar sein werden. Freunde, Verwandte, unsere Arbeit als Autoren. Das Essen und das Trinken. Wandern, Berge besteigen, an der Nordsee sitzen und träumen. Der Hund, die Katze. Geschenke über Geschenke.

Und vielleicht gerade deswegen, gerade weil ich in den letzten Jahren zu einer gelassenen Glückseligkeit gefunden habe, ist mein Gefühl auch, dass ich jederzeit gehen kann. Dass ich klagen und trauern würde, wenn es ein angekündigter Tod durch schwere Krankheit wäre, klar, aber dass es im Grunde in Ordnung wäre, wenn die Uhr abliefe. Weil ich nichts bereue oder bedauere.

Einzig, dass im Falle meines Todes meine Kinder zu einem sehr frühen Zeitpunkt ihren Vater verlieren würden, fand ich heikel. Unfair ihnen gegenüber. Ich wollte ihnen Abschiedsbriefe hinterlassen. Meine Frau war entsetzt. Ich könne doch nicht wollen, dass die ganze Familie dreieinhalb Monate lang auf diese Umschläge starrt und hofft, dass sie nie geöffnet werden müssen. Und dass ich ihr und den Kindern doch schon längst alles gesagt hätte. Dass keine Fragen offen wären.

Und ich wusste nach den Ausbildungen, dass man in einem solchen Konflikt fast immer schnell stirbt, wenn man stirbt. Oder im Morphinnebel. Ich würde vielleicht vorher Angst haben, wenn es ein langes Feuergefecht wäre und kein plötzlicher Anschlag, aber ich würde den Tod aller Wahrscheinlichkeit nach nicht kommen sehen. Er würde einfach da sein. Als Kugel, als Granatsplitter, als Druckwelle.

Eine schwere körperliche Verwundung oder eine seelische Traumatisierung würden natürlich sehr belastend sein, für alle. Aber wir wollten uns damit erst auseinandersetzen, wenn es so weit wäre. Und bis dahin einfach davon ausgehen, dass alles gutginge. Dass ich meine Zeit ableisten und gesund zurückkommen würde.

Aus Reaktionen im Freundeskreis vor und nach dem Einsatz, aus Fragen bei Lesungen weiß ich, dass für viele vor allem eine Frage im Mittelpunkt des Unverständnisses steht: Wofür denn dort sterben? Warum, wenn man noch nicht mal hingehen muss? Für wessen Interessen kämpfen und sterben deutsche und andere Soldaten in diesem Land?

Das ist schwer oder gar nicht oder ganz einfach zu beantworten.

Man stirbt dort nicht für eine Sache. Man stirbt dort, weil man dort war. Ob man dort sein musste oder dort sein wollte, ist dabei sekundär. Der Tod gehört zum Leben. Zwei Monate bevor ich nach Afghanistan ging, wären mein Hund und ich beinahe überfahren worden. Vierzig Meter von zu Hause entfernt. Weil eine Frau ein verbotenes Fahrmanöver machte und nur um Haaresbreite vor uns zum Stehen kam.

Ein Freund von mir war in Afghanistan stationiert, seine Lebensgefährtin, seine Familie, seine Freunde machten sich furchtbare Sorgen um ihn. Dann bekam er einen Anruf seiner Mutter. Sein Cousin war zu Hause bei einer Skitour verunglückt und mit dreißig Jahren am Berg gestorben. Mein Freund bekam Urlaub für die Beerdigung, ging zurück nach Afghanistan und überstand den Einsatz ohne Kratzer.

Das Leben ist lebensgefährlich und endet sicher mit dem Tod. Der Westen hat eine unüberschaubare Menge von Gründen und Motiven für den Einsatz in Afghanistan. Viele davon sind zweifelhaft. Manche ehrenwert. Ich fand diesen Einsatz und überhaupt alle Einsätze so bewegend und spannend, fand alle Fragen, die die Einsätze aufwerfen – für unsere Gesellschaft, für die Bundeswehr, für die Politik – so wichtig, dass ich es einfach sehen wollte. Wirklich sehen.

In Afghanistan sterben täglich Menschen, weil sie keine Wahl haben. Und ich hoffte, dass ISAF einen Unterschied machte, dafür sorgte, dass weniger Menschen starben. Wer einen Mensch rettet, rettet die Welt, sagt man. Ich hoffte und wünschte, mit meinem Einsatz Teil von etwas zu sein, das Menschen rettet.

Klingt das naiv? Vielleicht. Aber ich bin überzeugt, dass es ohne diesen Glauben nicht zu rechtfertigen ist, militärische Gewalt anzuwenden.

Dabei wird nämlich eine Frage aufgeworfen, die seltsamerweise keiner meiner Freunde gestellt hat. Ob aus Rücksichtnahme oder weil sie nicht drauf kamen, weiß ich nicht. Mich jedenfalls hat diese Frage sehr viel mehr beschäftigt als mein möglicher Tod dort.

Was, wenn ich töten würde?

Würde ich in Afghanistan sterben, dann, weil ich dort sein *wollte.* Und Pech hatte. Würde ich dort töten, gleich in welcher Situation, wäre dieser Mensch gestorben, weil ich da war. Ob er nun ein »Böser« war oder nicht. Ob er mich angegriffen hätte oder ich ihn aus Panik getötet hätte: Er wäre wahrscheinlich noch am Leben, wenn ich zu Hause geblieben wäre.

Und wenn ich akzeptiere, dass ich vielleicht töten werde, muss ich erst recht akzeptieren, dass ich vielleicht sterben werde.

Meine Sachen hatte ich schon am Vortag gepackt. Ein großer Rucksack, ein kleiner, beide voll bis oben hin. Ich hatte nichts Persönliches dabei. Keine Bilder (außer den auf dem Handy gespeicherten), keine Andenken, keine private Kleidung außer Sportklamotten. Ich wollte keine Gegenstände dabeihaben, die emotional aufgeladen sind, weil ich fürchtete, sie zu verlieren und mit dem Verlust so weit weg von daheim nicht gut zurechtzukommen. Auch meinen Ehering ließ ich auf dem Nachttisch zurück.

Wir frühstückten, die Kinder standen irgendwann auf. Ich war aufgeregt, hatte nicht gut geschlafen, kein Wunder. Die Stimmung war gedämpft, aber nicht traurig, unser Mantra hatte offensichtlich für uns alle gut gewirkt. Kurz vor Mittag legte ich dann die Zivilkleidung ab und zog die Uniform an. Schnürte die Wüstenstiefel. Umarmte meine Kinder. Dann stieg ich zu meiner Frau ins Auto. Wir fuhren durch unseren nass-verschneiten kleinen Wohnort zum S-Bahnhof.

Meine Frau parkte den Wagen, wir gingen Hand in Hand zum Bahnsteig. Standen. Redeten. Schauten. Umarmten uns. Ich fahre ja häufig weg. Früher zum Drehen, in den Jahren vor dem Einsatz dauernd zu Wehrübungen, immer wieder zu kleinen Lesereisen durch Deutschland. Wir sind Abschiede gewohnt. Meine Frau ist dann im Kopf schon immer bei den Dingen, die jetzt auf sie zukommen, organisiert sich durch, damit alles läuft, wenn sie alleine ist. Und es läuft immer bestens.

Aber heute war es anders, das konnte ich spüren. Ich ließ keinen Gedanken daran zu, dass wir uns auf diesem S-Bahnsteig womöglich zum letzten Mal sahen, zum letzten Mal sprachen oder im Arm hielten. Und ich bin sicher, sie tat dasselbe, meine Frau ist nicht sentimental und nicht ängstlich. Und doch.

Da waren auch die verstohlenen Blicke der anderen Wartenden, die den Abschied so anders sein ließen. Man sieht ja ohnehin selten Soldaten in Uniform. Aber dann auch noch in *dieser* Uniform.

Die S-Bahn fuhr ein. Die Türen öffneten sich. Ich ließ meine Frau los, stieg ein und stellte mich in die Tür. Sah sie an. Und sie mich. Für einen Sekundenbruchteil ließ sie mich alles sehen.

Die Angst. Die Sorge. Die Hoffnung.

Und in meinem Kopf sagte etwas: Steig aus. Lass es sein.

Dann schloss sich die Tür. Die Bahn fuhr an. Ich winkte noch einmal, sie winkte zurück.

Dann verschwand sie aus meinem Blick und mit ihr mein Zuhause.

Ich war ein Fremder.

Ein alter Mann sprach mich an. Wo es denn hingehe? »Afghanistan«, sagte ich. Auch das hatte ich mir so oft vorgestellt in den letzten Monaten, wie ich das sagen würde, in Uniform, auf dem Weg. Der Mann nickte bedächtig. »Ja mei«, sagte er, »passen S' auf Eana auf.« Ich sagte ja, das würde ich. Zwei Stationen später stieg er aus, schaute mich an und sagte: »Ois Guade. Und Gottes Segen. Kemman S' g'sund wiada.« Ich schluckte.

Am Hauptbahnhof kaufte ich mir noch eine Zeitung, einen Kaffee, ein Baguette und ein Brioche am französischen Stand. Wenn man dienstlich länger als zwei Stunden unterwegs ist, darf man bei der Bundeswehr erster Klasse fahren. Ich machte es mir bequem, konnte mich nicht recht auf die Zeitung konzentrieren, aß, trank Kaffee, sah immer wieder aus dem Fenster. Mein Gehirn war überschwemmt von Gedanken, diffusen Ängsten, Zuversicht. Ich konnte nichts davon fassen und betrachten. Ich schaute einfach aus dem Fenster. Die Bahnhöfe, den grauen Himmel, Schnee, nasse Wiesen und Wälder, Dörfer und Städtchen. Der Zug rollte, ich rollte, morgen würde ich fliegen. Ich war noch nie in meinem Leben so weit von Deutschland weg. Ich war noch nie so lange von meiner Frau und den Kindern getrennt. Ich war noch nie in einem Kriegsgebiet.

Die Bundeswehr hat einen eigenen Terminal in Köln-Wahn, der voller Soldaten in ISAF-Uniform war. Irgendwann ging ich nach draußen, um noch einmal meine Frau anzurufen. Ich wusste nicht, wie schnell ich in Afghanistan eine Telefonkarte haben würde und überhaupt, wie das mit dem Kommunizieren sein würde. Die Sonne schien, leichter Wind. Auf dem Vorplatz standen einige Frauen und Männer in Wüstentarn und hatten ihre Handys am Ohr.

Meine Frau klang aufgeräumt, ruhig. Wir versicherten uns, dass alles gutgehen würde. Vereinbarten, dass ich mich per SMS aus Termez, Usbekistan, melden würde und morgen dann aus Kunduz, wenn möglich.

Kuss. Ja, Kuss. Ich liebe dich. Ich dich auch.

Mir war nach Heulen, aber es wollte nichts kommen. War sicher besser so.


Der Flug nach Termez dauert etwa sechseinhalb Stunden, aber Usbekistan ist Deutschland um drei Stunden in der Zeit voraus, es war also stockfinster, als wir landeten. Und warm. Mindestens zwanzig Grad. Wir wurden in Empfang genommen zwischen Wohncontainern, ein Soldat gab den weiteren Ablauf bekannt und las vor, wer in welchem Container oder Zelt schlafen würde. Ich landete in einem Mannschaftszelt. Anschließend ging es in ein sogenanntes Tornadozelt, eine große Konstruktion aus Metallgerippe und dicker Plane ohne Vorder- und Rückwand, wo man Fahrzeuge und Material und vermutlich auch einen Tornado unterstellen kann. Dort hatte die Bodencrew unser Gepäck abgelegt, und jeder konnte sich seinen Schlafsack und was er sonst noch brauchte herausnehmen. Dann gab es Abendessen.

Nach dem Essen besuchte ich die »Area fifty-one«, die Betreuungseinrichtung in Termez. Betreuungseinrichtung ist das Bundeswehrwort für Kneipe. Sie ist im Einsatz gleichzeitig Mannschafts-, Unteroffiziers- und Offiziersheim. Man kann dort Getränke und Süßkram kaufen, etwas essen und trinken, Videos ausleihen, Filme gucken, Telefon- und Internetkabinen sind dort meistens auch.

Die »Area 51« in Termez ist eine schräge Mischung aus Dschungelbar, Saloon und Jugendzentrum. Viel Holz, Zimmerpalmen, recht schicke Sitzmöbel, ein roh gezimmerter Tresen, Billardtisch. Und Uniformen. Nur Uniformen. Ein paar Zivilisten. Der Wehrbeauftragte mit Begleitern, auf dem Weg nach Afghanistan oder von dort zurück. Es lief blöde Musik, wir tranken Bier. Quatschten. Ich fand es schräg, so ein Laden, mehr als viertausend Kilometer von Deutschland entfernt. Nur Soldaten und das schlechte Mallorca-Feeling.

Irgendwann ging ich zu Bett.


Ich schlief unruhig. Kein Wunder. Alles neu, außer mir waren noch rund zehn Mann im Zelt, die meisten davon Niederländer. Duschen im Waschcontainer. Frühstück. Schlafsack und sonstiger Kram ging wieder zurück ins Großgepäck. Wir bekamen Schutzwesten für den Flug nach Afghanistan. Erwartete Flugdauer dreißig Minuten. Mazar-e Sharif ist nur hundert Kilometer entfernt.

Die Nutzung des Flughafens Termez durch Deutschland bringt Usbekistan eine Menge Geld. Zu Beginn des Afghanistan-Einsatzes war sie absolut notwendig. Die Airbusse der Luftwaffe verfügen nicht über Verteidigungs- oder Schutzsysteme gegen Angriffe. Aber beim Flug nach Afghanistan hinein bestand damals die Gefahr, unter Beschuss zu geraten.

Das ging also nur mit einer Transall, die über entsprechenden Eigenschutz verfügt. Technische Vorrichtungen sind die sogenannten »Flares«, im Grunde nichts anderes als

Ladungen, die, einmal abgeschossen, sehr heiß verbrennen und so den Wärmesucher von Raketen ablenken. Und natürlich die Möglichkeit, extreme Ausweichmanöver oder Sturzlandungen und steile Starts zu fliegen, denn während Start und Landeanflug sind Flugzeuge naturgemäß besonders verletzlich. Aber mit einer Transall kann man nicht von Deutschland bis Afghanistan fliegen, dafür reicht der Sprit nicht. Und acht bis zehn Stunden in einer Transall wären auch kein Spaß. Also entschied sich die Bundeswehr für die Lösung, mit dem Airbus ins friedliche Usbekistan zu fliegen und von dort mit der Transall weiter.

Mittlerweile könnten die Airbusse direkt Camp Marmal in Mazar-e Sharif anfliegen, Bundespräsident Gauck hat es schon gemacht, aber aus irgendwelchen eigenartigen Gründen hält man an der alten Lösung fest.

Ein Kleinbus spuckte uns am Heck der Transall aus, die Rampe war heruntergeklappt. Dann fuhr er zurück, den nächsten Schwung holen. Als alle versammelt waren, hielt der Ladungsmeister eine kurze Einweisungsansprache, dann stiegen wir in zwei Kolonnen, je links und rechts der Palette mit Gepäck auf der Rampe, in die Maschine. Die Transall ist ein betagtes Modell. Segeltuchsitze über Metallrahmen, breite Gurte. Keine Schallisolierung, viel Stahl, Rohre und einfache Verkleidungen. Man muss einen Gehörschutz während des Fluges tragen.

Die Propellerturbinen dröhnten, die Maschine rollte, und man spürte kaum, dass sie abhob. Dann allerdings ging sie in einen so steilen Steigflug, dass man sich, da man ohnehin seitlich zur Flugrichtung sitzt, regelrecht dagegen stemmen musste, sonst lag man auf seinem Sitznachbarn.

Der Flug war ereignislos, irgendwann ging die Maschine in den Sinkflug über und setzte ebenso unmerklich auf, wie sie abgehoben hatte. Sie rollte aus, die Rampe senkte sich, und wir konnten aussteigen.

Grelle Sonne. Mehr als zwanzig Grad Celsius. Ein riesiges Rollfeld. Das Lager, dahinter das Marmalgebirge. Strahlend blauer Himmel.

Ich war da. Unfassbar.

Ich war in Afghanistan.

Es kam ein Bundeswehrbus, wir stiegen ein und wurden zum LUZ* gebracht. Ein unglaubliches Gewusel, Soldaten liefen hin und her, einige wurden begrüßt, manche waren offenkundig nicht zu ersten Mal hier und zeigten sich routiniert.

Mitten im Gewimmel stand plötzlich ein schlanker Mann mit eindrucksvollem Schnauzbart vor mir und streckte mir die Hand entgegen: »Willkommen in Afghanistan, geht's gut?«

Die Stimme, das Gesicht. Oh Himmel.

Der Spieß der Stabskompanie der Gebirgsjägerbrigade in Bad Reichenhall. *Mein* Spieß.

»Ich wusste gar nicht, dass Sie da sind«, stammelte ich vor Überraschung und nahm die angebotene Hand, »holen Sie jemanden ab?«

Der Spieß lachte. »Klar. Dich.«

Ich konnte es nicht fassen. Dass ein Spieß über seine Aktiven Bescheid weiß, ist klar, das gehört zu seinem Job. Aber dass er weiß, dass einer von wer weiß wie vielen Reservisten seiner ohnehin riesigen Kompanie hier aufschlägt und er ihn abholt – das berührte mich zutiefst.

Er sagte mir, dass irgendwas mit meinem Weiterflug nach Kunduz schiefgegangen wäre und ich noch eine Nacht in Ma-

---

* LUZ = Luftumschlagzug, bezeichnet eigentlich die Soldaten, die mit dem gesamten Umschlag von Ladung und Passagieren befasst sind, meint hier aber auch das Terminalgebäude in den Feldflughäfen.

zar verbringen müsste. Hauptmann Jonasson käme gleich, der würde sich um mich kümmern.

Und wie aufs Stichwort rollte ein weißer Kleinbus heran, am Steuer Hauptmann Jonasson, breit lächelnd, braun gebrannt. Er stieg aus, breitete die Arme aus und drückte mich an sich.

»So schön, dass du da bist, Gregor. Jetzt müssen wir ja den Krieg gewinnen.«

# Camping

Camp Marmal, so benannt nach dem südlich davon gelegenen Marmal-Gebirge, ist riesig. Zwei Kilometer auf einen Kilometer Ausdehnung, mehr als fünftausend Soldaten aus zeitweise sechzehn Nationen leisteten und leisten hier Dienst. Jonasson brachte mich und mein Gepäck mit dem Bus zuerst zum »Ingotel«. Fragen Sie nicht, woher der Name kommt, vermutlich von irgendeinem Ingo. Der Namensgebungshumor der Bundeswehr befindet sich oft auf dem eines mittelständischen Holzverarbeitungsbetriebes.

Das Ingotel ist ein gut klimatisierter Containerbau mit Unterkünften, Besprechungsraum, Bad und WLAN, den die Pressestelle der Bundeswehr in Mazar zur Unterbringung von Journalisten nutzt. Sehr luxuriös. Vor allem das WLAN, weil ich dadurch mit meiner Familie Kontakt aufnehmen konnte.

Doch zuerst wollte ich das Lager sehen. Im Grunde ist Camp Marmal nicht kompliziert angelegt, aber ich bin erstens ein Orientierungslegastheniker, und zweitens braucht man schon aufgrund der schieren Größe ein paar Tage, um sich sicher zurechtzufinden.

In vieler Hinsicht entsprach das Lager meiner aus Filmen geprägten Vorstellung eines solchen Großcamps in der Wüste. Staubige Straßen, Zelte und Schutzbauten, ständiger Verkehr von massigen Militärfahrzeugen, Satellitenschüsseln und Antennen, Soldatinnen und Soldaten aller möglichen Herkunftsländer und überall dazwischen die afghanischen Arbeiter und Handwerker. Die ersten Afghanen, die ich sah.

Eher kleine, schmale Männer, viele mit um den Kopf gebundenen Shemags (oder Kufiya oder Palästinensertuch) als Sonnenschutz, die meisten in weiten Hosen, lockeren Hemden und Westen, Badelatschen. Der eine oder andere war offenbar durch deutsche Sicherheitsvorschriften dazu angehalten, gelbe Warnwesten zu tragen, die unpassend wirkten. Noch schräger wurde es mit den seltenen Schutzhelmen. Denn so ungewohnt die Kleidung war, sie wirkte durchaus elegant. Viel zu elegant für Straßenarbeiten, und so verdrehten die klassisch deutschen Bau-Accessoires das Bild ins Komische.

Von der ersten Begegnung an setzte sich in mir der stete Denkprozess in Gang: Wir sind für diese Menschen hier. Sollten es zumindest sein. Sehen sie das genauso? Schätzen sie unsere Anwesenheit? Ist das ein guter Job im Camp, oder ist es mehr eine gut bezahlte Demütigung? Pfropfen wir ihnen unser Denken auf wie die Schutzwesten und Helme, die sie von alleine nicht tragen würden?

Jonasson drehte mit mir zunächst eine kleine Runde durch den deutschen Lagerbereich und nahm mich anschließend mit in den Stab, wo sich auch die Pressestelle befand. Niedrige Decken, vor Beschuss geschützte Container, an den Wänden Wappen, Vitrinen und Schwarze Bretter, Anschläge auf Englisch, schließlich sitzt hier der Regional Commander North, also der ISAF-Kommandeur für gesamt Nordafghanistan, mit seinem internationalen Stab. Das ist seit 2006 immer ein deutscher General, was bedeutet, alle ISAF-Truppen in diesem Gebiet stehen unter deutschem Oberbefehl. Ob amerikanische Special Forces das tatsächlich so sehen, sei mal dahingestellt.

Die Büros hier unterschieden sich wenig von denen in deutschen Kasernen. Alles ein bisschen altmodisch, alles ein bisschen kaputt. Eines kann man der Bundeswehr niemals vorwerfen: dass sie ihre Mitarbeiter mit überbordendem Luxus verwöhnt. Selbst Büros von Kommandeuren bis hin zu Drei-Sterne-Generalen sind geradezu asketisch. Einen deutschen Vorstandsvorsitzenden bekäme man da keine zehn Minuten rein.

Zwei Details gaben jedoch Auskunft über den Ort Afghanistan: massive, etwa einen Meter zwanzig hohe Holzkreuze auf stabilen Füßen, über denen die mit Keramikplatten bestückten Schutzwesten und die Helme hingen. So wie in dem Film »Gladiator« die Rüstungen. Und ein Regal, in dem Sonnencreme, Insektenschutzmittel und Desinfektionslösung in großer Menge zur freien Bedienung aufgereiht standen.

Martina und Jörn, zwei zivile Presseleute der Bundeswehr, mit denen ich von Köln zusammen hergeflogen war, besprachen mit Jonasson schon ihr erstes Vorhaben in Afghanistan. Sie wollten mit ihm zusammen den OP North besuchen und für einige Tage dort bleiben. Im OP North, nur 80 Kilometer südlich von Kunduz, aber vom fast 200 Kilometer entfernten Mazar-e Sharif aus geführt, waren zu der Zeit mal wieder Gebirgsjäger stationiert. Die beiden Medienleute wollten ihre Aufnahmen dort unter anderem für die Profildarstellung der Gebirgstruppe nutzen. Jonasson war außer einem Mannschaftsdienstgrad der einzige Heeressoldat in der Pressestelle von Mazar, alle anderen gehörten zur Luftwaffe. Deswegen und weil er auch noch Gebirgsjäger ist, hatte er sozusagen die Betreuungshoheit über den OP North.

»Sonst käme ich kaum raus hier«, sagte er. Es fanden zu der Zeit kaum noch größere Operationen oder Patrouillen rund um Mazar statt. Routinefahrten, Aufklärung, das natürlich. Aber wenig, was für Journalisten interessant wäre.

Ich hatte ihn, seit er in Afghanistan war, ziemlich oft von zu Hause aus kontaktiert, weil ich wissen wollte, was ungefähr auf mich zukam, und natürlich weil ich einfach Kontakt mit ihm halten wollte. Ich hatte mir vorgestellt, das sei wichtig für Einsatzsoldaten. Ist es auch tatsächlich, wie ich noch herausfinden würde, aber andererseits auch nicht einfach. Weil die Tage so lang sind. Und auch wenn sie manchmal vor Stumpfsinn nur so strotzen, ist man abends zu kaputt, um sich bei allen zurückzumelden. Und Afghanistan ist der deutschen Zeit zweieinhalb Stunden voraus, das macht abends was aus.

Jonasson hatte mir geduldig auch die blödesten Fragen in Mails beantwortet und mir mit harter Strafe gedroht, falls ich mir unnötige Ausrüstung kaufen würde. Funktionswäsche für Hitze und warmes Zeug für etwaige Wetternotfälle sei in Ordnung, aber ich solle bloß nicht versuchen, wie ein Infanterist ausgestattet im Einsatz aufzuschlagen.

Es ging ja immer wieder mal durch die Medien, dass deutsche Soldaten sich mangelhaft ausgerüstet fanden und deswegen auf eigene Kosten Material beschafften, was ihnen dann zähneknirschend zu nutzen erlaubt wurde. Das hat einige Jahre auch gestimmt, und die Berichterstattung hat an der Stelle den Soldaten genutzt, was wir Presseleute gern als Argument in der Truppe gebrauchten, dass es sehr hilfreich sein könne, mit Journalisten ehrlich zu sprechen. Heute ist die Ausstattung auf einem Stand, mit dem der Durchschnittssoldat im Einsatz gut geschützt ist und vernünftig arbeiten kann, auch wenn er mal draußen ist.

Für die Truppenteile, die *hauptsächlich* draußen arbeiten, also die Infanterie samt der Grenadiere, die Objektschützer der Luftwaffe, die Pioniere, Sanitäter der Einsatzkompanien und Feldjäger, die also rein statistisch in wesentlich höherer Gefahr sind, in Gefechte verwickelt zu werden, sieht es anders aus.

Sie können mit dem Standardzeug arbeiten, aber es gibt eben auf dem Markt Besseres. Leichtere Westen, die zwar weniger Schutz bieten, aber mit denen man sich deutlich schneller und leichter bewegen kann. Für einen Infanteristen ist Schnelligkeit auch ein Schutzfaktor, den er gegen den besseren ballistischen Schutz bei geringerer Beweglichkeit abwägen muss. Wobei das wiederum haftungsrechtliche Probleme aufwirft. Wenn ein Soldat beispielsweise an einer Stelle verwundet wird, die durch die Standardweste geschützt gewesen wäre, kann es zu Problemen bei der Zahlung von Entschädigungen kommen.

Es gibt sehr viel besser konstruierte Tragesysteme als das dienstlich gelieferte. Man kriegt darin mehr Munition und anderes unter und kann besser damit arbeiten, weil Taschen und Verschlüsse schlauer konstruiert sind. Es gibt Kleidung, die den Temperaturen in Afghanistan besser angepasst ist. Man darf nicht vergessen, dass ein Infanterist mit mindestens fünfundzwanzig und bis zu fünfzig Kilogramm Zuladung (Waffen, Helm, Weste, Munition, Wasser, Funkgerät, eventuell ein Daypack) bei Temperaturen bis zu fünfundvierzig, fünfzig Grad Celsius unter Umständen ziemlich sportliche Leistungen in Afghanistan zu erbringen hat. Da ist Funktionskleidung durchaus sinnvoll.

Es gibt Kopfhörer, an die man den Gruppenfunk anschließen kann, die gleichzeitig auch als extrem guter Gehörschutz dienen, der mit Hilfe von Elektronik und einem Mikro sogar normale Laute wie Sprache verstärkt, aber sobald etwas explodiert oder knallt, das Gehör abschließt. Kommunikation ist in modernen Kriegen das A und O. Weil sich nur mit steter Verbindung Chaos und Panik vermeiden lassen, weil nur so die Vorgesetzten ihre oft räumlich auseinandergezogenen Leute sinnvoll zu führen in der Lage sind. Da können Knalltraumata oder ein ständig durch Gehörschutzstopfen gedämpftes Hören lebensgefährliche Probleme verursachen. Aber leider passen diese tollen Kopfhörer nicht unter die Standardhelme der Bundeswehr, also werden US-Helme privat gekauft. So kommt es, dass Infanteristen bisweilen vierstellige Summen in Ausrüstung investieren.

Es gibt unendlich viele Gimmicks oder auch Notwendigkeiten, und die Bundeswehr reagiert meiner persönlichen Meinung nach in der Beschaffung zu träge auf Entwicklungen der Technik, weil sie Angst hat, die höheren Ausgaben, die durch ständiges Ausmustern und Neubeschaffen entstehen, nicht tragen und rechtfertigen zu können. Aber die Kampftruppe braucht vieles von dem, was es zu kaufen gibt, wirklich. Einiges auch nicht, da gibt es durchaus denselben Effekt wie mit Markenklamotten auf dem Schulhof. Und eine Menge von dem Zeug ist vor allem cool, weil das KSK* es hat, oder die Special Forces von den Amis. Das wiederum führt bisweilen zu sehr unguten Auswüchsen, nämlich, dass Soldaten, denen die Investition in die Markenprodukte zu hoch ist, die aber nicht »uncool« rüberkommen wollen, preisgünstige Kopien kaufen, die dann natürlich weder die Qualität und Funktionalität noch die Schutzwirkung der teuren Gegenstände aufweisen.

Aber was mittlerweile als Standardausrüstung zur Verfügung steht, ist fraglos gut und für den Normalosoldaten, der seinen Einsatz größtenteils im Feldlager verbringt, ausreichend. Dass man sich vernünftige Unterziehwäsche, Handschuhe, Mützen und Fleecesachen kaufen muss – geschenkt. Die kann man ja schließlich auch privat nutzen.

Mein Freund Jonasson hatte mir also nicht ohne Grund von Irrsinnskäufen bei Militärausstattern abgeraten, aber noch

---

\* KSK = Kommando Spezialkräfte, die Spezialeinheit des deutschen Heeres dringender hatte er mich davor gewarnt, nach Mazar zu gehen. »So gern ich mit dir hier arbeiten würde, aber als Feldwebel bringt dir Mazar keine Punkte. Unser Stabsfeldwebel macht nur stumpfe Büroarbeit.« Natürlich wisse er nicht, wie es genau in Kunduz sein würde, doch allein aufgrund der geringen Stärke der Pressestelle dort (mit mir wären es nur drei Mann) bei nicht weniger Journalistenbesuchen als in Mazar könne man sich ja an fünf Fingern abzählen, dass jeder mehr zu tun haben würde.

Martina und Jörn wollten nach dem OP North Kunduz besuchen. Dort einen jungen Fallschirmjäger aus Seedorf begleiten, den sie schon am Heimatstandort gefilmt hatten. Und den komischen Pressefeldwebelreservisten, den man aus dem Fernsehen kennt, sollten sie nach seinem Flug in den Einsatz auch mal im Einsatz selbst porträtieren.

Auch wenn ich nun schon mittendrin war – Mazar kam mir irreal vor. Vermutlich, weil es nicht mein Bestimmungsort war und ich morgen gleich weiterfliegen würde. Aber auch weil es so riesig, schwer überschaubar und irgendwie abgeschnitten von dem Land schien, in dem wir uns alle befanden.

Im norwegischen Teil des Lagers gab es einen riesigen PX*, in dem man von Kautabak über Süßigkeiten, Sonnenbrillen, Kinderspielzeug und Klamotten bis zu Unterhaltungselektronik, Parfüm und Uhren alles Mögliche und Unmögliche kaufen konnte. Der deutsche PX verkaufte interessanterweise und irgendwie folgerichtig zum oben Gesagten ausschließlich Militärausrüstung. Der US-Laden war dagegen eher wie ein klassischer Supermarkt bestückt. Dort gab

---

* PX = Post Exchange, eigentlich Geschäfte, die von den US-Streitkräften finanziert werden und deswegen steuerfrei Waren an Soldaten und ihre Angehörigen verkaufen. Hat sich für Stores in Einsatzliegenschaften aller westlichen Armeen als Bezeichnung durchgesetzt.

es neben Knabberkram und Getränken einiges an Schreibwaren und Drogerieartikeln zu kaufen. Und zu meinem nicht geringen Erstaunen zwar Schwangerschaftstests, aber keine Kondome. Amerikanische Moral?

Kleiner Vorgriff: Im deutschen »Verticker« in Kunduz, also dem bundeswehreigenen Kramladen für Alltagsbedarf von Zahnpasta bis Lakritzschlangen, war es übrigens umgekehrt: Da gab es Kondome, aber keine Schwangerschaftstests. Den kann im Übrigen auch jeder Stabsarzt bei Bedarf machen. Wir sind nicht in allem rückständig, oder?

Direkt vor dem US-PX fanden sich zwei kleine Containerhütten nebeneinander: Links ein »Burger King« und rechts ein »Pizza Hut«. In Afghanistan! Die Versuchung, ein Bulettenbrötchen zu kaufen, war gering, vermutlich, weil ich erst zwei Tage weg war von zu Hause. Aber vielleicht würde ich ja irgendwann noch weinend vor Glück in so ein Ding beißen…

Auf dem Rückweg schauten wir noch ins Atrium, wo die deutschen Betreuungseinrichtungen in Mazar-e Sharif untergebracht sind. Jonasson gab mir einen Kaffee im »Planet Mazar« aus, das, wie das »K-2«, abends eher ein Club war, in dem auch Salsakurse und Disco-Abende stattfanden. Dazu gab es noch die »Oase«, eher ein Restaurant mit nicht ganz anspruchsloser Küche.

Ich konnte nachvollziehen, warum es so etwas im Einsatz geben musste. Aber es fühlte sich für mich, am Beginn meines Einsatzes stehend, irgendwie falsch an, künstlich. Als würde die Realität damit verdrängt oder verwässert. Aber vermutlich war es vor allem für die Jüngeren als Ablenkung wichtig, Orte zu haben, wo sie sich ein bisschen frei fühlen, flirten, feiern konnten. Wobei sich »feiern« in den Feldlagern der Bundeswehr in Afghanistan auf maximal zwei Dosen Bier oder die vergleichbare Menge an Wein oder Bier-

Mix-Getränken beschränkte. Harten Alkohol gab es gar nicht zu kaufen. Und in Mazar wurde der Konsum auch mit einer »Ration Card« kontrolliert. Die gab es nur in der Einheit, beim Spieß, sie war namentlich gekennzeichnet, und die Tage waren datiert. Die Tresenkräfte stempelten jedes Getränk ab, das auch sofort am Tresen geöffnet werden musste, damit man nicht »horten« konnte und jeder sofort sah, wie viel man am jeweiligen Tag schon intus hatte. Beim Verticker gab es nur alkoholfreie Getränke zu kaufen. Also von wegen Suff im Krieg.

Nach dem sehr reichhaltigen Abendessen in der DFAC* neigte sich mein erster Tag schon dem Ende zu. Gegen 19 Uhr wurde ich dann zum ersten Mal Zeuge eines Sonnenuntergangs, wie es ihn in Europa nicht zu sehen gibt. Der Himmel färbte sich von Rosa über Violett-Gelb zu Dunkelblau und dann Tiefschwarz. Und zwar innerhalb von einer Viertelstunde. Diese rasend schnellen Tagesenden faszinierten mich während der ganzen Zeit dort. Und morgens um halb fünf war es taghell.

Wir gingen noch auf ein Getränk in eine sogenannte Nebentheke, das sind genehmigte Ausschankstellen der einzelnen Einheiten, beispielsweise der Stabskompanie. Auch dort natürlich nur mit Ration Card. Da ich noch keine hatte, trank ich alkoholfreies Weißbier. Jonasson erzählte mir vom Alltag hier und kam mir mit seinen drei Monaten Erfahrung wie ein uralter Veteran vor, während ich voller unklarer Vorstellungen und vager Wünsche war.

Die vielen Eindrücke, das so fremde Land, die Reise, die hinter mir lag: Ich war müde und bat Jonasson, mich zum Ingotel zu begleiten, ich würde mich sonst todsicher verlau-

---

* DFAC (Die-Fäk ausgesprochen) = Dining Facility, die Kantine

fen und in schlechte Gesellschaft geraten. Dort angekommen, mailte ich mit meiner sehr erleichterten Frau, duschte, richtete mich im Container für die Nacht ein.

Der nächste Morgen begann wieder in der DFAC, bei der Schlacht am übervollen Buffet. Bei der ich gleich zwei Kameraden begegnete, mit denen ich in der Einsatzvorbereitung gewesen war, was großes Hallo und eine sehr rührende Art von Vertrautheit zeitigte. Mit dem vollen Tablett schob ich mich zu Jonasson an den Tisch. Soldaten aus zig Nationen saßen und aßen und redeten. An der Decke aufgehängte Flatscreens zeigten tonlos Nachrichten und Infosendungen aus Deutschland und den USA. Ich mochte die internationale Atmosphäre, wenn auch durch die Bauweise und Einrichtung alles etwas kühl wirkte. Kunststoff, Metall, Küchenstahl. Einen besonderen Luxus stellte der Kaffeetresen mitten im Raum dar. Dort stand ein Barista (nicht wirklich, aber fast) vor einer großen italienischen Gastro-Kaffeemaschine und bereitete auf Wunsch alle gängigen Arten von Coffee to go, den man dann draußen, an überdachten Holzbänken, trank. Dort durfte auch geraucht werden.

Der Resttag verplätscherte zunächst, am frühen Nachmittag würde mein Flug nach Kunduz gehen. Jonasson hatte heute einiges zu tun und kaum Zeit für Unterhaltungen, und ich war im Kopf schon längst auf dem Weg nach Kunduz und bei allem, was dort wohl auf mich wartete.

# Camping, Teil II

Der Flug war ereignislos. Eine weitere halbe Stunde Transall mit Gehörschutz und wenig Licht. Irgendwann stürzte die Maschine wieder steil nach unten, eine sanfte Landung, und dann war ich da.

Kunduz.

Im Jahr 2004 hatte die Bundeswehr mitten in der Stadt Kunduz ein PRT* der Amerikaner übernommen, es wurde aber bald mit dem Bau eines größeren Feldlagers außerhalb der Stadt begonnen. Erstens war schnell absehbar, dass die Liegenschaft in der Stadt angesichts der steigenden Gefahren und der damit verbundenen Notwendigkeit, mehr Truppen nach Kunduz zu bringen, zu klein war. Und zweitens war ein Lager außerhalb besser zu verteidigen und stellte, sollte es angegriffen werden, keine Gefährdung für umliegende Wohnhäuser dar. Das Lager wurde unmittelbar neben dem Flughafen von Kunduz errichtet, was auch Transporte enorm vereinfachte.

Und auf diesem Flughafen stand ich nun. Der Tower hellgelb und schadhaft. Ein Schild »Welcome to Kunduz public Airport«. Darunter zwei armenische Soldaten in Klappstühlen, Gewehre auf den Knien. Die Armenier stellten ein kleines Kontingent im Rahmen der NATO-Partnerschaft mit Hoffnung auf Beitritt irgendwann. Sie sicherten das Airfield mit eigener Führung, aber unter Anleitung eines jungen deutschen Offiziers. Neben dem Hauptgebäude gab es eine

---

* PRT = Provincial Reconstruction Team, Provinz-Wiederaufbau-Team. Bezeichnet sowohl das Personal als auch die Liegenschaft.

Erweiterung in Containerbauweise. Eine einzige Lande- und Startbahn, ein kleines Vorfeld.

Keine Außenmauern, ich blickte frei ins Gelände. Über grasiges, karges Land mit dürren Büschen, den südlichen Horizont beherrschen nahe Ausläufer des Hindukusch. Das Bild am Flughafen täuschte, wie ich später lernen würde. Die Region Kunduz ist die fruchtbarste des afghanischen Nordens und außergewöhnlich grün. Doch der Flughafen, den es auch schon zu Zeiten der sowjetischen Besatzung gab, war immer wieder umkämpft, weil er seit Jahrzehnten im Grunde nur militärisch genutzt wurde.

An den Straßen zu den umliegenden Camps – das deutsche PRT, das GPTC*, zwei FOBs** der Amerikaner und das Camp Pamir der afghanischen Armee – lagen ausgebrannte und verrostete Wracks von Panzern und Hubschraubern der Roten Armee. Es war ein einziger Kriegsschrottplatz, auf dem sich afghanische Weiterverwerter bedienten. Durch die ständigen Kampfhandlungen fand auf diesem Plateau keinerlei Landwirtschaft statt, lediglich Ziegen- und Rinderhirten streiften mit ihren Tieren gelegentlich durch das dünne Gras.

Von der Transall ging es zu Fuß übers Vorfeld zu geschützten Containern. Die Palette mit dem Großgepäck fuhr ein Stapler zum Tieflader, wir gingen am Containerbau vorbei auf einen Platz hinter dem Gebäude. Steine, Staub, Sandsäcke. Soldaten.

Ein Feldwebel vom Transportzug erklärte den weiteren Ablauf. Wir sollten unser Handgepäck bei dem Fünftonner abgeben und uns dann auf die bereitstehenden geschützten Fahrzeuge verteilen, Dingos und Füchse. Eigentlich gab es zu dem Zeitpunkt in Kunduz schon große, stark geschützte

* GPTC = German Police Training Center
** FOB = Forward Operating Base, ein leicht befestigter Feldposten

Personentransporter vom Typ MuConPers[*], die bis zu achtzehn Personen beschuss- und minensicher von A nach B bringen können. Aus vermutlich logistischen Gründen wurden wir bei dieser Tour auf kleinere Fahrzeuge verteilt. Ich landete in einem Fuchs.

Der TPZ[**] Fuchs ist ein Radfahrzeug, das die Bundeswehr in ganz verschiedenen Ausführungen nutzt, beispielsweise als Spürpanzer in der Kampfstoffabwehr oder als Sanitätspanzer. Die Transportversion bietet im Kampfraum Platz für acht Soldaten. Die Sitze sind sehr knapp über dem Boden, und ich stieß bei einer nicht gerade beeindruckenden Größe von 1,78 Meter aufrecht sitzend gegen die Decke. Mit Helm war ich quasi eingeklemmt. Die Beine muss man anwinkeln und anziehen. Mir gegenüber saß ein Bundespolizist, der gut einen Kopf größer als ich war. Er saß wie ein Erwachsener im Tretauto und wirkte unglücklich, mit dem Sturmgewehr zischen den Füßen und den Knien und neben dem Kopf. Die Heckklappe schloss sich, wir hatten keine Möglichkeit, nach draußen zu sehen. Die geschützten Fahrzeuge, die Waffen – all das machte mich schon etwas nervös. Ich würde erst später lernen, dass die Fahrt vom Airport zum PRT aufgrund der gut überwachten Strecke und der kurzen Entfernung von 350 Metern eigentlich ungefährlich war. Ich dachte an die Einsatzvorbereitung, wo es immer wieder zur Frage kam: »Wer von Ihnen geht nach Kunduz?« Darauf meldete sich stets eine kleine Minderheit, manchmal war ich sogar der Einzige in der Gruppe, und ausnahmslos jedes Mal kam dann ein Ausbilderkommentar à la »Okay, Kunduz ist natürlich ein anderer Schnack, da müssen Sie schon gut aufpassen«.

Tja. Jetzt war ich da …

* MuConPers = Multi-fähiger geschützter Container zur Personenbeförderung
** TPZ = Transportpanzer

Nur am Überqueren der hohen Bodenschwellen, mit denen das Einfahrtstempo zwangsweise verlangsamt wurde, merkte ich, dass wir uns im Bereich der Lagereinfahrt, des Main Gate, befanden. Dahinter ging es um etliche 90-Grad-Kurven, dann hielt der kleine Konvoi an. Die Heckklappe wurde geöffnet, wir schälten uns aus dem Fuchs, und dann stand ich an meinem Bestimmungsort.

Kaum hatte ich meine Orientierung wieder, schob sich Major Mischke, mein direkter Vorgesetzter für die nächsten Monate, zwischen mich und die grelle Sonne, schüttelte mir die Hand und sagte: »Willkommen in Kunduz, Feldwebel, schön, dass Sie da sind. Alles gut gelaufen?« Ich bejahte, schaute mich um. Wir standen auf einer schmalen Asphaltstraße, die mit hellem Staub gepudert war. Auf der einen Seite irgendwelche Container, deren Zweck mir unklar war, auf der anderen Seite ein fast mythischer Ort für Kunduz-Kenner: »Lummerland Hauptbahnhof«.

Wenn man mal woanders essen wollte als in der DFAC, wenn man zwischendurch einen Kaffee trinken oder Eis schlabbern wollte, wenn man sich abends ein bisschen wie im normalen Leben fühlen und auf ein Getränk ausgehen wollte, dann war das »Lummerland«, die zentrale Betreuungseinrichtung, die erste Anlaufstelle. Und direkt davor die Haltestelle für jeden Transport vom und zum Airfield. »Lummerland Hauptbahnhof«.

Sogar ein überdachtes Wartehäuschen gab es und einen Baum daneben. Überhaupt war die Begrünung auffällig. In Mazar-e Sharif sah ich außer Gebäuden und Straßen nur Steine und Staub. In Kunduz dagegen überall kleine Bäume am Wegrand. In den Innenhöfen der Gebäude sollte ich später Rosengärten sehen und von den Soldaten liebevoll eingerichtete Gehege für die herumkriechenden Schildkröten. Wenn ein Zug das Lager verließ, wurden am Vorabend alle

Schildkröten eingesammelt und in die Gehege gebracht. In Afghanistan symbolisieren die Tiere ein langes Leben. Zu den rund vierhundert afghanischen Beschäftigten gehörten auch eine ganze Reihe von Gärtnern, und die Bilder dieser Rosengärten sorgten in den ersten Jahren dort für die spöttische Bezeichnung »Bad Kunduz«. Nachdem das Sterben und Töten begann, soll mancher Fallschirmjäger diesen Begriff mit einem ansatzlosen Schlag ins Gesicht quittiert haben.

Major Mischke schob mich zum Fünftonner, damit ich meinen kleinen Rucksack in Empfang nehmen konnte, und stellte mich dem Spieß der Stabs- und Versorgungskompanie (StabsVersKp) des Unterstützungsverbandes beziehungsweise der MSU\* Kunduz vor. Meine Kompanie für die Dauer des Einsatzes. Die Offiziere des Stabes wurden personell direkt im Stab geführt, die Unteroffiziere und Mannschafter in der Stabs/VersKp. Spieß und Major begleiteten mich die zwanzig Meter hinüber zum Luftumschlagzug oder LUZ, wo die Palette mit dem Großgepäck schon abgeladen war. Ich suchte unter all den anderen grünen Rucksäcken meinen, fand ihn und verlud ihn und mich in einen sehr staubigen blauen Kleinbus, am Steuer mein Major. »Das ist der Yalla-Bus, unser Pressefahrzeug.« Er hatte in meinem Blick möglicherweise eine Frage gesehen, denn er setzte gleich lachend nach: »Natürlich nur im Camp. Raus fahren wir damit nicht.« Der zweite Feldwebel der Presseabteilung sei heute auf dem Weg nach Mazar-e Sharif, er begleite einen Journalisten, der mit einem der großen Materialkonvois über Land mitfuhr, um über die logistischen Herausforderungen des Abzugs zu berichten. »Stabsfeldwebel Rolfert ist morgen wieder da. Wir gucken jetzt, dass wir die ganze Einschleu-

* MSU = Military Support Unit

sung so flott wie möglich über die Bühne kriegen, damit Sie Ruhe bekommen.«

Wir fuhren in sehr langsamem Tempo durch das im Vergleich zu Mazar deutlich kleinere und familiärere PRT Kunduz. Der Wagen war auch innen voller Staub, die Scheiben dunstig. Staub, so fein wie Puder, würde zu einer zweiten Haut werden. Er legte sich über alles. Kleidung, Waffen, Möbel, Computer. Auf die Schutzbrillen und Helme. Es würde sich als kluge Maßnahme herausstellen, dass ich für siebzig Euro eine staub- und wasserdichte Hülle für mein Smartphone gekaufte hatte. Der Staub kam durch alle Ritzen und ließ sich nie vollständig aus den Räumen herauskehren. Die hellbraunen Wildledersstiefel der Tropenuniform wurden in Kunduz binnen zwei Wochen fast schneeweiß. Noch jetzt, Monate nach dem Einsatz, finde ich an unmöglichen Stellen Reste dieses Staubes. In und an Rucksäcken, am Schlafsack, im Etui der Schutzbrille und an der Armbanduhr, die ich mir gegen Ende meiner Einsatzzeit gekauft habe. Die Stiefel werden ewig weiß sein vom Staub Afghanistans.

Man atmete den Staub ein, er saß tief in der Nase und den Lungen, und angeblich wurden manche Soldaten sogar krank von diesem Staub. Denn durch die in Afghanistan übliche offene Kanalisation und das weitestgehende Fehlen von Toiletten im ländlichen Raum war er natürlich voller pulverisierter Exkremente von Mensch und Tier.

Die erste Station war das Geschäftszimmer der Kompanie, wo ich den Laufzettel für die Einschleusung bekam. Dann fuhr mich Major Mischke zu einem riesigen Zelt hinter hohen Hesco-Wällen. Hescos sind eins fünfzig hohe Drahtkörbe, Grundfläche ein Quadratmeter, in denen ein sehr dicker Pappbehälter steckt, der mit allem möglichen Schüttgut gefüllt wird. Sie sind mit Füllung stapelbar und in Afghanistan das ideale Bauteil für Schutzwälle. In Kunduz gab es zwar eine Außenmauer rund ums Camp, aber innerhalb des Lagers wurden alle möglichen Bereiche durch Hesco-Wälle geschützt und voneinander abgetrennt. Die Firma Hesco ist der US-Hersteller der Körbe und somit wahrscheinlich einer der größten Kriegsgewinner überhaupt.

Das große Zelt beherbergte die MatGruppe[*] der MSU. Dort bekam ich, wie jeder Soldat, meine persönliche Zusatzausstattung für den Einsatz. Die unterscheidet sich im Umfang, je nachdem ob man »Draußi« oder »Drinni« ist, die Begriffe sind wohl selbsterklärend.

Als Pressefuzzi war ich im Grunde etwas genau dazwischen und durfte so den Großteil des Angebotes abgreifen, aber nicht alles. Zunächst meine Schutzweste sowie die dazugehörigen Taschen für Munition, Handgranaten, Kleinkram und das Sanitätsmaterial. Dazu eine Kampfmittelweste zum Überwerfen. Man konnte die Taschen direkt an der Schutzweste befestigen oder sich für die Überwurfweste entscheiden. Im Winter ist es sinnvoll, die Schutzweste unter dem Parka zu tragen, weil so bei körperlicher Anstrengung der Schweiß in der Schutzweste hängenbleibt und nicht umgekehrt die Jacke nass wird und man total auskühlt. Und dann kann man die Ausrüstung eben an der sehr leichten Kampfmittelweste befestigen und diese als oberste Schicht tragen. Manche Soldaten entscheiden sich auch im Sommer für diese Trageweise.

Dazu bekam ich den sehr leichten und dünnen Tropenschlafsack, einen Trinkrucksack, eine schlagfeste Einsatzarmbanduhr, eine Kopflampe, die erste Garnitur Bettwäsche mit Kopfkissen und Decke für die Stube (man tauschte dann

---

[*]  MatGrp = Materialgruppe. Die für die Bevorratung und Nachschub aller möglichen Gebrauchsartikel zuständige Teileinheit. Vom Bleistift bis zum Schützenpanzer.

jeweils in der Wäscherei), mehrere Wäschenetze mit unterschiedlich farbigen Knebeln am Verschluss (jede Farbe stand für eine bestimmte Waschtemperatur beziehungsweise für die Einsatzkleidung mit Vektorenschutz* oder die Privatkleidung). Den großen und den kleinen Einsatzrucksack hätte ich theoretisch auch bekommen können, aber von denen waren keine mehr da. Das ganze Gelumpe ging dann erst mal in den Yalla-Bus und der mitsamt mir und dem Major in Richtung Stabs/VersKompanie.

Dort wurden mir mein Gewehr mit fünf und meine Pistole mit zwei leeren Magazinen, das Pistolenholster, eine Pistolenmagazintasche, hundertfünfzig Schuss Gewehr- und dreißig Schuss Pistolenmunition ausgehändigt. Dazu die Sanitätsausstattung inklusive des Autoinjektors mit Morphium. Als Zugabe bekam ich noch eine Ladung Sonnencreme, Insektenschutzmittel, Handcreme (»Die werden ratzfatz rissig von der Trockenheit, Herr Feldwebel«, so der Stabsgefreite hinterm Tresen), Fußspray gegen Pilz und Desinfektionslösung für die Hände, falls man mal länger draußen und keine Waschgelegenheit verfügbar ist.

Anschließend bekam ich den Schlüssel für meine Unterkunft im Haus »Hannover«, und danach erledigte ich beim Spieß den ersten Papierkram. Er teilte mir den nächsten Termin für die Ersteinweisung aller Neuankömmlinge mit, die einen ganzen Vormittag dauern würde und Pflicht sei. Dazu die nächsten Termine der Stabs/VersKompanie auf der Schießbahn, wo ich meine Waffen »anschießen« müsse. Beim Anschießen werden die sogenannten Haltepunkte der Waffen ermittelt und die Zieloptik des Gewehrs justiert. Danach weiß ich dann zum Beispiel, dass ich mit meinem Gewehr immer leicht oberhalb und leicht rechts des Punktes, an

* Vektoren = hier: Krankheiten übertragende Insekten und Gliedertiere

dem ich treffen will, »anhalten« muss. Der Haltepunkt wird durch Eigenheiten von Waffe und Schütze beeinflusst, deswegen das »Anschießen«.

Nach dem Anschießen würde ich meine »Battlebook-Nummer« bekommen und ab diesem Zeitpunkt könne ich an Operationen außerhalb des Camps teilnehmen. Unter der Battlebook-Nummer werden alle möglichen Daten über den Soldaten zentral in der TOC* gespeichert. Dazu gehört die Blutgruppe und sehr viele persönliche Informationen, die es bei einem eventuellen Versprengtwerden den möglicherweise nichtdeutschen Rettungseinheiten ermöglichen sollten, den Soldaten einwandfrei zu identifizieren, damit sich nicht jemand unter seinem Namen Zugang zu einem ISAF-Stützpunkt verschaffen kann. Bevor ein Fahrzeug das Lager verlässt, müssen auf dem sogenannten »Flap Sheet« die Battlebook-Nummern aller darin mitfahrenden Soldaten und bei Zivilisten die Blutgruppe und ihr Geburtsdatum eingetragen und dieses Flap Sheet dann vom Konvoiführer in der TOC abgegeben werden.

Uff.

Als Nächstes fuhr mich der Major zum Haus »Hannover«, damit ich Bettzeug und Gepäck abladen konnte. Die Unterkünfte waren als sogenannte Atrien konzipiert, will heißen, ein viereckiger Innenhof, darum herum vier Gebäudeseiten mit Wohnstuben und Waschräumen, natürlich beschussfest. Zu Beginn waren die Gänge vor den Zimmern ganz offen zu den begrünten Innenhöfen. Mit zunehmendem Raketenbeschuss seit 2009 entschied man, doch noch Schutzmauern hochzuziehen, damit man auch bei Beschuss in den Gängen sicher war. Sehr wichtig bei Alarmen tagsüber, wenn die meisten Stuben ja abgeschlossen waren und so von draußen

---

* TOC = Tactical Operation Centre oder Operationszentrale

vor plötzlichem Beschuss in die Gebäude flüchtende Soldaten nicht optimal geschützt wären.

Außerdem stellte man fest, dass die Fenster zu groß und keineswegs sicher vor Explosionen waren. Würden sie splittern, flögen den Leuten drinnen die Einzelteile um die Ohren, also wurden bei den älteren Gebäuden stählerne Auffangvorrichtungen vor die Fenster gesetzt und bei den neueren Gebäuden nur noch kleine Luken knapp unter der Decke eingebaut.

Die Stuben selbst waren schmucklos, meine war vier auf fünf Meter groß, und ich teilte sie mit dem zweiten Pressefeldwebel, der erst morgen zurückkäme. Ein Stockbett war für mich oben frei, zwei große und zwei kleine Spinde, ein kleiner Kühlschrank für Getränke, ein Tisch, zwei Stühle, ein kleines Regal an der Wand, ein größeres in der Ecke am Boden. Und eine Klimaanlage, aus der ein Schlauch in einen Eimer am Boden führte, wo das Kondenswasser aufgefangen wurde. An einer Wand ein Werbeplakat der Firma Heckler & Koch für ihre Granatmaschinenwaffe. Waffenporno. Keine Nackedeis. Aha.

Ich warf das Bettzeug aufs Bett, die Rucksäcke auf den Boden und dann fuhren wir zurück zum Stab. Dort sollte ich erst mal meine Ausrüstung sortieren, die Magazine füllen, meine Pistole laden und das Holster anlegen. Die Pistole war in Kunduz stets teilgeladen und gesichert am Mann zu führen, außer beim Sport und bei der Körperpflege. Teilgeladen bedeutet, ein volles Magazin steckt in der Pistole, aber es ist keine Patrone in der Kammer. Man muss also vor dem ersten Schuss durchladen. Nach dem Durchladen bezeichnet man eine Waffe als fertig geladen.

Das Stabsgebäude bestand im Grunde aus vier aneinander gebauten Atrien. Die Pressestelle hatte zwei Büros, das des Stabsoffiziers und das der Feldwebel. Daneben residierte der munitionstechnische Offizier beziehungsweise EOD[*] mit seinem Stabsfeldwebel, die jeden Tag mit einer bis mehreren Funknachrichten aus der TOC im ganzen Camp präsent waren: »Eine Durchsage an alle: Im Wadi finden kontrollierte Sprengungen statt.« Das Wadi, ein ausgetrocknetes Flussbett unweit des Camps, diente als Übungsort für scharfes Gefechtsschießen, und dort sprengte Oberleutnant Ivica mit seiner Truppe aufgefundene Munition und Waffen, die oft auch von afghanischen Bauern abgegeben wurden. Außerdem trainierten dort Ausbilder mit afghanischen Soldaten und Polizisten den Umgang mit Sprengstoff, auch unter Hilfe und Kontrolle des EOD-Trupps. Oberleutnant Ivica war ein kräftiger und für Armeeverhältnisse langhaariger, sehr bärtiger und sehr, sehr lustiger junger Mann, mit dem ich während des Einsatzes noch eine Menge Spaß haben würde.

Ansonsten befanden sich in unserem Gebäudeteil noch die IT-Abteilung, der Truppenpsychologe, das Personalbüro, der Betreuungsoffizier, der VisO[**], die Versorgungs- und Logistikoffiziere der MSU und der PATF[***] und der technische Offizier der MSU.

Das gesamte deutsche Personal in Kunduz war zu dieser Zeit auf die beiden Verbände MSU und PATF verteilt, an deren Spitze jeweils ein Oberst stand. Wir gehörten im Stab der MSU zur Kommandeurgruppe und unterstanden als Abteilung somit direkt unserem Oberst.

Major Mischke schloss unser Büro auf, erklärte mir grob die Ordnung, die Stabsfeldwebel Rolfert eingerichtet hatte, und gab ein paar Tipps für die Montage der Taschen an der Wes-

---

[*] EOD = Explosive Ordnance Disposal, zu Deutsch Kampfmittelbeseitiger
[**] VisO = Visiting Officer, für Besucher zuständig
[***] PATF = Partnering and Advisory Task Force, fasste alle Schutz- und Ausbildungseinheiten des PRT Kunduz zusammen

te. Dann musste er in eine Lagebesprechung. Ich packte zuerst die Munition aus und lud alle Magazine voll. Je dreißig Schuss fürs Gewehr, je fünfzehn bei der Pistole. Ich montierte das Holster eher behelfsmäßig an meinen Gürtel, die Trageweise am Oberschenkel fand ich für draußen in Ordnung, aber im Camp empfand ich die Konstruktion als störend. Am Gürtel hing es auch nicht ganz optimal, kurz danach kaufte ich mir ein eigenes Holster, das besser am Gürtel saß. Jedenfalls war ich jetzt tatsächlich bewaffnet.

In der Regel ist man als Soldat der Bundeswehr nur bewaffnet und mit scharfer Munition ausgestattet, wenn man Wache hat, auf der Schießbahn ist oder bei einem Übungs-Gefechtsschießen. Ansonsten sind die Waffen in der Waffenkammer eingeschlossen. Dass eine Schusswaffe ständig geladen mitgeführt wird, gibt es nur im Einsatz.

Ich lud ein volles Magazin in mein Sturmgewehr, ohne fertigzuladen, stellte den Riemen genau auf mich ein und schloss es dann gesichert in den Schrank, den Stabsfeldwebel Rolfert für die Gewehre freigeräumt hatte. Dann machte ich mich an die Montage der Taschen an die Weste, verstaute die restlichen Magazine darin und das Sanitätszeug. Montierte den Trinkrucksack auf dem Rückenteil, zog den Schlauch durch zwei an der Schulterpartie gespannte Hosengummis und befestigte meinen Tourniquet daneben. Ich hängte einen stabilen Karabinerhaken in die Weste, an den man bei Bedarf den Helm hängen kann, und einen ganz schmalen für die Handschuhe. Dann zog ich die Weste über.

In der Vorbereitung hatte ich nur die älteren Schutzwesten vom Typ »Bristol« oder »STA« kennengelernt. Die wiegen zwischen sechzehn und achtzehn Kilogramm. Jetzt trug ich die Mehler Vario SK4, die zwölf bis vierzehn Kilo wiegt. Plus gefüllte Taschen, plus circa zweieinhalb Liter Wasser sind das gute zwanzig Kilo. Die Weste ist steif durch die

Keramikplatten vorne und hinten, und man muss sie mit Hilfe der Klettverschlüsse recht eng schließen, sonst schlackert sie. Die Atmung scheint etwas behindert, aber daran gewöhnt man sich. Doch jetzt, für den Anfang, fühlte sich das Ganze einfach wie eine Rüstung an.

Und was ich jetzt gerade trug, war nur ein Teil der Ausrüstung. Draußen käme dann noch dazu: auf dem Kopf der Helm, das Gewehr umgehängt, dann sind wir bei fünfundzwanzig Kilogramm. Und wenn wir von mehreren Tagen draußen ausgehen, brauche ich noch etwas zu essen, Wechselkleidung, ein zweites Paar Stiefel, einen Schlafsack. Das Wasser im Trinkrucksack reicht unter Umständen gerade mal für zwei, drei Stunden und eventuell bekomme ich noch ein Funkgerät. Okay. Das würde sportlich werden bei bis zu fünfundvierzig Grad Celsius …

Ich legte die Weste wieder ab, verpackte die übrig gebliebenen Taschen und Gerätschaften in einem Schrank und schaute mir das Büro an. Vier Meter auf zwei, zwei Schreibtische nebeneinander, drei PC's älterer Bauart. Ein Whiteboard mit Terminen auf der einen Seite, eine Pinnwand mit vielen wichtigen Telefonnummern auf der anderen. Unter dem Whiteboard ein Schlafsofa. Ein Fenster, durch die nachträglich angebrachte Schutzvorrichtung sehr schmal geworden, eine Klimaanlage. In Plastik verschweißte Wasserflaschen. Das Zeug stand im ganzen Camp palettenweise herum. Draußen, in allen Fluren der Gebäude, in jedem Büro. Damit man nie vergaß zu trinken. Schon jetzt, im Frühjahr, bei Temperaturen noch unter dreißig Grad, empfahl der Truppenarzt drei bis fünf Liter pro Tag. Im Sommer und vor allem für die, die rausfuhren, würde die Empfehlung auf acht Liter hochgehen.

Major Mischke kam aus der Besprechung und erzählte mir Dinge, die ich nicht verstand. Dann gingen wir essen.

Die DFAC in Kunduz war ein neues Gebäude, erst 2010 fertiggestellt. Vorher hatte das jetzige Gym beziehungsweise die MuBuKu* als DFAC gedient. In die Frontwand dieses Gebäudes war seinerzeit eine Rakete eingeschlagen, das Loch war heute noch da.

Die neue DFAC sah von außen aus, als hätte sie noch Albert Speer senior entworfen. Ein riesiger Betonklotz mit eigenartigen, rechteckigen, schräg gestellten Säulen vor der Galerie am Eingang.

Tatsächlich dienten diese Säulen dazu, die Wirkung einer Explosion so abzulenken, dass die Leute hinter den Säulen einigermaßen geschützt waren. Vor dem Eingang stand ein Posten, ein weiterer vor dem Ausgang. Mit Weste und Gewehr, Barett auf dem Kopf, der Helm baumelte an einem Karabinerhaken oder lag auf dem Boden.

»Das sind die Guardian Angels«, erklärte mir der Major, »den Dienst machen wir auch abwechselnd.« Zwei Angels standen vor der DFAC und zwei vor dem Gym, früher auch vor den Betreuungseinrichtungen. Die Idee war, dass überall, wo Soldaten entspannten oder sogar unbewaffnet waren, bewaffnete Posten diese vor sogenannten »Innentätern«, also Afghanen, schützen sollten. An der DFAC wurden auch die Dienstausweise von Zivilisten kontrolliert. Zivilisten gab es gar nicht so wenige im Camp. Es waren Mitarbeiter des Auswärtigen Amtes, Geheimdienstler, Leute von Rüstungsfirmen, die hier Wartungen durchführten, Handwerker, Typen von amerikanischen Sicherheitsfirmen. Wenn wir Journalisten zu Besuch hatten, kamen diese nur in unserer Begleitung in die DFAC.

Innen war der Raum hoch, hell und freundlich. Am Kopf gab es zwei Buffetstrecken mit identischem Angebot. Man

---

* MuBuKu = Mucki-Bude Kunduz

lud sich sein Tablett voll, zapfte sich ein Getränk und saß dann an langen Tischreihen.

Major Mischke stellte mich dem Kommandeur der MSU vor, einem Oberst im Generalstabsdienst, der mich mit einem sehr warmherzigen und breiten Lächeln und dem Satz »Ich kenne Sie aus dem Fernsehen, Feldwebel« begrüßte.

Beim Essen unternahm Major Mischke den Versuch, mir die wichtigsten Dinge zu erklären, was teilweise gelang. Den Rest würden Zeit und Erfahrung bringen. Danach bekam ich frei, um mich in der Stube einzurichten, und später wollten wir uns noch auf ein Getränk im Lummerland treffen.

Nach zwei Dosen Bier unter dem beeindruckenden Sternenhimmel über Kunduz schnallte ich meine Pistole ab, wünschte sehr, dass ich bald mit meiner Frau telefonieren könnte, und fiel in unruhigen Schlaf. Helikopter starteten und landeten, schwere Fahrzeuge rollten durchs Lager, auch Schützenpanzer vom Typ »Marder«.

Wenn das jede Nacht so ginge, würde ich mich entweder an Ohropax gewöhnen müssen oder in wenigen Wochen ein Wrack sein…

# Wehrauftrag

Ziemlich gerädert hob ich meine Knochen um kurz vor sechs Uhr früh aus der Koje, kletterte nach unten, schnappte mein Waschzeug, schloss die Tür hinter mir ab – immerhin lag ja eine Pistole mit Munition in der Stube – und versuchte, mich daran zu erinnern, wo die Waschräume waren.

Die Mehrzahl der dort Zähne putzenden und Haar stylenden Männer war durchtrainiert und tätowiert. Freundliches »Guten Morgen«, meist durch Zahnpflegeschaum geblubbert.

Es gab einen eigenen Frauenwaschraum und Frauentoiletten. Die Regelung war so: Wenn in dem Gebäude auch nur eine Frau wohnte, dann waren diese Räume für Buben tabu. War es ein reines Männerhaus – und »Hannover« war ein solches –, dann durften diese zweiten Räume auch von uns genutzt werden.

Wasch- und Duschraum sahen aus wie in jeder Sporthalle, und wie in den meisten Sporthallen waren auch hier in der Regel nur drei von zehn Duschen wirklich benutzbar. Beim Rest tröpfelte es nur oder wurde nie richtig warm oder das meiste Wasser sprühte auf dem Weg zum Duschkopf irgendwo aus dem Schlauch. Das Lauern, ob eine der »guten« Duschen gerade frei war, wurde zum Morgenritual. Wir waren angehalten, sparsam zu duschen, weil es einen erheblichen technischen Aufwand bedeutet, schon nur für dieses Feldlager ausreichend Wasser aufzubereiten, zu heizen und das Abwasser zu entsorgen. Trotzdem. Luxus pur in diesem Land.

Beim Anlegen der Uniform ging mir der Gedanke durch den Kopf, dass ich jetzt tatsächlich dreieinhalb Monate lang nichts anderes als das tragen würde. Kein Nachdenken vorm Kleiderschrank. Abends Schlafzeug, manchmal Sportzeug, ansonsten: Wüstentarn. Ende. Auch die Schuhwahl äußerst eingeschränkt: Zwei Paar Wüstenstiefel, bitte täglich abwechseln, damit ein Paar immer vierundzwanzig Stunden auslüften konnte. Ein Paar Sportschuhe für den Gang zum Gym und das andere unterm Arm fürs Training (man sollte auf keinen Fall den Staub in die Muckibude schleifen). Badelatschen. Und für längere Außeneinsätze hatte ich noch ein Paar Bergstiefel von den Gebirgsjägern mitgenommen.

Als Kopfbedeckung waren eigentlich Krempenhüte in Wüstentarn vorgesehen, aber die trug in Kunduz so gut wie niemand. (In Mazar wurden in der Regel gar keine Kopfbedeckungen getragen, wegen des Flugbetriebs. Halte ich im Sommer allerdings für keine gute Idee …) Die meisten entschieden sich fürs Barett (was in meinem Fall Bergmütze hieß) oder für sandfarbene, olivgrüne oder hellbraune Baseballcaps, die man im deutschen PX (einen anderen gab es nicht im PRT) kaufen konnte und die offiziell zu tragen erlaubt waren.

Einige der Caps hatten vorgefertigte Aufdrucke wie »Kunduz« oder das Wappen des PRT und hinten dann gerne schlaue Sätze wie »Been there, done that«. Manche waren Sammelbestellungen von bestimmten Teileinheiten, die dann bisweilen ein selbstentworfenes Logo oder einen Spruch trugen sowie den Spitznamen des Trägers. Und viele hatten einfach Klettflächen, auf denen man dann x-beliebige sogenannte Patches befestigen konnte, meistens mindestens einen vorne und einen hinten. Patches und Klett sind im Übrigen ein absolut beherrschendes Thema im Einsatz.

Klettflächen gibt es mittlerweile auch an Jacken und Hosen. An der Standarduniform war, neben der fürs Namensschild, nur eine am rechten Ärmel, auf dem man das NATO-ISAF-Abzeichen tragen sollte, was aber so gut wie niemand tat. Die Angehörigen der PATF trugen praktisch alle das Wappen dieses Verbandes, in der MSU gab es außerhalb des Stabes kein einheitliches Abzeichen. Dort war ein bestimmtes Grundmuster als Zeichen für die Angehörigen des Stabes üblich, auf dem dann in aller Regel drei Buchstaben als englische Abkürzung des Dienstpostens oder der Abteilung standen. Beim Kommandeur der MSU stand da zum Beispiel COM für Commander. Bei Major Mischke waren die Buchstaben PAO auf das Patch gestickt, was für Public Affairs Office stand. Ich fand im Übrigen meine Dienstpostenbezeichnung auf Englisch wesentlich eindrucksvoller als auf Deutsch. Da wurde nämlich aus dem Pressefeldwebel der Public Affairs Non-Commissioned Officer oder PAO NCO. NCO (englisch ausgesprochen) ist die gängige angelsächsische und damit NATO-weite Bezeichnung für Unteroffiziere. Mein Dienstgrad entsprach dem Staff Sergeant in der US-Armee. Das nur fürs Protokoll.

Auf der vom Standardfeldanzug abweichenden Ausstattung für die »Draußis«, die auch nur draußen getragen werden durfte – was für die selbstgekaufte Kleidung ohnehin galt –, fanden sich dann schon deutlich mehr und größere Klettflächen. Grundsätzlich ist das sinnvoll, denn Soldaten wechseln häufig Einheiten, und dann jedes Mal Wappen abzutrennen und neue aufzunähen ist wesentlich unpraktischer, als das Problem mit Klettflächen zu lösen. Bei den Namensschildern ist die Bundeswehr ja schon seit vielen Jahren auf diese Variante ausgewichen. Und durch die Schutzwesten werden Namensschilder und Dienstgradabzeichen verdeckt, so dass man sie eben woanders anbringen muss. Wobei es draußen üblich war, statt des richtigen Namens seinen Spitznamen zu tragen, zumindest, wo er bei vollständig angelegter Kampfmontur sichtbar war. Mein Spitzname war übrigens »Joker«, was sich von dem Kriegsberichter aus dem Film »Full Metal Jackett« herleitete. Ich hatte entsprechende Namensschilder, und auf dem Helm stand es auch. Innerhalb von Camps der ANA oder der Amerikaner trug man dann eher sein richtiges Namensschild.

Apropos: Ich hatte am Vorabend schon ein kleines Geschenk bekommen. Major Mischke hatte mir in seinem und Stabsfeldwebel Rolferts Namen zwei Stoffschilder überreicht, auf denen eine deutsche und eine afghanische Flagge aufgestickt war und mein Name in lateinischen Buchstaben und in Dari, dem afghanischen Neu-Persisch, damit die Einheimischen meinen Namen phonetisch klarbekämen. Mischke sagte, dass die Afghanen das schätzten und deswegen auch die meisten deutschen Soldaten solche Schilder trügen.

Zurück zu den Patches: Auch Funktionsbezeichnungen oder Spitznamen auf Patches lesen zu können, ist vernünftig, wenn alle durch Helme und dunkle Schutzbrillen im aufgewirbelten Staub gleich aussehen, aber man in einer Stresssituation jetzt schon gerne schnell sehen würde, wer hier der Funker ist. Dazu gab es für nachts sogenannte Infrarot- oder IR-Patches. Im Hellen sind die einfach schwarz, aber nachts leuchten sie sehr grell hellgrün in Nachtsichtgeräten, so dass man an ihnen blitzschnell eigene Kräfte erkennen kann. Taliban tragen eher selten Klett …

Auf den Mützen wurden die Patches dann inhaltlich und gelegentlich auch ganz wörtlich bunter. Es gab schlichte Bundesflaggen. Es gab Sprüche wie den, der den Titel dieses Buches lieferte. Gegen Ende ihres Einsatzes trugen manche Kameraden gerne ein Patch mit dem Spruch »'nen Scheiß muss ich«. Sehr verbreitet waren Blutgruppen-Patches. Nicht wenige schrieben sich die Blutgruppe auch mit Edding auf ihre Stiefelabsätze.

Es gab auch eine Tendenz zu gewissen Geschmacklosig-keiten, die in der Vergangenheit bei Journalisten für Befrem-den gesorgt hatten und deswegen auch nicht offiziell getra-gen werden durften. Zum Beispiel »Major League Door Kicker« oder »Major League Bomb Dropper«, im Design angelehnt an amerikanische Baseball-Liga-Abzeichen, oder eine Hand mit Pistole und dem Spruch darum: »Go on Punk, make my day«. Solche Patches sah man im Camp nie, aber draußen wurden sie durchaus getragen und mit halbge-schlossenen Augen der Vorgesetzten als Frontschweinhumor akzeptiert.

Strikt verboten waren allerdings Patches, die zum Bei-spiel zwei brennende Tanklaster zeigten und darüber den Satz »Du sollst nicht stehlen« oder auch eine Landkarte von Teilen Asiens, auf der Nordafghanistan hervorgehoben war. Darüber der Satz »Guck mal, Opa, ich war weiter im Osten als du«. Für den Erwerb von Patches gab es im Übrigen drei Quellen: den deutschen PX, den Yalla-Markt und Ajmal, den Schneider.

Als vorletzten Part des Anziehens holte ich meine Stiefel rein (wegen des Geruchs nach einem Tag Reinschwitzen hatte die niemand im Zimmer), allerdings nicht ohne sie vor-her umgedreht und geschüttelt zu haben. Manchmal legten sich Skorpione über Nacht in warme Stiefel. Was im Unter-schied zu Deutschland entfiel, war das Anlegen der Hosen-gummis. Hosengummis sind knapp zwei Zentimeter breite Textilgummis, die sich der deutsche Soldat über den Schaft der Stiefel stülpt, wenn er sie abends auszieht. Nach dem Hineinschlüpfen zieht er diese auf etwa halbe Höhe der Wade, schnürt seine Schuhe und krempelt dann die Hose nach innen und gleichzeitig über diese Gummis um. So endet die Hose quasi umgeklappt direkt über den Stiefelschäften und schließt durch das Gummi so ab.

Es gab vor Jahren mal Ärger, als Fotos von deutschen Soldaten im Afghanistan-Einsatz veröffentlicht wurden, auf denen sie keine Hosengummis trugen, sondern die Hosen einfach über die Stiefel fallen ließen wie jede andere Hose auch. Das Delikate an den Bildern: Sie zeigten Soldaten in einem Gefecht, unter Beschuss.

Wenn zu Hause bei langen Märschen die sogenannte Marscherleichterung gewährt wird, bedeutet dies, dass die Soldaten ihre Hosenställe öffnen, die Krägen lockern und die Hosengummis nach unten herausziehen und die Hose somit locker fallend tragen dürfen. All das aus Gründen der besseren Belüftung. Ich denke, dass die betroffenen Kameraden im Einsatz es bei Patrouillen unter extremen klimatischen Bedingungen und der hohen physischen und psychischen Belastung im Gefecht einfach sinnvoll fanden, sich etwas Luft zu verschaffen. Oder es war ihnen allen schlicht egal, wie sie rumliefen, Hauptsache, sie kamen lebend raus.

Aber deutsche Militärbürokraten fühlten sich offenbar provoziert. Das tun sie im Übrigen gerne und häufig.

Es gab ein ziemliches Hin und Her in der Folge, und ich vermute, dass die Einsatzsoldaten sich wegen einer Lappalie nicht so dermaßen an den Karren fahren lassen wollten, und so gab es plötzlich eine Weisung, dass die Hosen in Afghanistan grundsätzlich OHNE Hosengummis zu tragen seien. Als Grund wurde angegeben, dass so die Hose unterhalb des Stiefelschaftes abschloss und es Gliedertieren und verseuchten Insekten – Vektorenschutz! – schwerer machte, in die Stiefel zu kriechen.

Nach dem Stiefelschnüren nahm ich meine Pistole aus dem Spind, lud das Magazin wieder hinein, das ich zu Beginn des Einsatzes abends immer entnahm und getrennt von der Waffe aufbewahrte, schob sie gesichert ins Holster und setzte meine Bergmütze auf. Ich machte mich auf den Weg zu meinem ersten Frühstück in Kunduz.

Es war kurz vor halb sieben, die Sonne stand schon seit gut zwei Stunden am Himmel, und die Temperatur lag bei über zwanzig Grad. Ich ging über die staubige Straße, an der ersten Kreuzung nach rechts, die »Gottesburg«, die überkonfessionelle Kirche des Lagers, lag linker Hand, danach passierte ich die Feldpost, die Zahlstelle, den Verticker, eine T-Kreuzung, links wäre ich zum Lummerland gekommen, ich musste aber geradeaus. Nach der Kreuzung linker Hand eine – Achtung! – Pizzeria, von Kosovaren oder Mazedoniern betrieben, die mit dem Spruch »Best Pizza in Afghanistan« warb, danach der PX, auch hier vorwiegend Ex-Jugoslawen als Personal, dahinter das Gym und ein paar öffentliche Internetkammern, dann die DFAC. Schräg vor der DFAC noch der Abgabecontainer für Wäsche, der Abholcontainer befand sich am anderen Ende des Kantinenbaus.

Das Frühstück holte man sich wieder an einer der beiden Buffetstrecken. Wir hatten immer sehr viel mehr als genug zu essen, die Küchenbesatzung gab sich Mühe und war freundlich. Die Küche leitete ein Feldwebeldienstgrad und Küchenmeister, es arbeiteten auch ein paar Soldaten des deutschen und des niederländischen Kontingents hier, dazu Angestellte einer Firma. Wenn ich es richtig verstanden habe, dann war es dieselbe Firma, die auch die Wäsche wusch. Die Arbeiter kamen aus der halben Welt, sogar ein Nepalese war darunter, der seit drei Jahren seine Familie nicht mehr gesehen hatte. Er finanzierte damit das Studium seiner Töchter in Indien. Ältere Soldaten, die auch schon im

Kosovo stationiert gewesen waren, kannten den einen oder anderen der ex-jugoslawischen Arbeiter schon von dort.

Restlos alle Lebensmittel wurden aus Deutschland eingeflogen und alles »Frische« war also brutalstmöglich tiefgefroren, angereist. Wirklich reifes Obst habe ich in der ganzen Zeit nicht gegessen, und ob darin noch Vitamine waren, wage ich zu bezweifeln. Es wurden praktisch nie vegetarische Hauptgänge angeboten, außer hie und da irgendwas Süßes, und Fisch war auch Mangelware. Grüner Salat kam in der Regel, wenn er kam, in seiner ernährungsphysiologisch sinnlosesten und geschmacksärmsten Erscheinungsform, nämlich als Eisbergsalat. Alle paar Wochen mal Lollo rosso und bianco. Ich verlegte mich fanatisch und täglich auf Tomatensalat, weil alles andere nur eingelegtes Zeug war. Ich liebe Tomatensalat immer noch, also war der in Kunduz sicher nicht schlecht. In der ersten Woche hatte ich etwas Panik, weil es morgens immer ausschließlich Brötchen und nie Brot gab. Aber es war wohl nur ein einmaliger Engpass gewesen, danach gab es bis Einsatzende jeden Tag Vollkornbrot. Alles schmeckte irgendwie okay, und ebenso wie bei den Duschen würde ich auch hier niemals Klage führen, angesichts der Umstände, in denen die Bevölkerung des Landes lebt. Es ging uns sehr gut.

Major Mischke und ich hatten schon das erste Projekt zu besprechen, an dem ich mitarbeiten würde. Der Wehrbeauftragte des Bundestages, Hellmuth Königshaus, würde uns heute besuchen (er war also in Termez auf der Hinreise und musste mit mir zusammen geflogen sein – hatte ich nicht bemerkt …). Das Programm war dicht. Nach der Ankunft würde es eine kleine Gedenkfeier am Ehrenhain inklusive eines Gesprächs mit einem Soldaten geben, der 2010 in Isa Khel schwer verwundet worden war. Der Ehrenhain befand sich an der Stirnseite eines großen, extrem staubigen Platzes, auf dem alle Patrouillen auffuhren und eine letzte Befehlsausgabe durchführten, bevor sie das Camp verließen, und wo alle großen Zeremonien und das Antreten stattfanden.

Der Hain bestand aus einer halbrunden Ziegelmauer, auf der zu Beginn meines Einsatzes neunzehn, am Ende zwanzig Messingtafeln mit den Namen der Gefallenen des PRT Kunduz angebracht waren. Mittig davor ein Gedenkstein mit dem Eisernen Kreuz. Kies, etwas Bepflanzung und hinter der Mauer Fahnenmasten. Hier fanden alle Gedenkfeiern statt, hier musste praktisch jeder offizielle Besucher aus Deutschland Station machen, hier wurden Kränze niedergelegt. Es gab noch einen sogenannten kleinen Ehrenhain in der Nähe einer der Nebentheken, der »Hesco-Bar«. Der war von Fallschirmjägern angelegt, und sie betrachteten ihn als Gedenkstätte ihrer Truppengattung. Einen Teil des kleinen Hains bildete die Tür eines »Dingos«, der beim Karfreitagsgefecht in Isa Khel zerstört worden war.

Nach dem Ehrenhain sollte der Wehrbeauftragte über den laufenden Abzug und die logistischen wie militärischen Herausforderungen informiert werden. Mit »Herausforderungen« meint die Bundeswehr manchmal tatsächlich Herausforderungen, meistens aber Probleme. Sie nennt sie nur nicht Probleme, weil ein Soldat lieber Herausforderungen hat. Ich nahm mir schon an diesem ersten Tag vor, achtsam mit der Sprache zu sein, aber ich scheiterte ziemlich häufig bei diesem Vorhaben. Ich war eben Teil einer PR-Abteilung, und es war immer wieder schwer, ihren Konventionen klare Worte entgegenzusetzen.

Nach der Unterrichtung würde Königshaus sich die Zusammenarbeit zwischen unseren Leuten und dem armenischen Sicherungszug am Airfield angucken und den Rest des

Tages, bis spätabends, dem Kerngeschäft des Wehrbeauftragten nachgehen und sich von Vertrauensleuten, Spießen und Kompaniechefs in jeweils eigenen Gesprächsrunden berichten lassen, wie es uns allen hier so ginge.

Es waren Ehrenposten aufgezogen, die Pfarrer standen bereit. Offiziere des Stabes und andere nahmen nach mir unbekanntem Protokoll ihre Plätze ein. Nach kurzer Wartezeit rumpelte der Konvoi vom Main Gate her auf die Straße hinter dem Ehrenhain, aus dem ersten Fahrzeug sprang Stabsfeldwebel Rolfert mit seiner Kamera. Es blieb nur Zeit für ein kurzes Händeschütteln, dann begann die Zeremonie. Ich war berührt von dem stillen Moment des Gedenkens vor dem frisch niedergelegten Kranz. Das waren unsere Toten. Kameraden. Junge Männer, die vermutlich mit derselben Gewissheit wie ich, nämlich heil nach Hause zu kommen, ihren Einsatz begonnen hatten. Nur hatte es bei ihnen nicht geklappt. Sie waren in die Luft gesprengt oder erschossen worden, verblutet oder einem schweren Schock und multiplen Verletzungen erlegen. Und ihre Angehörigen hatten seitdem ein Loch in ihrem Leben. Der Name dieses Lochs stand auf einer Messingtafel in Kunduz. Und der Wehrbeauftragte des deutschen Bundestages verneigte sich davor.

Nach dem Gespräch mit dem jungen Versehrten aus Isa Khel, der trotz seiner Beschädigung jetzt wieder im Einsatz war, zog der ganze Tross in einer Staubwolke weiter, und wir verzogen uns wieder ins Büro.

Ich vereinbarte mit Major Mischke, dass ich im Laufe dieses und des nächsten Tages noch ein paar Infos von den übrigen Veranstaltungen mit dem Wehrbeauftragten einsammeln würde, um dann gleich morgen den kleinen Text zu schreiben.

Der Rest des Tages verging im Flug, während Rolfert mich geduldig in die täglichen Abläufe und seine und meine Aufgaben einführte. Mein von Anfang an guter Eindruck verfestigte und verstärkte sich, und damit fiel mir schon mal ein großer Stein vom Herzen. Wenig wäre schlimmer, als eine Stube in Afghanistan mit einem Stinkstiefel zu teilen, der dann auch noch den Rest der Zeit im selben Büro und irgendwann dann auch im selben Panzerfahrzeug sitzen würde.

Nach dem Abendessen trafen wir uns alle drei noch mal im »Lummerland«. Vor der Betreuungseinrichtung standen mehrere Holzpavillons, in denen man gemütlich saß. Der Major entschied sich aber für ein Plätzchen auf einer niedrigen Mauer, wo wir unterm offenen Sternenhimmel eine Flasche Wein teilten.

Und als kleine Überraschung (»Damit wollte ich auf jeden Fall warten, bis Rolfert auch da ist«) bekam ich zu meinen deutsch-afghanischen Namensschildern nun auch feierlich mein eigenes PAO-Patch für den Ärmel überreicht.

Ich fühlte mich nach diesem Tag gut angekommen. Morgen würde ich allerdings mein wichtigstes aktuelles Problem angehen: endlich die Kommunikation mit zu Hause sicherzustellen. Ich hatte jetzt seit vier Tagen nicht mehr mit meiner Frau gesprochen, und das waren weder sie noch ich gewohnt.

Was man so für Sorgen haben kann, wenn man noch nicht wirklich realisiert hat, dass man in einem Kriegsgebiet sitzt …

# Raus, raus

**M**ein erster kleiner Artikel war geschrieben, Stabsfeldwebel Rolfert hatte dazu die Fotos ausgesucht, und wir bastelten sie in das Dokument. Dann wurde das Ganze in die Genehmigungsschleife geschickt, die ich im Folgenden exemplarisch darstelle.

Sie begann mit der sogenannten fachlichen Prüfung durch unseren Pressestabsoffizier (dauerte bloß zehn Minuten). Dann folgte die Vorlage beim Kommandeur MSU (kam am selben Tag zurück). Daraufhin musste das kleine Textchen mit einem Vordruck, auf dem der Textautor (ich), der Bildautor (Rolfert und ich) und der Anlass eingetragen werden mussten und in dem schon das Feld für das hoffentlich irgendwann erteilte Freigabehäkchen des COM RC North, also des befehlshabenden deutschen Generals in Nordafghanistan, vorgefertigt war, ebendiesem General vorgelegt werden.

Also ging alles per E-Mail auf die Reise nach Mazar-e Sharif, in die dortige Pressestelle. Wo sie dann früher oder später (in der Regel eher später) vom Pressefeldwebel an einen der Presseoffiziere oder Stabsoffiziere weitergeleitet wurde (weil ein Presse-Major als Fachprüfer wohl nicht ausreichte). Hatte dann das qualifizierte Pressefachpersonal in Mazar den Text für gut genug befunden (was ausnahmslos der Fall war, muss ich sagen), ging er zum General persönlich, der natürlich sehr viel mehr und sehr viel Wichtigeres zu tun hat, als mehr oder weniger irrelevante Artikel zu prüfen, und entsprechend weit unten auf der Erledigungsliste setzte es der Adjutant offenbar.

Nach manchmal drei oder vier, aber auch mal nach zehn Tagen kam der Text dann entweder genehmigt oder mit nicht diskutierbaren Änderungsbefehlen zurück. Je nachdem, wie sehr wir in Kunduz an Sätzen oder Aussagen hingen, startete unser Stabsoffizier dann entweder doch eine Diskussion, oder wir nahmen mit Reaktionen der Bandbreite Achselzucken bis hin zu Türschlagen und Rumbrüllen samt anschließender Zurücknahme des Autorennamens und Ersetzen durch die Bezeichnung der Dienststelle das Unabänderliche hin. Letztere Variante wurde ausschließlich von mir praktiziert, wie ich zugeben muss. Cholerisches Grundtemperament, Künstlerherz und mangelnde militärische Prägung machten es meinen Pressekameraden zur Aufgabe, mit diesen Anfällen gelassen umzugehen.

War dieser Zwischenstand erreicht, schickten wir die Erzeugnisse nach Potsdam, ins PIZ des Einsatzführungskommandos. Dort erfolgte erneut die pressefachliche Prüfung und – sollte man der Meinung sein, der Artikel könne irgendwelche sicherheitsrelevanten Informationen oder Falschdarstellungen enthalten, die nicht auf den ersten Blick erkennbar waren – anschließend die Prüfung durch die »Einsatzgruppe Afghanistan«.

Gab es Beanstandungen, wurde der Text zur Korrektur zurückgeschickt, durfte dann aber nach Bearbeitung immerhin direkt nach Potsdam. Hier fehlte dann nur noch die endgültige Prüfung durch den Befehlshaber der Einsatzführungskommandos.

Hatte der abgenickt, dann ging der Text online oder an eine der Printredaktionen der Bundeswehr.

Uff.

Aktualität ist so natürlich nicht wirklich zu erreichen, aber die mag auch nicht bevorzugt angestrebt sein. Ich will nicht den Eindruck von Zensur bei der Bundeswehr erwecken, das wäre unfair und unrichtig. Aber es gibt in den Stäben und Kommandos der Bundeswehr eine übergroße Angst, ein schiefes Bild abzugeben, eigene Fehlleistungen in einer Form selbst darzustellen, dass man Angriffsfläche für Politik und Medien bietet. Und da Prüfschleifen nachvollziehbar sind, also jederzeit auf den einzelnen Soldaten gezeigt werden kann, der etwas durchgewinkt hat, besteht ein deutliches Risiko, für diese Entscheidung auch geradestehen zu müssen, wenn es irgendwo zu Verstimmungen kommt. Große Organisationen, Behörden, Riesenkonzerne sind nicht dafür bekannt, Mitarbeiter karrieremäßig für Mut zu belohnen, das wissen wir alle. Und Zivilcourage ist nicht umsonst seltener, als man es gerne hätte.

Aber die Armee der Bundesrepublik Deutschland ist meiner Sicht nach hier in einer für den einzelnen Soldaten nicht einfachen, aber letzten Endes klaren Ausnahmesituation: Denn Tapferkeit ist eine der definierten Grundtugenden des Soldaten. Er ist qua Diensteid dazu verpflichtet. Was Tapferkeit im Gefecht bedeutet, dürfte jedem klar sein, aber mir ist auf dem Feldwebellehrgang eine Definition für »Tapferkeit im Frieden« begegnet, die ich beispielhaft und berührend finde: Tapfer zu sein bedeute im Frieden, »ohne Rücksicht auf die eigene Bequemlichkeit, Karriere und Beliebtheit seine Pflicht zu tun«. Wobei »Pflicht« hier unzweifelhaft vom Soldaten in Einklang mit sonstigen Gesetzen, Werten und Tugenden im Einzelfall selbst zu definieren ist. Für mich bedeutet das eine klare Aufforderung zu Unbequemlichkeit und Eigenverantwortung. Um das in einem Apparat wie der Bundeswehr durchzuhalten, bedarf es sicher einer gewissen Tapferkeit. Zu der der Soldat andererseits nun durch seinen Eid verpflichtet ist …

Ich rede bei der beschriebenen Genehmigungsprozedur auch ausschließlich von bundeswehreigenen Erzeugnissen, und dabei darf nie außer Acht gelassen werden, dass diese zum Zwecke der Information, aber eben auch der PR hergestellt werden. Zwickmühle.

Beiträge von Journalisten, die in Zusammenarbeit mit Pressestellen der Bundeswehr entstehen, können durch die Streitkräfte in keiner Weise beeinflusst oder verändert werden. Da ist das Grundgesetz, Artikel 5, und die Berufsehre jedes Journalisten vor. Das bedeutet natürlich einen nicht unerheblichen Druck für die Pressesoldaten. Denn um einen positiven Grundtenor bei Journalisten zu erzeugen, bleibt nur noch ihre persönliche Sympathie und verlässliche Offenheit. Der presseerfahrene Offizier oder Feldwebel weiß, dass er einen tödlichen Fehler begeht, wenn er versucht, für den Journalisten Potemkinsche Dörfer zu bauen oder etwas vor ihm zu verbergen. Manch ein Stab glaubt allerdings, vor allem Letzteres ginge, und kommuniziert diese Erwartung dann mehr oder weniger offen auch an die Pressestelle. Hier sind dann juristische Aufklärung und vor allem massive Überzeugungsarbeit gefragt. Nämlich, dass es nur mit Vertrauen geht und mit dem Mut, Fehler zuzugeben und darüber zu reden. Das widerspricht jedoch Erfahrungen von Berufssoldaten mit den Strukturen der Armee. Und weil Pressesoldaten selbst in diesen Strukturen stecken und ihre Karriere von denselben Faktoren abhängt wie die aller anderen Soldaten, befinden sie sich in einer bisweilen sehr unangenehmen Position zwischen allen Stühlen.

Diese Position wurde im Alltag in Kunduz für mich vor allem spürbar, wenn es darum ging, Absprachen für Journalistenbesuche zu treffen. Ein solcher Besuch kam nur auf zwei Wegen zustande. Der Journalist oder das Presseteam flog zivil – oder »commercial«, wie wir Internationalen sagen – nach Kabul. In manchen Fällen hatten die Journalisten dann noch Recherchen, Themen oder Interviews in der afghanischen Hauptstadt, die nicht unmittelbar mit der Bundeswehr zu tun hatten. Früher oder später wollten sie dann aber mit uns zusammentreffen (sonst hätten wir ja gar nicht gewusst, dass sie da sind).

Dazu mussten sie in den militärischen Teil des Kabuler Airports eingeschleust werden. Das übernahm in der Regel eine Verbindungsstelle der Bundeswehr, die über alle Formalien Bescheid wusste und die Journalisten unterstützte, diese gegenüber US-Streitkräften, die im militärischen Teil das Sagen haben, einzuhalten.

War das gelungen, bestiegen die Journalisten eine Maschine von ISAF und flogen nach Mazar-e Sharif oder Kunduz, wo sie von Pressesoldaten empfangen und versorgt wurden. Mit Unterkunft, Verpflegung, Sanitätsausstattung, Schutzwesten, Helmen und natürlich Informationen und Gesprächspartnern. Zur Vorbereitung bekamen wir eine Themenliste, die der Journalist dem Einsatzführungskommando mitgeteilt hatte. Alte Hasen hielten diese Liste so allgemein wie möglich, damit wir ihnen vielfältige Angebote unterbreiteten. Und es war klar, dass die Reporter natürlich immer auf akute Ereignisse während ihres Aufenthaltes reagieren würden.

Der zweite Weg, uns zu besuchen, war, sich von vornherein thematisch auf die Bundeswehr zu beschränken und die Reise komplett beim Einsatzführungskommando zu beantragen. Dort wurden Themen und Zeitfenster mit den Journalisten abgesprochen, und dann organisierte das Einsatzführungskommando den gesamten Transport von Deutschland nach Afghanistan und wieder zurück, was den Journalisten die Formalitäten des Einschleusens in Kabul ersparte.

Um Missverständnissen vorzubeugen: Diese aus Steuermitteln finanzierten Reisen der Journalisten sind keine Gefälligkeit, sondern ergeben sich aus der Informationspflicht der Bundeswehr als Behörde gegenüber der deutschen Öffentlichkeit, repräsentiert durch die Journalisten.

Eines der Hauptthemen während meines Einsatzes war natürlich der bevorstehende Abzug aus Kunduz. Die Bundeswehr mochte dieses Thema ganz gerne, denn rein logistisch lief der Abzug bestens. Und das war auch keine kleine Leistung. Ich erspare uns Zahlen, aber man darf sich das schon so vorstellen, dass eine erstaunlich kleine Zahl von Soldaten eine schwer vorstellbar große Menge von Material zählte, begutachtete, klassifizierte und dann entschied, was davon im Land bleiben und verkauft werden darf, was vernichtet werden muss und was noch ausreichenden Gebrauchswert besaß, so dass die teure Rückführung sich lohnte. Vom Kugelschreiber bis zum Schützenpanzer war alles dabei. Buchstäblich alles.

Das Militär liebt Listen. Klar. Ein Schützenpanzer ist eine Nummer auf dieser Liste, genauso wie ein Bleistift. Allerdings ist der Schützenpanzer nicht einfach eine Einzelposition, sondern ein »Satz«, weil er aus vielen Komponenten besteht, womit nicht die Einzelteile gemeint sind, aber beispielsweise die Funkausstattung und sonstige Elektronik, Schutzausrüstung, Werkzeuge, spezielle Halterungen oder die Bewaffnung. So ein Satz kann also aus fünf, zehn oder auch vierzig Einzelteilen und weiteren Sätzen bestehen, die alle Nummern haben.

Und bevor irgendetwas in die Rückführung ging, musste zuerst festgestellt werden, ob es vollzählig und intakt war.

In Kunduz waren alles in allem höchstens ein Dutzend Soldaten vom Oberstleutnant bis zum Hauptgefreiten mit alldem befasst. Natürlich bekamen sie von den Teileinheiten Gerät und Ausrüstung schon vorgecheckt übergeben, weil jeder Teileinheitsführer selbst die sogenannte »Materialverantwortung« hat. Bei der Übergabe muss das fein säuberlich auseinanderklamüsert werden, und dann wandert die Verantwortung zum nächsten Soldaten.

Man muss sich jetzt noch Folgendes klarmachen: Der normale Bestand an Ausrüstung, Fahrzeugen, Bewaffnung und so weiter wird als hundert Prozent definiert. Durch die Eskalation der Sicherheitslage ab 2009 wurde schnell deutlich, dass hundert Prozent angesichts der extremen Belastungen für Mensch und Material nicht ausreichen, weil dann zu schnell ein Zustand eintritt, in dem Einheiten nur deswegen nicht mehr rausfahren können, weil sie einfach zu wenig intakte Fahrzeuge haben. Also wurde der Bestand erhöht. Es gibt einen schönen Satz in der Bundeswehr, der einen Teil soldatischen Denkens und Planens wunderbar beschreibt: »Haben ist besser als brauchen.«

Also fuhr der Bestand auf bis zu vierhundert Prozent von Normal hoch.

Und das musste jetzt erst mal wieder auf hundert Prozent runtergebracht werden. Mit den hundert Prozent Ausstattung konnte man dann ausreichend versorgt, geschützt und gesichert dem Abzug entgegensehen und schlussendlich auch abrollen.

Wollte ein Journalist nun also »was zum Thema Abzug machen«, war die J4-Abteilung unser Partner. Für alle Verbände ab Bataillonsebene ist der Stab in sogenannte »Führungsgrundgebiete« eingeteilt, die numeriert sind und entweder ein S (wenn von einem Stabsoffizier ohne Generalstabsausbildung geführt), ein G (mit Generalstabsausbildung) oder J (in internationalen Stäben für *Joint* – nicht der zum Rauchen, sondern in der Bedeutung von gemeinsam, verbunden) vor der Zahl haben. Das Gebiet S1 (oder G oder J) beinhaltet unter anderem die Innere Führung, Personalwesen, Informationsarbeit (Pressestelle), S2 ist für militärische Sicherheit, Beurteilung der Feindlage und Nachrichtenwesen zuständig, S3 für die Planung, Befehlsgebung und Führung laufender Operationen und S4 für Logistik. Es gibt noch ein paar Abteilungen mehr, aber die genannten reichen fürs Verständnis, und mit denen hatte ich im Einsatz auch am meisten zu tun.

Journalist XY wollte also zwei Tage kommen und, wie gesagt, über den Abzug schreiben, also ging ich in die S4-Abteilung der MSU und die J4-Abteilung der PATF und fragte den sehr freundlichen S4-Hauptmann und den genauso freundlichen J4-Oberstleutnant, ob sie an einem der Tage eine Stunde Zeit für ein Interview hätten. Sie sagten ausnahmslos immer ja, und wir vereinbarten dann eine Zeit. Danach klärte ich im Stab der PATF, ob der junge Hauptfeldwebel Jekel, der Führer der MatGruppe, denn auch mit uns sprechen dürfe, wenn er es wolle, und das wurde ebenso ausnahmslos genehmigt.

Genehmigt, genau.

Es ist nämlich so: Ich kann weder als Pressefeldwebel noch als Presseoffizier oder Pressestabsoffizier oder sogar als Pressegeneral, Presseinspekteur oder meinetwegen sogar als Presseverteidigungsminister (die letzten drei gibt es nicht!) irgendeinem Soldaten befehlen, ein Interview zu geben. Auch ein direkter Vorgesetzter oder Disziplinarvorgesetzter kann das nicht befehlen. Der Soldat tut es aus freien Stücken oder eben nicht. Das ist eine juristische Sache, bezieht sich auf Persönlichkeitsrechte und das Recht am eigenen Bild.

Dazu erschwert ein ungeschriebenes Gesetz die Arbeit: Ich darf als Pressefeldwebel auf keinen Fall in irgendeine Einheit stolpern und Leute fragen, ob sie Interviews geben möchten.

Das lernte ich auf die harte Tour, indem ich es zu Anfang

nämlich einfach so machte. Als zumindest journalistisch interessierter und nicht ganz unbeleckter Autor hatte ich mir gedacht, klar, man weiß das Thema, man identifiziert, welcher Soldat dazu etwas sagen kann, und dann fragt man den, ob er Lust und Zeit hat. Dass er Letzteres in seiner Einheit und damit auch mit seinen Vorgesetzten abklären muss, ist ja logisch.

Dass dadurch der Vorgesetzte erfährt, dass ich den Soldaten gefragt habe, liegt auch in der Natur der Sache. Darf er ja auch gerne wissen, dachte ich. Ist ja kein Geheimnis.

Nur, dass kurz darauf das Telefon in unserem schön wüstenverstaubten Pressefeldwebelbüro nicht klingelte, sondern laut scheppernd stramm stand.

Hätte ich mir vor dem Telefonat den Kopf nass gemacht, wäre er danach trocken gewesen, so föhnte mich ein Stabsoffizier vom anderen Ende der Leitung aus weg, wie dieser Vorgang in Bundeswehr-Allgemeinsprech genannt wird.

Was mir einfiele, den Soldaten XY einfach anzuquatschen, ohne mit ihm als Vorgesetztem zuerst zu sprechen. Meiner bescheidenen Meinung nach (und ich habe im Fach Recht auf dem Feldwebellehrgang echt gut aufgepasst) gab es zwar keinen Befehl und keinen disziplinarischen Grund, mir von irgendwem eine Genehmigung zur Kontaktaufnahme erteilen zu lassen, da es sowieso alleine Entscheidung des Soldaten war, ob er mit Journalisten reden möchte. Aber Widerstand war zwecklos. Es wurde einfach erwartet, dass ich markierte Reviere nur mit Voranmeldung betrat.

Dahinter stand natürlich nicht nur die Revier-Anpinkel-Sache, sondern auch und vor allem die heimliche Befürchtung, es käme durch unkontrollierte Interviews zu Kommunikationsdesastern, die die Bundeswehr – präziser: die Karriere verantwortlicher Stabsoffiziere – gefährden. Dass diese Interviews durch Pressefachpersonal der eigenen Truppe vorbereitet und begleitet wurden, spielte in den Überlegungen irgendwie fast nie eine Rolle. Dieses Misstrauen mussten wir einfach schlucken. Merke: Militärische Begründung mit vier Buchstaben? Isso!

Mein erster eigener Auftrag als Pressefeldwebel wurde der Besuch von Martina und Jörn, den netten zivilen Mitarbeitern der Zentralredaktion der Bundeswehr. Sie wollten in Kunduz den Beitrag über einen jungen Fallschirmjäger, den sie in Deutschland begonnen hatten, abschließen. Und bei der Gelegenheit gleich noch mich mit abfrühstücken. Major Mischke fand das eine gute Gelegenheit für mich, mit Stabsfeldwebel Rolferts Unterstützung so einen Besuch mal von A bis Z selbst zu organisieren.

Rolfert nahm mich zuallererst mit zu den Zelten. »Ich zeig dir, wie wir die immer vorbereiten.«

Die Zelte waren ein Relikt aus den absoluten Anfangszeiten des PRT Kunduz. Bevor feste Bauten errichtet wurden, waren alle und alles in solchen Zelten untergebracht. Von hohen Hesco-Wällen umgeben, reihten sich etwa vierzehn bis sechzehn Mannschaftszelte links und rechts eines Bohlenweges über Kies. Die Zelte hatten Font- und Rückwände aus Holz und richtige Türen. Zwei der Zelte gehörten der Pressestelle für die Unterbringung von Journalisten. Mir war dabei nie so recht wohl, aber personell platzte das Lager Kunduz so dermaßen aus allen Nähten, dass die Spieße nie zuverlässig Stuben in den Unterkunftsgebäuden übrig hatten.

Bei Alarm wären es zwar nur fünfzehn, zwanzig Meter bis zum nächsten geschützten Raum, aber mitten in der Nacht, aus dem Schlaf geschreckt? Es ging nicht anders, und erfahrene Journalisten dachten nicht mal darüber nach, ob es gefährlich war, aber trotzdem. Optimal ginge anders.

Wie auch immer, während meines gesamten Einsatzes gab es nicht einen einzigen Bunkeralarm, also Schwein gehabt.

Unsere Pressezelte waren immerhin recht komfortabel eingerichtet. Holzböden, richtige Betten, Schränke mit Schlössern, Klimaanlage (wäre sonst auch nicht auszuhalten) und ein kleiner Kühlschrank mit Wasser und Softdrinks.

In den Spinden hielten wir Schutzwesten und Helme für die Journalisten vor, und Rolfert legte immer für jeden eine persönliche Sanitätsausstattung, Sonnencreme, Insektenschutzmittel, Handcreme und Desinfektionslösung bereit. Hotel Kunduz, willkommen im Dreck. Der Staub fegte natürlich durch alle Ritzen, auch wenn die Zelte regelmäßig geputzt wurden. Wir legten frisch aus der Reinigung geholtes Bettzeug und Bettwäsche, noch in Tüten eingeschweißt, auf die Betten, und wenn die Gäste weg wären, würden wir die Bettwäsche einsammeln, zur Reinigung bringen und mit dem Zettel wieder frische dafür eintauschen.

Zum Thema gemischtgeschlechtliche Belegung lernte ich von Rolfert, dass wir in dem Fall fragten, ob die Frauen lieber ein eigenes Zelt haben oder mit den männlichen Kollegen zusammenwohnen möchten. Einen eigenen Sanitärcontainer hatten sie auf jeden Fall.

Die Unterkunft war also klar, jetzt ging es um den jungen Fallschirmjäger. Er gehörte zu der Transportgruppe des Kommandeurs der PATF. Die, geführt von einem Hauptfeldwebel, stellte die Beweglichkeit des Kommandeurs sicher und war gleichzeitig sozusagen sein CPT*.

Ich nahm dann Kontakt zur Stabs/VersKompanie der PATF auf, der die Transportgruppe angehörte. Der Kompaniechef genehmigte alles Weitere, und ich besprach mit dem

---

* CPT = Close Protection Team. Leibwache, normalerweise durch die Militärpolizei, also die Feldjägertruppe, gestellt.

jungen Soldaten und seinem direkten Vorgesetzten, was denn während des Aufenthaltes von Martina und Jörn für sie an Aufträgen geplant war.

Der Kommandeur würde in der fraglichen Zeit keine Außentermine haben, aber damit die Truppe nicht unbeschäftigt herumsaß, wurde sie auch eingesetzt, um beispielsweise Berater der afghanischen Sicherheitskräfte zu ihren Einsatzorten zu bringen. Das war nämlich eine der Hauptaufgaben der PATF, der Partnering and Advisory Task Force. Das Beraten, das »advisory« fand auf allen möglichen Ebenen statt. Deutsche CIMIC-Offiziere schufen ein Bewusstsein für die zivil-militärische Zusammenarbeit in der afghanischen Armee, um – Standardsatz – »die Herzen und Köpfe der Menschen zu gewinnen«. Altgediente deutsche Feldwebel berieten afghanische Bataillon Command Sergeant Majors, wie sie ihre wichtige Aufgabe als »Spieße« eines kompletten Bataillons am besten wahrnahmen. Der Kommandeur der PATF beriet den Kommandeur einer afghanischen Brigade. Doch nicht nur deutsche Soldaten arbeiteten auf diesem Sektor. Auch Belgier und Niederländer machten sich regelmäßig auf den Weg zu ihren »Mentees«, den Soldaten, die sie fachlich und militärisch berieten.

»Meine« Transportgruppe sollte in den nächsten Tagen einen belgischen Advisor ins Camp Pamir bringen. Camp Pamir war eine knappe Viertelstunde Fahrzeit vom PRT Kunduz entfernt, also keine große Sache. Der belgische Offizier beriet dort den Kommandeur des Logistikbataillons der 2. ANA-Brigade. Ein Bataillon heißt auf Dari übrigens Kandak.

Das wäre also eine optimale Gelegenheit, sowohl den jungen Kameraden als auch mich im »Außeneinsatz« abzulichten. Dass wir uns kaum außer Sichtweite des Lagers bewegen würden – geschenkt. Die Jungs der Transportgruppe fuhren oft genug auch für mehrere Tage in der Gegend herum, und ich ging davon aus, dass ich im Laufe meines Einsatzes auch noch mehr als dieses erhöhte Plateau, auf dem die gesamte militärische Macht der engeren Umgebung saß, kennenlernen würde.

Und am wichtigsten war mir jetzt vor allem eines: Ich würde endlich und zum ersten Mal die Mauern des Feldlagers hinter mir lassen. Endlich raus!

# Ganz ruhig, es läuft

Wenige Tage danach schwebten Martina und Jörn per Helikopter in Kunduz ein. Sie waren vorher im OP North gewesen, betreut von meinem Freund Jonasson aus Bad Reichenhallt, und direkt von dort mit Grüßen im Gepäck hierhergeflogen. Als ich nun die beiden Journalisten mit ihren Taschen und Rucksäcken aus dem Bundeswehrhubschrauber steigen und winken sah, stieg eine deutliche Rührung über bekannte Gesichter in mir auf. Auch sie freuten sich sichtlich, hier genauso vertraut und herzlich betreut zu werden wie von Jonasson in den letzten Tagen.

Beide waren nicht zum ersten Mal in Kunduz, Martina war praktisch Dauergast hier. Sie kannte sich im Lager zehnmal besser aus als ich und bemerkte an allen Ecken Veränderungen. So war das »In-Procedure« schnell abgeschlossen, Rolfert und ich nahmen die beiden mit in den Stab, um sie Major Mischke vorzustellen. Dort gingen wir gemeinsam das Programm für ihren Aufenthalt durch. Neben dem Besuch im Camp Pamir und der Betreuung der beiden käme auf mich noch eine weitere Aufgabe zu: Der amerikanische Drei-Sterne-General James L. Terry befand sich auf Abschiedstour durch Afghanistan. Er war ein Jahr lang Befehlshaber des ISAF Joint Command in Kabul gewesen und gleichzeitig stellvertretender Kommandeur aller US-Truppen in Afghanistan. In erster Funktion war er für alle ISAF-Operationen verantwortlich. Terry wollte Kunduz gemeinsam mit dem deutschen Regional Commander North, Generalmajor Jörg Vollmer, besuchen und vor einer Abordnung

von Soldaten sprechen, die im März, kurz vor meiner Ankunft, an einer Unterstützungsoperation in Badakhshan teilgenommen hatten, von der noch zu reden sein wird. Ich hatte
den Auftrag, das zu dokumentieren. Ein paar Fotos machen,
O-Töne einholen, kleine Meldung schreiben und die dann
wieder in die Genehmigungsschleife geben.

Martina und Jörn waren angetan. »Das ist doch super,
dann haben wir dich mal draußen, mal im Camp. Perfekt.«
Und am heutigen Nachmittag würde ich noch zur Schießbahn wackeln und endlich meine Waffen anschießen, sonst
bekäme ich keine Battlebook-Nummer und dürfte noch nicht
mal ins Camp Pamir rüber.

Zum Schießen musste man das Lager verlassen. Nicht
weit, nur aus dem einen Zauntor raus, über die staubige Straße und durchs andere Zauntor rein in die Schießanlage. Ich
trug zum ersten Mal nun das gesamte Gerödel. Schutzweste,
Helm, Schutzbrille, Gewehr, Pistole. Die Temperatur lag bei
knapp dreißig Grad, für afghanische Frühjahrsverhältnisse
normal, und zu Fuß dauerte es knapp zwanzig Minuten vom
Stabsgebäude bis zur Schießbahn. Ich kam schon auf der
kurzen Strecke gehörig in Schweiß, das konnte lustig werden, wenn im Sommer bis zu fünfundvierzig Grad herrschen
und ich eventuell deutlich längere Strecken würde gehen
oder vielleicht rennen müssen …

Im Camp stand an Schießtagen ein deutscher Posten am
Zaun. Der öffnete das Gatter, wir ließen einen Pick-up der
afghanischen Armee mit einer Ladefläche voll gleichzeitig
verwegener und doch auch rührend unmartialischer Soldaten passieren und überquerten in der von ihm hinterlassenen
Staubwolke die Straße. Mir ging durch den Kopf, dass ich
auf diesen knapp zehn Metern zum ersten Mal verantwortlich für die Sicherheit zweier Zivilisten war, und nahm mir
fest vor, das bei richtigen Fahrten und Unternehmungen

draußen immer vor Augen zu haben. Auf der anderen Seite öffneten zwei afghanische Guards das Tor im Zaun um die Schießbahn, ich sagte »Salaam«, sie antworteten kopfnickend und mit sehr kleinem Lächeln ebenso »Salaam« und zeigten einladend auf die nicht zu übersehende Anlage.

Die Schießbahn in Kunduz war nach allen Regeln und Vorschriften der Bundeswehr im Inland errichtet. Maximale Sicherheit, riesige hölzerne Kugelfänge, damit kein Außenstehender gefährdet wird. Und sie stand auf einem blutgetränkten Boden. Nirgends sonst hatte die Bundeswehr schwerere Kämpfe zu bestehen, nirgends im Norden waren die Taliban stärker gewesen als in Kunduz. War das schon eine positive Entwicklung?

Nach dem Anschießen und Einstellen bot mir der Leitende an, die Übungen des neuen Schießkonzeptes noch mal zu machen. Ich stellte mich also mit gebeugten Knien in die neue Schießhaltung, die von Soldaten gerne »Stellung kackender Fuchs« genannt wird, und arbeitete nach Maßgabe und auf Kommando eines jungen Oberfeldwebels die ersten Übungen ab. Nachdem klar war, dass ich sicher mit den Waffen umging und auch grundsätzlich das traf, was ich treffen sollte, verlegte er sich darauf, mir Druck zu machen. Er ließ mich also immer wieder mit dem Kommando »Schießt noch« (damit war der Feind, sprich die Scheibe gemeint) neu ansetzen zum Nachschuss, oder er gab einfach Kommandos wie »Zwo Schuss in die Bravo-Zone[*]. Hep!« (»Hep« war dann das Signal zur Ausführung), auch gerne »Störung!«, was bedeutete, mein G36 mache gerade Zicken. Im Lehrgang hatte ich gelernt, auf diese Diagnose hin einfach noch mal durchzuladen, wenn danach immer noch die Ansage »Störung« kam, sollte man das Gewehr hängen lassen

[*] Mit Bravo-Zone ist hier der Oberkörper gemeint.

und die Pistole ziehen. Dann setzte man die Übung fort, oder der Schießlehrer gab etwas Neues an. Nach jedem Schuss beziehungsweise Doppelschuss war das Gewehr abzusenken oder die Pistole in eine Bereitschaftshaltung vor der Brust zu nehmen. Oder sogar komplett wegzupacken ins Holster. Worum es dabei ging, war, nicht mit Waffe im Anschlag einfach rumzustehen und sie weiter ins Ziel zu halten, sondern dieses so schnell wie möglich immer wieder neu auffassen zu können. Realistischerweise würde man in einem Feuergefecht sicher nicht einfach so irgendwo in korrekter Schießhaltung stehen bleiben und der Feind liefe einem wehrlos vor die Mündung. Man würde sich bewegen müssen, abwarten, was als Nächstes passierte. Da konnte man nicht die ganze Zeit die Waffe im Anschlag halten.

Und man schoss bei diesem Konzept immer auf eher kurze bis sehr kurze Entfernungen. Das war im Wesentlichen auf die Gefechtserfahrungen in Afghanistan zurückzuführen. Es hatte sich gezeigt, dass die Soldaten hier wesentlich häufiger auf kurze und sehr kurze Entfernungen kämpfen mussten.

Ich ließ also immer wieder das Gewehr sinken, blieb in Bereitschaft, hob es auf Kommando, schoss einmal, zweimal, ließ es wieder sinken, packte es zur Körperseite, zog die Pistole, schoss auf Ansage. Es wurde sehr schnell sehr anstrengend. Obwohl das G36 ein vergleichsweise leichtes Gewehr ist – es ständig vors Auge zu heben und wieder abzusenken, allein die Monotonie der Bewegung ermüdete die Muskeln. Die Pistole ist leicht, aber man muss die Arme zum Schuss weit vorstrecken. Dazu die Weste, die mir das Atmen erschwerte (musste ich wohl etwas weniger fest schließen), die gebeugten Knie, der nach vorne geneigte Oberkörper, die Konzentration, die Hitze. Ich schwitzte wie ein Schwein, der Rücken schmerzte, die Arme auch. Meine

ohnehin nicht sehr guten Augen taten sich schwer, zu fokus-
sieren. Ich begann zu ächzen, und der junge Oberfeldwebel
lachte und sagte: »Und jetzt stell dir vor, du hast auch noch
Angst. Du wirst beschossen. Du wirst angegriffen. Die wollen dich wegmachen.« Pause. Lachen. »So, Kamerad, weiter. Zwo Schuss Bravo-Zone. Hep!« Ich schoss. Senkte das
Gewehr. »Schießt noch. Hep!« Oh, Mann …

Nach einer Stunde reinigte ich mein heißgeschossenes
Gewehr und die Pistole, holte mir die Unterschrift für das
Anschießen auf dem Laufzettel, nickte Martina und Jörn
müde zu, dann machten wir uns auf den Rückweg.

Die Fahrt ins Camp Pamir war für die Transportgruppe eine
entspannte Unternehmung, was ich für mein erstes Rausfahren auch gut fand. So konnte ich die Routinen kennenlernen
und üben, ohne dass es gleich wirklich um etwas ging. Die
Befehlsausgabe war entsprechend kurz und fand unmittelbar
vor der Ausfahrt am Ehrenhain statt. Der belgische Offizier,
den wir zu seinem Arbeitsort brachten, war, wie meine Kameraden auch, Fallschirmjäger und sehr locker. Er hatte ein-
gewilligt, dass Martina, Jörn und ich ihn bei seinem Besuch
begleiteten und dies auch den Afghanen mitgeteilt.

Wir standen also im Halbkreis um den Hauptfeldwebel,
der den Transport befehligte, er ging den Plan durch, wer
welche Position in dem kleinen Konvoi haben würde, wie
die Rufzeichen am Funk waren, was bei welcher möglicherweise eintretenden Gefahrensituation zu tun sei und andere
Details. Was zu großer Freude in der Gruppe führte, war die
Ansage: »Mittagessen in der FOB.« Das hieß, bei den Amis.

Bei den Amis zu essen war immer ein Highlight, weil es
die Routine unterbrach. Es kamen auch durchaus amerikanische Soldaten aus der FOB zu Besuch bei uns, weil sie dann
zur Abwechslung mal in der deutschen DFAC mampfen

konnten. Aber das Essen bei den Amis sollte ziemlich gut sein. Vor allem viel.

Nach Ende der Befehlsausgabe luden wir unsere Waffen fertig, und dann stiegen wir in die Fahrzeuge. Meines war ein »Dingo«, und ich lernte meinen Stammplatz bei Pressebegleitungen in diesem Fahrzeugtyp kennen: hinten links. Der »Dingo« hat in der Standardausführung hinten vier Plätze. Drei nebeneinander in Fahrtrichtung und hinten rechts noch einen gegen die Fahrtrichtung, so dass sich dort zwei Leute gegenübersitzen konnten. Der Mittelsitz gehörte dem Waffenbediener. Jeder »Dingo« in Afghanistan hatte eine Bordwaffe auf dem Dach, die von innen bedient werden konnte. Gleich, ob es ein MG2, ein schweres 50Cal. Maschinengewehr oder die GraMaWa* war. Nur, um nachzuladen, musste der Schütze die Luke öffnen und die Rübe raushalten. Bis es dazu kam, musste allerdings eine Menge »Blei in die Heide«, denn die Munitionsboxen fassten einiges. Mit Kurbeln konnte der Bediener die Waffe um die eigene Achse schwenken. Durch die Zieloptik beobachtete er während der gesamten Fahrt den ihm zur Sicherung zugewiesenen Sektor.

Vorne links saß natürlich der Fahrer und rechts der Fahrzeugkommandant. Theoretisch konnte das auch ich sein, dafür brauchte man keine Ausbildung auf dem »Dingo«, dafür reichte die Ausbildung zum Gruppenführer. Aber praktisch war das nicht ideal, weil meine militärischen Fähigkeiten keinesfalls ausreichten, ein Fahrzeug im Gefecht taktisch zu führen, und ich auch nicht routiniert mit der Funkbedienung umging, was eine zentrale Aufgabe des Kommandanten während der Fahrt war. Und ich sollte ja auch meine Journalisten betreuen, die immer hinten saßen.

---

* GraMaWa = Granatmaschinenwaffe. Schwere Waffe, die 40-mm-Granaten verschießt. Die Munition ist, wie beim MG, in einen Gurt gesteckt, und die Waffe schießt, solange man den Abzug gedrückt hält.

Es war übrigens nicht ganz einfach, in so ein Fahrzeug einzusteigen, schon gar nicht mit dem ganzen Zeug am Körper.

Schon der Türhebel befand sich auf Kopfhöhe, fast drüber. Dann war die gepanzerte Tür schwer und konnte nur bewegt werden, solange man den Türgriff nach unten zog. Beim Schließen war das nicht einfach. Denn solange man den Griff nach unten zog, rastete das Schloss nicht ein, wenn man den Griff sich aber nur Zentimeter bewegen ließ, bremste die Hydraulik der Tür und blockierte am Ende vollständig, noch bevor sie richtig geschlossen war.

Hatte man die Tür offen, verstaute man als Erstes sein Gewehr in einer Halterung neben dem Sitz, dann setzte man einen Fuß auf ein Trittbrett (etwa Kniehöhe) und zog sich an Türrahmen und Türgriff hoch. Das Ganze war mit Weste, dem ganzen Gelumpe daran, Helm und Pistole recht sportlich für mich.

Die Sitze im Dingo waren bequem, allerdings konnte man die Beine auch hier nur mehr oder weniger nach vorne strecken wie auf einem Fahrersitz.

Außerdem war es etwas eng durch die Funkanlage und Regale für Wasser und Ausrüstung, wenn auch bei weitem nicht so unbequem wie im »Fuchs«. Dazu musste man sich einen Sicherheitsgurt über die Weste spannen. Der sollte verhindern, dass man bei Explosionen durchs Fahrzeug flog. Es war vom Hersteller mal so gedacht, dass man die Weste im Fahrzeug nicht tragen musste, weil man ja geschützt war, aber in einem Einsatz wie Afghanistan war das nicht praktikabel. Sollte man unter Beschuss schnell absitzen müssen (bei anhaltendem Feindfeuer und wenn die Fahrzeuge im Hinterhalt nicht mehr nach vorn durchstoßen oder nach hinten ausweichen können, ist es absolut sinnvoll, sich draußen in Deckung zu bringen und den Kampf abgesessen aufzunehmen), wäre es irre Zeitverschwendung, wenn man erst die Weste anziehen müsste. Außerdem werden zwölf Kilo schwere Schutzwesten wiederum ziemlich lebensgefährliche Geschosse, wenn sie bei einer Explosion durchs Fahrzeug fliegen.

Als letzte Hürde blieb nun also, die Tür zu schließen, und dann musste die Minenverriegelung betätigt werden. Bei den ersten Versionen des »Dingo« in Afghanistan waren bei Explosionen unterhalb der Fahrzeugwanne oft die Türen aus den Angeln geflogen. Dem beugte man nun mit der Minenverriegelung vor, einem Hebel in der Tür, den man mit etwas Kraft nach unten drücken musste und der die Tür auch unten abriegelte. Der »Dingo« gehört nur in die Kategorie »geschützte Fahrzeuge«, was ein nicht kleiner Unterschied zu »gepanzertes Fahrzeug« ist, aber in Afghanistan ist nicht ein einziger Soldat in einem »Dingo« gefallen.

Der Fahrzeugkommandant fragte: »Hinten Sicherheit?« (womit der die Minenverriegelung meinte), ich meldete: »Jawoll.« Nachdem alle Fahrzeuge sich startbereit gemeldet hatten, ging es los. Einer nach dem anderen rollten wir vom Ehrenhain, einmal links um die Kurve, und dann fuhren wir durch die Schleuse des Main Gate. Nach Bremsschwellen, Schranken und wieder Schranken bogen wir auf die Straße vor dem Camp ein, die ich jetzt zum ersten Mal sah. Am Horizont die Hindukuschausläufer, dazwischen dürres Gras, holzige Büsche und verrostete Wracks. Der Parkplatz, auf dem die wenigen Autos und vielen Motorräder der afghanischen Beschäftigten standen.

Wir würden uns heute ausschließlich auf dem erhöhten Plateau südlich Kunduz bewegen, wo alle Camps und der Flughafen lagen. Vergleichsweise sicheres, sehr gut überwachtes Gebiet. Die Wahrscheinlichkeit, dass hier jemand Sprengstoff verbuddelte, ging gegen null. Und dass sich irgendwo ein Panzerfausttrupp verstecken könnte, war ebenfalls kaum vorstellbar. Ich entspannte mich also, alle anderen um mich herum waren noch gar nicht angespannt gewesen, und wir rollten über staubig-steinige Wege.

Camp Pamir war eine ziemlich große Anlage, von den Amerikanern in Rekordzeit hochgezogen und der ANA übergeben. Feste Gebäude, hellgelb gestrichen, breite Wege. Karg bepflanzt. Die Wachen am Tor waren professionell, auf jeden Fall guckten sie freundlich, und wenn man winkte, winkten sie zurück. Wenig Betrieb auf den Wegen der Kaserne und wenn, dann größere Gruppen in Formation, die von einem Unterricht zum nächsten marschierten. Das bedeutete, die Soldaten arbeiteten, lernten, trainierten.

Wir hielten vor einem niedrigen Gebäude mit sehr offiziell wirkendem Eingang und stiegen alle aus. Martina und Jörn machten ein paar Aufnahmen von dem jungen Fallschirmjäger, der als Waffenbediener in unserem »Dingo« eingesetzt war, und auch vom lustigen Pressefeldwebel. Ein junger Oberfeldwebel lachte laut und meinte zwinkernd, dass ich ja Kameras gewohnt sei. Ich freute mich einerseits, und gleichzeitig war es mir peinlich. Irgendwie. Der Fernsehheini spielt Soldat, so kam es mir dann doch vor. Er schien das zu merken und reagierte absolut großartig: »Hey, i hab di immer gern g'sehe. Familie Becker, des war Pflicht in meiner Kindheit. Und i find des scho cool, des du des hier mit uns machscht.« Danke. Danke! Über die »Kindheit« würde ich wegkommen, es stimmte ja. Der Mann war halb so alt wie ich.

Der belgische Offizier gab Signal, dass wir reingehen mussten, er hatte schließlich einen Termin. Auf seine Aufforderung legte ich Weste, Helm und Gewehr ins Fahrzeug. »We are with friends here, you know. To come in arms, would be an insult to the commander and his men.«* Er zeigte auf meine Pistole und meinte, die könne ich behalten, das sei okay.

Dann gingen wir ins Gebäude, wo wir gleich am Eingang von afghanischen Soldaten in Empfang genommen wurden. Wir, das waren der Belgier, Martina, Jörn und ich. Händeschütteln, die Afghanen wiesen in die Richtung, die wir gehen sollten. Der Belgier kannte sich eh aus. »Ich werde dem Kommandeur sagen, dass die Journalisten wegen ihm hier sind, wegen der Ausbildung«, sagte er auf Englisch und zwinkerte mit ernstem Gesicht. Ich nickte, »I understand«. Dann betraten wir ein recht geräumiges Büro, in dem mehrere Soldaten standen. Ich konnte die afghanischen Dienstgrade nicht unterscheiden. Der Kommandeur war noch nicht da, wie der Belgier uns sagte. Es gab ein allgemeines Kopfnicken und einige »Salaams«, dann warteten wir stehend.

Nach kurzer Zeit ging die Tür auf, und ein schmaler, eher zart wirkender Soldat in meinem Alter, mit schütterem Haar und kräftigem Schnurrbart, betrat das Büro, dicht gefolgt von einem jungen afghanischen Zivilisten in typisch afghanischer Kleidung. Eine weiße Hose, darüber ein sehr langes weißes Hemd, elegante schwarze Slipper.

Der Kommandeur und sein Dolmetscher.

Der belgische Advisor begrüßte den Offizier mit Handschlag und distanzierter Höflichkeit. Es ist zwischen Angehörigen unterschiedlicher Armeen nicht üblich, militärisch zu grüßen. Außer natürlich, es besteht, wie in internationalen Stäben und Einheiten der NATO üblich, ein eindeutiges Vorgesetztenverhältnis zwischen zwei Soldaten unterschiedlicher Nationen.

Martina, Jörn und ich wurden, wie von dem Advisor ange-

---

* Übers. = »Wir sind hier bei Freunden. Bewaffnet zu kommen würde den Kommandeur und seine Leute beleidigen.«

kündigt, vorgestellt. Als deutsche Pressevertreter, die sich für die großen Fortschritte im Camp Pamir interessierten, und als der Pressefeldwebel, der sie betreute. Der afghanische Kommandeur lächelte fein, gab uns allen einen überraschend weichen Händedruck und begrüßte uns mit leisem »Salaam«. Ich würde erst lernen, dass die Afghanen im Allgemeinen eher leise, zurückhaltend und beim Händeschütteln zart sind. Ich war gespannt, wie er mit Martina umgehen würde, denn ich hatte gehört, dass viele Afghanen, gerade offizielle Würdenträger, sich immer noch schwer täten mit westlichen Frauen und sie oft nicht begrüßten oder halbwegs höflich ignorierten.

Beim Kommandeur ließ sich nichts davon bemerken, er gab Martina die Hand genauso wie uns Männern, mit einer ganz leicht angedeuteten Verbeugung. Dann lud er uns mit einer Armbewegung in einen kleinen Erker seines Büros, wo unter einer großen Landkarte ein Sofa und dem gegenüber zwei Sessel standen.

Es wurde Tee und Gebäck serviert. Ich erinnerte mich an die spärlichen kulturellen Vorbereitungen und beobachtete unseren belgischen Freund genau, der ja schon eine Menge Routine im Umgang mit Landessitten hatte. Wir tranken alle zuerst einen Schluck Tee, lobten diesen und dankten dem Kommandeur. Ich kam mir dabei für einen Augenblick sehr welterfahren vor, bis ich zu dem ernüchternden Gedanken kam, dass der Tee erstens einfach *wirklich* großartig schmeckte (für mich als Teetrinker war die Bundeswehr mit ihren Beuteltees immer eine Prüfung, und damit war dieser frische, fein gewürzte Tee nicht im Geringsten zu vergleichen) und zweitens ich mich in Deutschland nicht anders zu verhalten hätte. Schlichte Höflichkeit, überall verständlich. Auch die Kekse schmeckten wunderbar nach Orange und Kardamom, ich musste mich sehr zurückhalten.

Dann gingen der Kommandeur und der Belgier ans Geschäft. Der Kommandeur war Chef der Logistiker der 2. ANA-Brigade. Die hatte im März eine große Operation hoch oben in der Region Badakhshan, im Distrikt Warduj durchgeführt. Die Hauptstadt der Provinz ist Feyzabad, wo die Bundeswehr bis Ende 2011 ein PRT betrieb. Die Region ist sehr bergig und auch ziemlich unruhig. Die Bundeswehr hatte dort meist Gebirgsjäger stationiert.

Aufständische hatten sich zwischenzeitlich in der Gegend von Warduj wieder breitgemacht. So breit, dass die afghanische Armee Anfang 2013 keine Chance mehr sah, den Gegner von den Höhen zu vertreiben, und die Bundeswehr um Hilfe bat. Das war heikel, denn die offizielle Lesart des Jahres 2013 war ja, dass die Afghanen das alles sehr gut alleine hinbekämen. Andererseits schätzten die deutschen ISAF-Kräfte die Lage nach allen Informationen als so bedrohlich ein, dass beschlossen wurde, eine neue Offensive der ANA massiv zu unterstützen. Die komplette QRU, also eine Infanteriekompanie, und eine nicht geringe Zahl an Unterstützungskräften von Aufklärern und Pionieren über Fernmelder bis hin zu Logistikern errichtete zunächst im ehemaligen PRT Feyzabad eine Basis und verlegte von dort Truppen direkt ins Kampfgebiet, an der Spitze der Kommandeur der PATF Kunduz. Die Deutschen sollten dort nicht kämpfen, aber sie sollten mit den Afghanen so nah wie irgend machbar an die Front, um dann einen wirksamen Operationsplan auszuarbeiten und die Afghanen dafür intensiv zu briefen und im Gefecht beratend zu unterstützen.

Es war wohl nicht einfach. Deutsche Infanteristen äußerten noch Wochen danach Unverständnis, wie es überhaupt zu der Lage hatte kommen können. »Wer die Höhen hat, hat die Täler«, die billigste Grundweisheit des Gebirgskampfes, hatte die ANA nicht beachtet und sich die Höhen einfach

wieder wegnehmen lassen. Sie zurückzuerobern war naturgemäß hart und blutig. Sie setzten Artillerie ein, aber früher
oder später musste Infanterie die Berge hoch und dort kämpfen. Es war März, Schnee lag, es war kalt. Die Afghanen
hatten weder kleine Zelte, noch Schlafsäcke für die Infanterie am Berg. Der Nachschub funktionierte nicht. Die Leute
waren innerhalb kürzester Zeit ausgezehrt und erschöpft.

Die Bundeswehr schaufelte, gemeinsam mit anderen
ISAF-Nationen, alles Mögliche herbei. Es war knapp, aber
doch gutgegangen, ohne dass ein deutscher Soldat ins Gefecht musste.

Jetzt, bei der Besprechung im Camp, ging es unter anderem darum, wie mit dem ganzen übrig gebliebenen Material
zu verfahren sei. Wo man es am besten wie lagerte. Das Ge-
sprächsklima war schwierig. Ich spürte einerseits, dass der
Belgier Respekt vor dem Afghanen hatte und Sympathie für
ihn verspürte. Er achtete den deutlich höheren Dienstgrad
und die Verantwortung des Stabsoffiziers, aber er konnte
sein inneres Kopfschütteln über die totale Negierung logisti-
scher Grundgesetze nur schwer verbergen. Der Kommandeur wiederum mochte seinen Advisor und hielt große Stü-
cke auf seinen Rat, war aber einerseits scheu und musste
andererseits seine Autorität wahren. Er lächelte viel, nickte,
gab Auskunft. Der Belgier lächelte angestrengt, nahm sich
zusammen und bohrte nach. Gab seinen Ratschlägen einen
dringlichen Ton und versuchte, diesen Ton aus seiner reinen
Sorge um die Männer und das Fortschreiten des Kampfes
um Frieden herzuleiten.

Später, als wir draußen auf den Kommandeur warteten,
der eine Lagerrunde mit uns machen wollte, machte er sich
Luft. Der Kommandeur sei nicht das Problem, der verstehe
im Grunde schon, worum es geht. Aber ... Ich sah ihn fra-
gend an. Er machte dieses typisch französische »Eh bon«-

Gesicht und legte los: »Ihr Deutschen, weißt du. Die Sache mit den Schlafsäcken.« Er schüttelte den Kopf. Ich sah ihn noch fragender an. »Die haben hier achthundert Schlafsäcke eingelagert. Dann gehen sie ins Gebirge und nehmen die nicht mit. Natürlich ist das schlimm, wenn die Männer oben frieren. Das bringt alles in Gefahr, weil sie krank werden. Dann schauen sie verzweifelt und ihr? Gebt ihnen achthundert neue Schlafsäcke. Wie viele Schlafsäcke hat die Brigade jetzt?« Ich antwortete zweifelnd: »Sechzehnhundert?« Er schüttelt den Kopf. »Achthundert. Weil die, die ihr ihnen oben gegeben habt, sind nicht registriert. Also gibt es sie nicht. Drei Leute, die ich kenne, haben sie verkauft und das Geld eingesteckt. So ist das.« Er zeigte auf das Gebäude: »Er ist ein guter Mann, aber so geht es nicht.«

Der gute Mann, der nach diesem mühsam gezügelten Ausbruch des Belgiers noch sympathischer und anrührender wirkte, lud uns jetzt zur Lagerrunde ein. Er erklärte und zeigte und blieb plötzlich stehen, sein Ton änderte sich, der Übersetzer runzelte die Stirn, nickte und nickte, dann übersetzte er. Der Kommandeur bitte sehr darum, dass wir uns in Zukunft mit so wichtigen Gästen bei ihm direkt anmeldeten. Dann würde es ein Mittagessen geben. Es sei ihm unangenehm, dass er nur Tee und Gebäck hätte anbieten können. Der Belgier schaute mich an. Sein Blick erteilte mir den klaren Auftrag, sozusagen als militärischer Führer der Besuchsgruppe die Gastgeberehre des Kommandeurs wiederherzustellen. Ich entschuldigte mich, gab mir selbst die Schuld und betonte, dass ich seit meiner Ankunft im Land nicht so köstlichen Tee getrunken hätte. Und dass wir auch die Zeit des Kommandeurs nicht über Gebühr hätten beanspruchen wollen.

Der Übersetzer übersetzte, nickte und zeigte auf mich, ich nickte, schaute schuldbewusst. Der Kommandeur hielt die

Stirn immer noch in Krausen, nickte, dann lächelte er, schlug die Augen nieder und neigte leicht den Kopf. Der Übersetzer nickte mir zu, der Belgier auch. Ich hatte es ausgebügelt. Uff.

Wir gingen weiter durchs Camp, betraten die Kfz-Werkstatt, die nicht anders aussah, als jede andere Kfz-Werkstatt auch, außer, dass hier nur Militärfahrzeuge herumstanden. Die afghanischen Mechaniker arbeiteten, der Leiter der Werkstatt hielt einen kurzen Vortrag über die Arbeit, wir zeigten uns beeindruckt.

Die Verabschiedung war dann wieder sehr distanziert, zurückhaltend. Wir rödelten auf, bestiegen unsere Fahrzeuge und rollten aus dem Tor.

Der Weg zur FOB war kurz, keine fünf Minuten. Hier war die Kontrolle deutlich gründlicher, eine gemischte Mannschaft aus US-Soldaten und Afghanen untersuchte jedes Fahrzeug von außen, schaute mit Spiegeln nach, ob sich eine magnetische Sprengladung von der Straße an eines der Fahrzeuge geklinkt hatte, dann wurden wir reingewunken. Unser kleiner Konvoi steuerte einen Parkplatz an, der Fahrzeugkommandant zeigte auf Entladeboxen vor Hesco-Wällen: »Im Camp Waffen nur teilgeladen und gesichert.« Gewehr, Weste, Helm, Schutzbrille blieben im Fahrzeug, und wir reihten uns in die Eintrittsschlange vor der US-DFAC ein.

Die DFAC hier in der FOB war ein riesiges Zelt, dessen Tragekonstruktion aber innen nicht sichtbar war, so dass ein Halleneffekt entstand. Die GIs nennen ihre DFACs auch »Chow Halls«. Im Eingangsbereich musste man die Nummer seines ISAF-Ausweises in eine Liste der Nicht-Amerikaner eintragen. Dann Hände waschen, wie bei uns auch, und rein ins Vergnügen. Vor der Haupthalle befanden sich zwei Buffetstrecken mit Gegrilltem, Gebratenem, Gebackenem und Frittiertem. Huhn, Rind, Schwein, Kartoffelecken, Eier. Und an jeder Auslage war vermerkt, ob es sich um High-Performance-, Moderate-Performance- oder Low-Performance-Food handelte. Also, ob es richtig fett, halbfett oder eher nicht fett machte. Klingt erst mal bescheuert, aber ich fand die Idee dahinter richtig. Denn in einem Armeecamp haben die Leute sehr unterschiedliche körperliche Anforderungen und sollten sich deswegen auch unterschiedlich ernähren.

Außerdem gab es klare Informationen, ob etwas für einen Moslem okay war oder nicht. Sehr rücksichtsvoll, wie ich fand.

Im Hauptzelt dann ein riesiges Buffet mit Salaten und Eingelegtem, allen möglichen fertigen Dressings, Ketchups, Mayonnaisen und Senfsorten, dazu die ganzen Desserts, von Cookies bis zu sofort herzinfarktauslösenden Trifles.

Softdrinks und Wasser (zwei pro Mahlzeit) und für hinterher sehr guten Kaffee an einer Bar.

Wir schaufelten uns die Teller voll und mampften. Die US-Soldaten waren freundlich und schüchtern-neugierig. Aber es blieben doch alle eher unter sich. Was mir auffiel, war, dass es in puncto Stuhlrücken, um Platz zu schaffen, eine geradezu fanatische Höflichkeit bei den Amerikanern gab, man musste sie fast mit Gewalt davon abhalten, jedes Mal aufzuspringen, wenn man sich hinter ihnen vorbeischob.

Über den Köpfen hingen vier riesige Flatscreens an den Wänden. Bei mehreren Besuchen hier und in Mazar-e Sharif würde ich feststellen, dass immer auf einem Nachrichten liefen, auf einem Infotainment, auf einem ein Armed-Forces-Programm und auf einem ununterbrochen Kriegsfilme, in denen ein verlorenes Häufchen Amerikaner irgendeinen übermächtigen Feind besiegte. Alles ohne Ton. Einmal sah

ich sogar einen mir gut bekannten Schauspielkollegen als
deutschen Offizier in einem Weltkrieg-Eins-Film. Schräg.

Satt und rundgefressen rollten wir in doppeltem Sinne aus
der FOB in Richtung unseres Camps. Starke Eindrücke, ging
es mir durch den Kopf. Ich wollte mehr. Mehr draußen sein,
mehr sehen. Von den Afghanen und den Amerikanern und
überhaupt von allem, was ich noch nicht kannte.

# Für Afghanistan?

**D**er Besuch eines ISAF-Generals war eigentlich eher eine Routineangelegenheit, so etwas passierte dauernd. Einer oder beide Kommandeure, diverse Stabsoffiziere, irgendwie thematisch Betroffene, dazu Befohlene, die Frau Stabsfeldwebel vom Visiting Office und einer, zwei oder alle drei Vögel aus der Pressestelle sammelten sich zu vorgegebener Zeit am Heli-Pad, dem Hubschrauberlandeplatz mitten im Camp. Der war deutlich größer als der kleine Kreis mit dem H in der Mitte, den man so kennt. Hier mussten nicht nur normal große Maschinen, wie die Black Hawk oder die Bell UH1-D, landen können, sondern auch die deutlich größeren CH-53-Transporthubschrauber der Bundeswehr und die noch größeren Chinooks der Amerikaner (die mit zwei Rotoren). Vor allem mussten mehrere Helikopter unterschiedlicher Größe gleichzeitig hier landen und starten können.

Man stand also mit allen, die es anging, in einem Tornadozelt und wartete auf die Ankunft der Besucher. Die schwebten irgendwann mit Getöse ein, Seitentüren wurden aufgeschoben oder Ladeklappen heruntergelassen, die Close Protection Teams der Bosse sneakten schweinecool aufs Flugfeld und warfen böse Blicke, bevor sie sich flott entspannten (sind ja schließlich alles Freunde hier, da können die Leibwächter auch mal eine Cola trinken), und dann stiegen die Hauptdarsteller aus. Einer unserer beiden Kommandeure meldete für das gesamte PRT, es gab weitere Grußappelle oder Handshakes und man bewegte sich in der Regel zügig vom Heli-Pad weg in Richtung erster Besuchsstation. Manchmal gingen wir Presseleute mit und machten Notizen für einen Bericht, manchmal waren die ersten Termine nicht für die Öffentlichkeit, dann kamen wir erst später dazu. Wir waren bei jeder Ankunft und bei jedem Abflug dabei, weil immer Fotos gemacht werden mussten.

Nichts anderes erwartete ich von dem Besuch General James L. Terrys. ISAF-irgendwas-Boss auf Goodbye-Tour…

Major Mischke hatte mir den Auftrag erteilt, den Besuch alleine zu dokumentieren, also Fotos und Text. Wir bekamen das Programm vorab, und was mich schon mal froh machte: Der Termin fand komplett am Heli-Pad statt. General Terry würde dort eine Ansprache halten und Soldaten auszeichnen, die sich bei der Operation in Warduj, Badakhshan, bewährt hatten. Dann winke, winke, ab in die Helis, und weiter ginge es. A. und Mischke würden mich beim Fotografieren fotografieren und beim Schreiben auch, dann hätten die beiden alles, was sie für den Beitrag über Pressefeldwebel Weber bräuchten.

Wir standen also flachsend im Tornadozelt, bis der für den Landeplatz verantwortliche Offizier Signal gab, dass die Maschinen im Anflug seien. Dann formierten sich die rund vierzig deutschen, niederländischen und belgischen Soldaten, die Kommandeure machten sich bereit. Und mit dem Reinknattern der Maschinen ging zunächst alles den gewohnten militärischen Grüß-und-Melde-Gang. Da nicht nur der Drei-Sterne-General Terry, sondern auch der Zwei-Sterne-General und COM RC North, Jörg Vollmer, ankamen, war es ein reichlich strammgestandenes Getue. Terry nahm alle Huldigungen entgegen, ging dann festen Schrittes zu der L-förmig angetretenen Formation im Tornadozelt, die wurde ihm wieder gemeldet, er begrüßte die Soldaten und begann ansatzlos mit seiner Rede.

Ich hatte mich entschieden, zum Fotografieren immer hinter der angetretenen Formation zu bleiben. Im Normalfall ist es beim Militär ohnehin ein Fauxpas, zwischen angetretener Formation und dem vor ihr stehenden Vorgesetzten herumzulaufen, es sei denn, es besteht eine dienstliche Notwendigkeit. Entweder die, dass man selbst vortreten muss, um eine Beförderung, ein Lob oder eine Auszeichnung entgegenzunehmen. Oder die, dass man beauftragt wurde, den Anlass zu fotografieren. Ich hätte also gedurft. Trotzdem fand ich es angesichts der Enge im Tornadozelt nicht angezeigt, zwischen Terry und den Leuten herumzuspringen.

Terry hielt eine hollywoodreife Rede, die dramaturgisch mit den Mühen der letzten sieben Jahre und der schwierigen Situation begann. Er formulierte seine Hoffnungen für Afghanistan und kam dann schnell auf seinen Kern: die Opfer, die jede Soldatin, jeder Soldat in einem solchen Einsatz brachte. Seine Dankbarkeit. Er skizzierte, wie schwierig die Operation in Warduj gewesen war und dass die hier Anwesenden und alle anderen ihren Job herausragend erledigt hätten. Und gegen Ende äußerte er die sehr eindringlich und mit festen Blicken in einzelne Gesichter vorgebrachte Bitte, alle Soldaten mögen, wenn sie sicher und gesund heimkämen, bitte ihren Familien den Dank James Terrys für die Mühen und Opfer übermitteln, die diese auf sich nähmen. Für die Geduld und dass sie ISAF ihre Frauen und Männer, ihre Töchter und Söhne für diesen wichtigen Auftrag überließen. Er sei daheim Kommandeur des V. US-Korps, und dieses Korps habe als Motto »Victory«. Und wenn er in die Gesichter hier sehe, dann wisse er, dass wir diese Sache für Afghanistan gewinnen könnten.

Während der gesamten Ansprache behielt er allerdings auch stets mich im Blick. Den Armeefotografen. Er blieb manchmal stehen und wartete mein Bild ab, ohne seinen Gedanken- und Redefluss zu unterbrechen, und dann nahm er wieder intensiven Blickkontakt mit den angetretenen Soldaten auf. Er machte mir meine Arbeit so leicht wie möglich. Mir ging die ganze Zeit durch den Kopf, wie verdammt gut die Medienschulung der US-Streitkräfte sein musste. Doch es war bei Terry nicht nur Schulung.

Nach seiner Rede ging er daran, an einige der Angetretenen seinen »Coin« zu verleihen. Ein Coin ist eine Gedenkmünze. Der Brauch kommt aus dem amerikanischen Militär, hat sich aber mittlerweile auch in der Bundeswehr einen festen Platz erobert. Eine Einheit, eine Truppenschule, das Unteroffizierkorps eines Bataillons oder auch ein Kommandeur lässt einen Coin gestalten und prägen, und dieser wird nach selbstgewählten Kriterien an Soldaten verliehen. Zum Beispiel bekam jeder, der in Kunduz in der Stabs/VersKompanie seinen Einsatz abgeleistet hatte, den Kompanie-Coin verliehen. Ein »Commander's Coin« wird meist nur in sehr geringer Stückzahl aufgelegt, und ihn zu bekommen ist eine ganz besondere Geste.

Die Namen wurden einzeln aufgerufen, die Soldaten traten vor, bekamen von Terry ihren Coin, der in einem Händedruck übergeben wird, und dann kam das, was bei einer Schulung vielleicht erklärt werden kann, aber letzten Endes eine Frage der persönlichen Haltung ist: Terry drehte jeden Einzelnen nach ein paar persönlichen Worten in meine Richtung, wo jetzt auch A. und ein weiterer Bundeswehrfotograf aus Mazar-e Sharif standen, sagte dem Soldaten »Look, there's your photo« und schüttelte breit lächelnd die Hand, bis auch der Letzte von uns die Kamera vom Auge genommen hatte.

Schon während Terrys Rede konnte ich in den Gesichtern vor allem der deutschen Soldaten den inneren Widerstand gegen das Pathos seiner Worte, das man bei der Bundeswehr natürlich überhaupt nicht gewohnt ist, zusammenfallen sehen. Ich weiß nicht, wie so etwas bei den Niederländern oder Belgiern abläuft, aber die Bundeswehr tut sich im Allgemeinen schwer mit Emotionen. Jedenfalls traten die Aufgerufenen dann sichtlich aufgeregt vor und ausnahmslos alle knallrot und mit glänzenden Augen und Backen wieder ins Glied zurück. Schon eine Dreiviertelstunde nach Ende des Termins stand der Erste nervös vor unserem Büro und fragte, ob es schon ein Bild zu sehen gebe.

Ich weiß.

Es ist heikel und schwierig. Mit Pathos kann man Zweifel übertünchen und die schmutzige Seite der Medaille aufpolieren. Andererseits sind sich die allermeisten Soldaten im Einsatz sehr bewusst, dass es die schmutzige Seite gibt. Sie setzen sich intensiv damit auseinander. Und wissen, dass sie aus dem Dilemma nicht herauskommen, solange sie Soldaten sind. Es ist Teil ihres Berufes, diese Seite zu akzeptieren. Und zu akzeptieren, dass sie damit anderen Leid zufügen und selbst in seelische Not geraten können.

Angesichts dessen tut es ihnen gut, wenn ab und zu jemand diese wunde Stelle vorsichtig betupft mit Worten der Anteilnahme und des Respekts.

Wie schwer wir Deutschen uns damit tun, konnte ich an der Genehmigungsschleife für den Text sehen, den ich darüber schrieb. Aus »Opfern« sollten »Anstrengungen« werden, obwohl Terry mehrfach und zweifellos von »sacrifices« gesprochen hatte, was eigentlich keinen Interpretationsspielraum lässt. Überhaupt wurde so gut wie alles gestrichen, was diese Viertelstunde für mich und alle Angetretenen besonders gemacht hatte. Redaktionelle Bearbeitungen sind normal und können schmerzlich für jeden Autor sein. Ich würde in dem Falle auch keinesfalls von Zensur reden, es ging ja nicht um heikle Wahrheiten. Aber am Ende war es eine völlig belanglose Meldung, und ich bat darum, nicht meinen Namen, sondern einfach »Pressestelle Kunduz« als Autor darunter zu schreiben.

Dass unsere postheroische Friedensgesellschaft sich schwer damit tut, dass Menschen zur Erfüllung eines Auftrages töten und ihr Leben riskieren, ist nachvollziehbar und absolut begrüßenswert. Ein zivilisatorischer Fortschritt, den man nicht preisgeben darf. Aber so schwer es ist: Wenn Soldaten oder Polizisten ihren Dienst nur unter diesen Umständen verrichten können, muss man als auftraggebende Gesellschaft (das sind wir durch die Abgeordneten des Bundestages) und als Dienstherr dem auch im Umgang gerecht werden. Und dafür eben Worte und Gesten finden, die wie ein Anachronismus wirken, aber für die Betroffenen heilsam und schützend sein können.

Laut offiziellen Zahlen starben in Afghanistan in den letzten Jahren pro Monat etwa dreihundert einheimische Polizisten und Soldaten durch Gewalt. Ich habe im Einsatz sogar mehrfach die Zahl von bis zu eintausend Toten im Monat gehört. Und gerade bei Polizisten war in keiner anderen Region des Landes die Sterblichkeit so hoch wie in der Provinz Kunduz. Polizisten wurden im unserem Lager benachbarten GPTC, dem German Police Training Centre, von deutschen und niederländischen Beamten ausgebildet. Die europäischen Polizisten wohnten natürlich bei uns im Camp, ihre Wohnbereiche hießen »Copland« und »Copland 2«. Im Unterschied zu uns Soldaten waren die Polizisten vom völkerrechtlichen Status her keine Kombattanten. Sie durften nicht angegriffen werden, sich aber im Falle eines Angriffes verteidigen, waren also bewaffnet (man merke sich an dieser Stelle als Konsequenz, dass ich aus völkerrechtlicher Sicht ein Kombattant, also ein rechtmäßiges militärisches Ziel für Angriffe der Gegenseite war. Ich durfte töten und getötet werden). Die deutschen und niederländischen Polizisten waren für die Soldaten sogenannte Schutzbefohlene, wir würden sie aus gleich welcher Situation herausholen, und solange sie im Camp waren, waren wir für ihre Sicherheit verantwortlich. Sie fuhren in leicht gepanzerten, aber schwarz lackierten Geländewagen unter Schutz der Bundeswehr zum GPTC oder in die Stadt Kunduz.

Zum Zeitpunkt meines Einsatzes bildeten die westlichen Polizisten schon nicht mehr aus, sondern berieten und betreuten die afghanischen Ausbilder beim Training des Nachwuchses. Man darf sich darunter natürlich keine Polizeiausbildung im westlichen Sinne vorstellen. In Deutschland dauert sie schon im mittleren Dienst drei Jahre. In Afghanistan geht die Grundausbildung über acht Wochen. Dann werden die Polizisten auf irgendeinen Posten geschickt und tun ihren Dienst. Sind sie fähig und können sie lesen und schreiben, werden sie für einen Unteroffizierslehrgang ausgesucht, der noch mal sechzehn Wochen dauert.

Ich glaube, die Arbeit der deutschen und niederländischen Polizei war sehr gut, und ich hörte immer viel Zuneigung bei den Polizeikollegen für ihre afghanischen Schüler. Und sah Kopfschütteln, weil man im Grunde hier Polizeibeamte wie Soldaten ausbildete. Ein paar Grundlagen rechtsstaatlichen Verständnisses, viel Sport, Schießen, Festnahmetechniken und Hausdurchsuchungen, die im Grunde abliefen wie der »Sweep« im Orts- und Häuserkampf beim Militär.

Und alle deutschen Polizisten kannten die Sterbestatistik der afghanischen Ordnungshüter. Man hört wenig über einsatzbezogene PTBS bei Polizisten, aber ich denke, nicht wenige dürften gerade in diesem Punkt manche Last mit nach Hause gebracht haben.

Major Mischke pflegte den Kontakt zur Polizei wie auch

zum Auswärtigen Amt und zu den Alliierten sehr, und so bekamen wir die Einladung, an einer Graduierungsfeier des aktuellen »NCO-Course«, des Unteroffizierskurses, teilzunehmen und auf den Bundeswehrseiten darüber zu berichten.

Wir fuhren die sehr kurze Strecke zum GPTC. Die Anlage wurde, wie auch unser eigenes Camp teilweise, von afghanischen Angestellten einer Sicherheitsfirma gesichert, die ziemlich professionell und gründlich alles absuchten. Die Gebäude und Wege hier sahen ähnlich aus wie im Camp Pamir. Es gab gleiche mehrere Volleyballfelder nebeneinander und alle waren von Polizeischülern belegt. Die Afghanen lieben Volleyball und spielen fast alle richtig gut. Es gab immer wieder kleine Turniere im PRT Kunduz und die afghanischen Wachen gewannen eigentlich immer.

Wir sammelten uns vor der großen Halle, die beiden Kommandeure von MSU und PATF, die Leiter des deutschen und des niederländischen Polizeikontingents, weitere Soldaten und Polizisten und die afghanischen Offiziellen, darunter der Polizeichef der Provinz Kunduz, ein Oberst. Einige afghanische Journalisten von Zeitungen, Hörfunk und Fernsehen wuselten auch schon durch die Gegend.

Dann näherten sich die Kursabsolventen. In Dreierreihen, im Laufschritt, ziemlich zackig, fast preußisch und unter lauten Kommandos. All diese sehr schmalen, kleinen und doch so zäh wirkenden jungen Männer mit alten Augen verlangsamten in der Annäherung an die Halle und liefen dann seltsam unmilitärisch aus. Trappelten die kurze Treppe empor und strömten ins Innere, wo sie sich wieder formierten.

Wir rückten alle nach. Ein recht heller, kühler und hoher Raum. In der einen Hälfte die Kursteilnehmer, ihnen gegenüber und in einigen Metern Abstand das Rednerpult mit Blumenkübeln. An den Wänden links und rechts die Plätze für die Zuschauer und Offiziellen.

Es wurden ein paar Reden gehalten, von Afghanen, von Deutschen, von Niederländern. Sie sagten, was man bei solchen Anlässen sagt, der eine besser, der andere weniger gut. Doch die Rede des afghanischen Polizeichefs stach heraus. Er bedankte sich bei Deutschland und den Niederlanden, dann wandte er sich an die Absolventen. Ein Übersetzer übertrug immer stückweise ins Englische. Dass die Schüler eine gute Ausbildung bekommen hätten. Dass die Trainer von weit her gekommen seien und hart gearbeitet hätten. Dass die Absolventen immer daran denken sollten, wie viel Mühe sich diese Ausbilder gegeben hätten, auch die afghanischen. Und dass sie dadurch verpflichtet seien, ihr Bestes zu geben. Dass es Afghanistan nicht gutgehe. Dass viel von ihnen abhinge. Dass die afghanische Polizei in der ganzen Welt einen schlechten Ruf habe. Dass sie als korrupt gelte, dass das ganze Land als korrupt gelte. Und dass sie hier seien, um dagegen zu kämpfen, gegen Verbrechen und gegen Korruption. Dass man sie beobachte, aus der ganzen Welt. Und dass die Ausbilder aus Europa es nicht verdient hätten, dass ihre Schüler irgendwann korrupt seien. Und dass sie alle, er und die Schüler, Polizisten seien, um Afghanistan und den Afghanen zu dienen. Gleich, was es sie koste.

Danach trat eine Gruppe von sechs Absolventen vor, meldete, trat hinter das Pult. Einer der sechs hielt eine vorbereitete Rede, in der er den Ausbildern dankte und gelobte, sie alle wollten gute Polzisten für Afghanistan sein. Und dann begannen die sechs, für ihren Jahrgang zu singen. A cappella, inbrünstig, ein wunderschönes Lied mit Obertönen.

Uniformierte aller anwesenden Nationen und Organisationen wurden nach vorne gebeten, und die Verleihung der Diplome an die Besten des Kurses begann. Ein Name wurde gerufen, dann löste sich der Trainee aus der Formation, ging im Stechschritt, mit hochgeschwungenen Armen und wiegendem Oberkörper vor der Formation entlang, eine eigenartige Mischung aus preußischem Exerzierreglement und orientalischer Tänzerhaftigkeit, auf den Oberst zu. Blieb knapp eineinhalb Meter vor ihm stehen, hob die Hand an die Schläfe und brüllte aus Leibeskräften eine Meldung. Dann setzte er den linken Fuß knallend einen halben Schritt vor, beugte eckig den Oberkörper, streckte die rechte Hand der Rechten des Oberst entgegen und nahm mit der linken sein Besten-Diplom entgegen. Dazu wendete er das Gesicht nach rechts und brüllte lauthals »Joan!«, was etwa »Ein langes Leben« bedeutet. Der Händedruck wurde gelöst, eine Kehrtwendung vollzogen, dann hob der Absolvent das Diplom mit beiden Händen hoch über den Kopf und brüllte »Ich diene Afghanistan«, worauf alle laut klatschten. Im abebbenden Applaus knallmarschierte der Mann dann drei, vier Schritte, bevor er abrupt in Normalgang überging und wieder in der Masse der Angetretenen verschwand.

Der Vorgang wiederholte sich exakt gleich bei jedem Vorgetretenen, nur der Übergebende wechselte. Bis alle afghanischen und deutschen Offiziellen, Polizisten und Soldaten, ein Diplom übergeben hatten. Der Kommandeur der PATF, sein ganzes Armeeleben lang Fallschirmjäger und vom Feldwebel aufgestiegen bis zum Oberst, war von der Zackigkeit so beeindruckt, dass er »seinem« Diplomanden auf den linken Arm haute und so ums Haar von den Beinen holte, was für lautes Lachen sorgte.

Der Punkt war: Diese Begeisterung des deutschen Offiziers, die sich auf das militärische Zeremoniell bezog und sich etwas ungeschickt, aber sehr ehrlich in dem Klaps ausdrückte, war im Kern eine Begeisterung darüber, dass es allen hier so ernst war. Dass es um etwas ging. Dass diese jungen Männer hier wussten, dass für eine Menge von ihnen der Tod vor der Zeit kommen würden, weil sie sich für diese

Arbeit entschieden hatten. Und ihr oberster Chef in der Provinz fand mahnende Worte, aber er machte damit den Wert ihrer Arbeit deutlich, zeigte auf, worauf sie stolz sein könnten, wenn sie den richtigen Weg gingen.

Afghanistan zu dienen.

Ich hatte zwischenzeitlich mehr vom Land gesehen, endlich. Ein großer Material-Konvoi mit 35 Fahrzeugen war von Kunduz fast dreihundert Kilometer Highway gefahren. Nach Südwesten, durch das sogenannte »Bottleneck«* im Baghlan-Korridor, eine enge Strecke, von hohen Bergen links und rechts überragt, ideal für Hinterhalte. Am OP North vorbei, wo wir noch einen weiteren Schwerlasttransport aufnahmen. Bei Pol-i-Khomri, am Highway-Triangle, wechselten wir die Richtung und rollten nordwestlich in Richtung Mazar-e Sharif, dem Ziel unserer Reise. Der Umweg war nicht vermeidbar, eine bestehende Ost-West-Tangente nördlich von Kunduz war für uns nicht befahrbar. Die Landschaft wechselte vom fruchtbaren Kunduz über die braunen Berge und grünen Hügel Baghlans zu den Steinwüsten vor Mazar, in der Provinz Balch. Und dazwischen immer wieder kleine und große Ortschaften. Manchmal nur ein paar Lehmgehöfte, dann eine längere Hauptstraße mit kleinen Läden, meist nur Lebensmittel oder Haushaltswaren, und richtige Städte mit Straßenmärkten, Motorradhändlern, Schneidern, Teestuben, Barbieren. Im Bottleneck steinerne Siedlungen, in die Felsen gebaut.

Ich begleitete auf dieser Reise Uli Gack vom ZDF mit seinem dreiköpfigen Team. Zwei Kameramänner, ein Producer und Gack selbst. Eine eingeschworene Truppe, seit Jahren in Afghanistan und anderen Krisengebieten unterwegs.

* Bottleneck = Flaschenhals

Sie hatten Gefechte und Anschläge miterlebt, mit Taliban gesprochen und kannten alle großen Player in der afghanischen Politik. Leute, die ihren Hals riskieren, um aus den geschundenen Ecken der Erde zu berichten. Gack und ein Kameramann fuhren mit ihrem afghanischen Mitarbeiter im Zivilfahrzeug vorneweg, um den Konvoi immer wieder in der Vorbeifahrt zu filmen. Die beiden anderen saßen mit mir in einem Dingo, der zu den abzugebenden Fahrzeugen gehörte und deswegen keine Bordwaffe mehr hatte. Der Kameramann konnte so aus der Dachluke filmen. Das ganze Unternehmen wurde als riskant eingestuft, wir fuhren durch traditionell unruhige Gebiete und waren mit so vielen Fahrzeugen an der Grenze des – im Falle eines Angriffs – taktisch Beherrschbaren. Der Chef der QRU, ein junger Fallschirmjägerhauptmann, führte den Transport, Drohnen begleiteten uns zur Beobachtung und Kampfhubschrauber. Auf dem Highway fuhren wir etwa achtzig Stundenkilometer, in den Ortschaften dreißig bis Schritttempo, je nach Verkehrslage und Staubdichte. Je staubiger die Straße, desto langsamer war zu fahren, damit so wenig Staub wie möglich aufgewirbelt wurde, um die Bevölkerung, vor allem die Lebensmittelhändler, nicht zu verärgern.

Ich war überflutet von Eindrücken. Von der Landschaft, den Orten, aber auch den Menschen am Straßenrand. Vorwiegend Männer. Frauen selten und immer in Burkas, außer jungen Lehrerinnen mit Schulgruppen, die durften ihre Gesichter frei zeigen.

Ich sah Ochsengespanne und Eselskarren, aber auch Traktoren. Große Jingle Trucks im indischen Stil, bunt bemalt und voller Wimpel und anderem Schmuck. Auf dem Highway unzählige Toyota Corollas, Pick-ups. Und Motorräder, Motorräder, Motorräder. Das erschwinglichste Verkehrsmittel. Und meist der Stolz seines Besitzers. Ich habe selten so viel Chrom an einfachen Kleinkrafträdern gesehen. Gepäckträger, Schutzbügel, Halterungen für Seitenkoffer. Egal. Hauptsache, Chrom. Und fast immer zwei Leute drauf.

Und bunte Tuk-Tuks, auch wie in Indien und Pakistan. Darin meist Frauen und Kinder oder sehr junge Jugendliche. Ich musste ständig an Erzählungen meines Vaters aus der Nachkriegszeit denken, die amerikanischen Panzer, die GIs, die Schokolade und die Kaugummis.

Das war jetzt ich. Ein gut genährter Soldat von unvorstellbar weit weg, mit Helm und Gewehr, der aus der Dachluke eines riesigen, tonnenschweren Panzerfahrzeugs schaut.

Nach fast sieben Stunden und einer einzigen Pinkelpause rollten wir auf Camp Marmal zu. Wurden von mongolischen Fallschirmjägern gründlich untersucht und langsam durchs Main Gate geschleust, um dann auf einem staubigen Parkplatz schließlich die Motoren abzustellen, die Waffen zu entladen und auf die nächsten Anweisungen zu warten. Für mich und die Journalisten war es Gott sei Dank einfach – wir wurden von der Pressestelle Mazar aufgenommen und ins schicke Ingotel verfrachtet. Die anderen mussten ihr abzugebendes Material loswerden, ihre Fahrzeuge sicher abstellen und dann ein großes Zelt als Unterkunft beziehen. Am nächsten Morgen fuhren sie im Konvoi zurück, Uli Gack und sein Team hatten in Mazar zu tun, und ich blieb noch einen Tag länger, um in Ruhe einen Bericht über den Konvoi zu schreiben.

Die Amerikaner waren auf derselben Strecke zwei Wochen vorher angesprengt und beschossen worden. Uns war der Krieg wieder ferngeblieben.


Kurz nach meiner Rückkehr war die Graduiertenfeier der Polizei, danach kehrte für einige Tage Ruhe und Routine ein. Major Mischke ordnete Kräfteschonung an, und Rolfert und ich begannen endlich, regelmäßig gemeinsam zum Sport zu gehen, das hatte ich völlig vernachlässigt. Nach der ersten Woche hatte ich mir immerhin einen völligen Alkoholverzicht für die Einsatzzeit auferlegt, und damit fuhr ich gut. Ich wollte angesichts der ständig mitgeführten Schusswaffe einen absolut klaren Kopf haben und das Fett in Schach halten. Wobei ich Bier und Wein durch Spezi ersetzte, was wampenmäßig sicher auf dasselbe rauskam. Routine schlich sich ein. Wir arbeiteten Bürokram ab, hörten uns Major Mischkes Berichte aus den Lagebesprechungen an, machten Pläne für weitere Journalistenbesuche und besprachen eigene Projektideen. Wir ärgerten uns manchmal über andere oder uns gegenseitig, aber im Großen und Ganzen war Durchatmen angesagt.

Ein Bergfest stand an, ich weiß schon nicht mehr, ob es Kontingentmitte war, oder nur für die Stabs/VersKompanie. Jedenfalls spielte vorm Lummerland die aus Soldaten zusammengewürfelte Lagerband, und zwischendurch legten Leute auf. Es wurde gegrillt, und der Getränkeverkauf fand draußen statt. Es kamen auch viele Niederländer, Belgier und Amis. Wir waren einfach mal als Teilnehmer dabei und quatschten so rum.

Irgendwann schrillpiepte Mischkes Tetrapol, ein digitales Handfunkgerät für die lagerinterne Kommunikation, allgemein nur »Terrorpol« geschimpft. Mischke sagte uns, er solle sofort in die TOC kommen, anscheinend gebe es irgendwo einen Vorfall. Knapp zehn Minuten später rief er auf Rolferts Gerät an, wir sollten bitte beide sofort ins Büro gehen, er träfe uns dort. Dringend.

Wir erlebten ihn blass und steif, mitgenommen. Es hatte ein Gefecht in Baghlan gegeben, etwa fünfundzwanzig Kilometer nördlich des OP North. Zwei Schwerverwundete habe es zuerst geheißen, einer sei mittlerweile tot. Das Gefecht habe immer noch angedauert, die Hubschrauber mit dem Gefallenen und dem Verwundeten seien jetzt erst auf dem Weg hierher. Wir müssten die Meldung ans Einsatzführungskommando vorbereiten, er wisse gar nicht, ob wir da eine Vorlage, ein Muster hätten. Und alles müsse absolut vertraulich behandelt werden, bei unseren Leuten handele es sich um Männer vom KSK. Seines Wissens sei das der erste tote KSK-Mann in einem Gefecht in Afghanistan. Und der erste Tote hier seit mehr als eineinhalb Jahren.

Wir waren nicht vorbereitet. Ich suchte die Dateien im PC durch und fand mit viel Mühe etwas, das als Vorlage taugte. Mischke ging immer wieder in die TOC, um neue Infos zu bekommen. Der Funkverkehr wurde wohl mittlerweile von Potsdam mitgehört und alles Weitere auch von dort koordiniert. Die Angehörigen mussten benachrichtigt sein, bevor irgendetwas an die Öffentlichkeit gelangte, das war oberste Priorität.

Der Kommandeur der PATF hatte mittlerweile die Feier abgebrochen und bekanntgegeben, dass wir einen Gefallenen hatten. Es war still im Camp. Schwarze Nacht. Wenn wir nichts zu tun hatten, standen Rolfert und ich vorm Büro und starrten in den dunklen Himmel. Ab und zu kam jemand vorbei, die meisten Büros waren natürlich nicht besetzt. Wer hier jetzt noch herumlief, wusste Bescheid und war deswegen auf den Beinen. Wir wechselten bedrückte Sätze und Achselzucken. Nicht weil es egal war, sondern weil man es nicht fassen konnte. Dass da draußen gerade Kameraden von uns etwas Entsetzliches erlebt hatten. Ein Gefecht. Tod. Verwundung. Irgendwann wurde es laut. Die Helikopter. Jetzt konnte man nur noch darauf hoffen, dass wenigstens der Verwundete es schaffen würde.

Das zivile Internet war ausgeschaltet, alle Kommunikationswege wurden jetzt gebraucht, und es war angeordnet, dass niemand privat telefonieren durfte. Nichts durfte vorerst rausgehen.

Am nächsten Morgen durchforstete ich das Internet, ob schon was öffentlich war. Ja. Es fand sich einiges, die Meldung des Einsatzführungskommandos war noch in der Nacht online gegangen. Es gab schon größere Artikel hier und da online.

Auch im Online-Angebot der »Süddeutschen« war ein Text, ich fand ihn auf Facebook. Und darunter die Kommentare der Leser.»Ein deutscher Söldner«,»Das Handwerk von Soldaten ist nun mal das Töten, so what?«,»Der hat es nicht besser verdient«,»Ach ja, und wie viele unschuldige Afghanen hat der gekillt?«.

Natürlich gab es auch Beileidsbekundungen und Empathie, manche Kommentare zeugten von tiefen Zweifeln, dass man eigentlich gegen den Einsatz sei, aber das sei doch furchtbar, so ein junger Mann. Diese Beiträge waren die Mehrheit.

Aber die bösen, hasserfüllten Beiträge waren keine lässliche Minderheit. Sie waren zahlreich und eindeutig. Sie sprachen allen Hinterbliebenen das Recht, zu trauern, ab. Sie machten aus dem Toten einen Verbrecher, der seine Strafe bekommen hatte. Todesstrafe.

Der Gefallene war Hauptfeldwebel, 32 Jahre jung und hinterließ eine Frau und zwei kleine Kinder. Ich wurde wütend. Auf diese Leute in ihren Komfortzonen, weit weg von jeder Dunkelheit, die sich anmaßten, über etwas zu urteilen, dass sie sich gar nicht vorstellen wollten oder konnten, aber das sie genau durchschaut zu haben glaubten.

Und dann dachte ich an die Rede des Polizeichefs und vor allem an General James L. Terry. Was er gesagt hatte über Opfer.

Und über Dank.

# Im Angesicht ...

Der Tod war mitten unter uns getreten, und doch hielt er sich unerkannt im Schatten. So gut wie niemand von uns hatte den jungen Kameraden gekannt. Die Soldaten des Kommandos Spezialkräfte, die in Kunduz dienten, hatten einen eigenen Lagerbereich. Hinter Mauern und Stacheldraht lagen ihre eigene TOC, ihre Unterkünfte, sogar eine eigene Schießanlage. Sie trugen keine besonderen Patches und waren nicht ohne weiteres von anderen Soldaten zu unterscheiden. Ich hatte bei den saarländischen Fallschirmjägern schon mal eine Abordnung des KSK beim Freifallspringen gesehen und damals gelernt, dass Kommandosoldaten erstens nicht alle gleich aussahen und zweitens in der Mehrzahl eher unauffällig waren. Es gab in Kunduz eine Menge Fallschirmjäger, die von Habitus und Auftreten, von Muskelmenge und Tätowierungen und vor allem von Haarlänge und Barttracht (beides sehr lang, erstere pomadiert und nach hinten gekämmt) eher jedem Klischee von Special Forces entsprachen als die wenigen, die ich irgendwann dann als reale Angehörige des Kommandos identifizieren konnte. Das kam durch ein Detail. Einer von ihnen, der schrägerweise auch noch als Einziger nach KSK-Klischee aussah – er war sehr groß, sehr breit, trug lange Haare und Fusselbart –, fuhr eines Tages mit einem sandfarbenen Motorrad vor der Feldpost vor. Und diese Geräte hat nur das KSK. Wenn ich seitdem seine Tischgemeinschaft betrachtete, wiederholte sich der Eindruck von damals. Die meisten von ihnen wirkten sehr durchschnittlich. Nicht allzu jung, manche schon Mitte bis Ende dreißig. Alle sahen sportlich aus, aber eher wie sehr fitte Freizeitsportler als wie irre Pumper oder fanatische Triathleten. Ich habe von Leuten, die mit dem KSK zu tun hatten, immer wieder gehört, dass der Kopf dort entscheidend sei. Klar seien die alle fit. Gute Kampfsportler, schnelle Reaktionen. Aber bei den Auswahlverfahren zeigte sich seit Jahren, dass oft beinahe übertrainierte Bewerber scheiterten und kleine, vergleichsweise moppelige Typen oder hagere Haken bis zum Schluss durchhielten. Weil sie einfach wollten. Weil sie nichts anderes vor Augen hatten als durchzuhalten.

Spätestens seit dem Tanklasterbombardement 2009 wurde ja viel gemunkelt und geraunt über die Task Force 47, die Einheit, die zum großen Teil aus KSK-Leuten besteht (aber beileibe nicht nur) und in jenem abgeschlossenen Lagerteil lebte und arbeitete. Und ich kann wenig aus eigener Anschauung darüber berichten, ich habe KSK-Leute nur beim Essen gesehen. Und – I swear to God – die essen dann einfach nur, sind höflich und geduldig in der Schlange und drohen auch nicht, einen lautlos zu töten, weil man sich die letzte Scheibe Salami geschnappt hat.

Es gibt eine Geschichte aus den Anfängen des Afghanistankrieges, die – wie ich finde – die Dinge in ein realistisches Licht rückt. Damals, 2001 oder 2002, während der Kämpfe um Bora-Bora und die anschließende intensive Jagd auf Osama bin Laden, war das KSK mit gut 100 Mann im engen Schulterschluss mit amerikanischen und britischen Spezialeinheiten im Kampfeinsatz. Das war der substanziellste Beitrag der Bundeswehr im Sinne von Kanzler Schröders »unbedingter Solidarität«. Wir Deutschen waren aus Sicht der Amis zum ersten Mal wirklich »dabei«. Das KSK hat international einen sehr guten Ruf, seine militärischen Fähigkeiten werden auch von den Amerikanern als herausragend betrachtet. Die Briten sind uns auf diesem Sektor ohnehin eng verbunden, weil sowohl die GSG 9 als auch das KSK stark nach Muster des britischen SAS* konzipiert und zum Teil sogar dort ausgebildet wurde und wird.

Zwei Angehörige des KSK hatten einen Aufklärungsauftrag. Sie sollten sich an einem Punkt X eingraben und aus diesem Versteck über mehrere Tage eine Zielperson beobachten. Trotz aller Vorsicht wurden die beiden jedoch von einem Ziegenhirten entdeckt. Der Hirte konnte sie verraten oder auch nicht, das Risiko war jedenfalls zu groß, sie waren »verbrannt«. Die deutschen Kommandosoldaten gaben das Versteck auf und zogen sich zurück. Im Camp berichteten sie von dem Fehlschlag, vermutlich nicht sehr glücklich, aber was soll man machen?

Nun, die Amis schüttelten ihre Köpfe und sagten einhellig: den Ziegenhirten kaltmachen, was sonst? Worauf die Deutschen wiederum den Kopf schüttelten und auf Rechtslage und Ethik verwiesen. Sie seien – Spezial hin, Kommando her – Soldaten der Bundeswehr, die deutscher Gesetzgebung und dem internationalen Völkerrecht unterlägen, es käme für sie keinesfalls in Frage, gezielt Nicht-Kombattanten zu töten, nur weil sie entdeckt, aber nicht bedroht worden seien.

Darauf hatten die Amis keine Antwort, aber danach wurden die KSK-Männer angeblich nur noch in der Absicherung von Kommandooperationen der Amerikaner eingesetzt, nicht mehr bei Zugriffen selbst.

Ich weiß nicht, ob die Geschichte wahr ist, aber ich habe sie ziemlich oft gehört, und sie erscheint mir absolut glaubhaft. Niemand kann im Vorhinein ausschließen, dass es bei Konflikten wie in Afghanistan gerade im Zuge von Kom-

---

* SAS = Special Air Service, britische Spezial- und Anti-Terror-Einheit, im Zweiten Weltkrieg begründet.

mandooperationen zu Verstößen gegen geltendes Recht kommt, und falls so etwas geschieht, ist es keine Kleinigkeit. Aber dass Soldaten der Bundeswehr, egal aus welcher Einheit, bewusst und ständig solche Verstöße begehen, schließe ich kategorisch aus.

Zur Zeit meines Einsatzes war die Task Force 47 hauptsächlich mit allgemeiner militärischer Aufklärung und der Ausbildung und Unterstützung afghanischer Spezialeinheiten befasst. Im Grunde nichts anderes, als was unsere PATF machte, bis auf den Unterschied, dass das KSK durch die anspruchsvolle und von daher immer noch intensivere Zusammenarbeit mit den noch recht unerfahrenen afghanischen Specials eben sehr viel gefährdeter operierte als die Regulären. Und genau das war dem jungen Hauptfeldwebel an jenem Abend zum Verhängnis geworden.

Laut offizieller Berichte hatte eine Spezialeinheit der afghanischen Polizei das Detachement des KSK in der FOB Khilagay (in der Nähe des Highway-Triangles) um Hilfe gerufen. Sie würden aus einem Waldstück an einem Flussübergang heraus heftig beschossen und kämen nicht weiter. Ein Trupp von siebzehn Mann des KSK machte sich auf den Weg. Vor Ort gerieten die Deutschen ebenfalls sofort unter heftiges Feuer. Was dann passierte, ist nicht klar. Laut inoffiziellen Berichten zogen sich die Afghanen bei Auftauchen des KSK panisch zurück und die Lage wurde für die Deutschen brandgefährlich. Sie riefen Luftnahunterstützung in Form von Kampfhubschraubern zu Hilfe. Deren Beschuss blieb jedoch nahezu wirkungslos, so dass als weitere Eskalation ein amerikanisches Erdkampfflugzeug gerufen wurde, das das Waldstück mit einem Bombenteppich belegte.

Anschließend rückten die KSK-Männer mit den Afghanen zum sogenannten »Battle Damage Assessment«, der

Schadensfeststellung, wieder in den Wald vor. Dort gerieten sie erneut unter Feuer, obwohl mehrere Überflüge mit Wärmebildkameras angezeigt hatten, dass dort unten niemand mehr lebte. Der Angreifer hatte sich offenbar unter einer dicken Plastikplane verborgen und war so dem Wärmesucher entgangen.

Er schoss aus kurzer Entfernung. Der erste Mann war, wie sich später herausstellen würde, sofort tot, der zweite durch einen Kopfschuss schwer verwundet. Es entbrannte ein Feuergefecht, offenbar hatten noch mehr Taliban überlebt oder es waren neue dazu gekommen. Anfliegende Helikopter wurden beschossen, es dauerte, bis die Lage wieder so weit beruhigt war, dass der Gefallene und der Verwundete ausgeflogen werden konnten.

Am Tag danach trat Verteidigungsminister de Maizière mit dem Befehlshaber des Einsatzführungskommandos, Generalleutnant Fritz, vor die Kameras und erklärte, dass zum ersten Mal ein Soldat des KSK in Afghanistan gefallen sei. Das war ein ziemlicher Schritt in die Öffentlichkeit. Allerdings wurde aufgrund der speziellen Geheimhaltung bezüglich dieser Einheit nur der Vorname des Gefallenen veröffentlicht. Der Verwundete konnte noch im Laufe der Nacht das Lazarett verlassen. Das KSK wollte zunächst keine Trauerzeremonie in Afghanistan, was sonst üblich war. Gleichzeitig wurde mit der Familie im Hintergrund gesprochen, wie die Trauerfeier in Deutschland ablaufen solle. Diese wünschte zwar ein militärisches Begräbnis, wollte aber keine Presse dabeihaben.

Am Ende wurde eine Abschiedsfeier in Mazar-e Sharif vereinbart, Kameraden des Gefallenen würden den Leichnam auf dem Weg nach Deutschland begleiten und auch eine Weile für die Familie des Toten da sein. Der Zusammenhalt der Angehörigen von Kommandosoldaten soll auch deshalb besonders gut sein, weil sie mit niemandem sonst über die geheime Arbeit der Männer reden können.

Fast drei Tage verblieb der Leichnam also in einem Kühlcontainer in Kunduz. Der Container befand sich hinter dem Lazarettgebäude. Weitere Container und ein kleiner Flachbau bildeten eine Art Innenhof. Es gab sogar eine Überdachung. Darunter würden bis zum Abtransport der Leiche rund um die Uhr zwei Ehrenposten zur Totenwache stehen. Diese Posten bedeuten mehrerlei. Einerseits ehren sie einfach das Andenken und den Tod im Dienst. Sie bezeugen auch die Verbundenheit des Toten mit der Armee über seinen Tod hinaus. Und nicht zuletzt bewachen sie den letzten Schlaf des Kameraden.

In den Nachtstunden würden Soldaten der Task Force 47 die Posten stellen, für die Tageswachen konnte man sich freiwillig melden. Das Vorzimmer des Kommandeurs der MSU führte eine Liste. Rolfert und ich ließen uns dort eintragen, wegen der recht hohen Temperaturen hatte man den Dienst auf eine halbe Stunde am Stück begrenzt, dann wurde abgelöst. Rolfert hatte noch nie Ehrenposten gestanden, obwohl er Berufssoldat gewesen war, und ich natürlich erst recht nicht. Wir fragten einen Kameraden, der den Dienst schon geleistet hatte, wie es ablief, und dann machten wir uns zur vereinbarten Zeit auf.

Jemand hatte Schilder aufgestellt, weil der Eingang zwischen Containern gar nicht so leicht zu finden war. Ich weiß nicht mehr, was auf den Schildern stand, ich glaube »Kondolenzbuch«. Obwohl der kleine Hof ja nicht im Geringsten für diesen Zweck angelegt und wirklich nicht schön war, erfasste mich und Rolfert beim Betreten die Stimmung des Rituals. An der Stirnseite, vor dem Kühlcontainer standen die beiden Posten in »Habt Acht!«. »Habt Acht!« kommt im normalen Formaldienst nicht vor, diese Stellung ist nur Ehrenposten, Totenwachen und Fackelträgern vorbehalten. Die Füße stehen schulterbreit auseinander, die Hände liegen gestreckt an der Hosennaht, wie beim Stillgestanden, der Rücken gerade, der Blick frei geradeaus.

So standen die Kameraden, etwa fünf Meter auseinander. Ihre Gesichter sollten ausdruckslos sein, aber sie wirkten aufgedunsen. Ihr Atem ging sichtbar, auch wenn ihre körperliche Haltung tadellos war. Sie trugen Wüstenuniform. Ausgehuniformen hatte im Einsatz niemand dabei. Die Pistole trug man wie immer am Gürtel und als Kopfbedeckung Barett oder Bergmütze.

Ohne uns abzusprechen, war klar, dass wir zuerst die beiden Posten ablösen und erst nach unserer Wache etwas in das Kondolenzbuch schreiben würden.

Ich konnte Trauer, Schmerz und Anstrengung in den Augen meines Vorgängers sehen. Den Trauerflor am linken Arm übergab man, indem man sich die linke Hand gab und die Armbinde so von einem Arm über die Hände auf den anderen streifte. Seine Hand zitterte dabei. Ich bekam feuchte Augen. Als der Trauerflor saß, trat er einen Schritt zur Seite, und ich nahm seinen Platz ein. Er trat dorthin, wo ich gerade gestanden hatte, und dann machten wir beide eine Kehrtwendung. Ich hörte das Scharren unserer Stiefel im Sand.

Ich trat mit dem linken Fuß einen halben Schritt nach links und stand so in »Habt Acht!«.

Unsere Vorgänger blieben einen Moment vor uns stehen, die Blickverbindung war sehr intensiv. Als hätte er seine Last buchstäblich an mich weitergegeben, als teilte er mir mit, dass es schwer sein würde, eine halbe Stunde hier zu stehen. Rolfert sagte mir später, dass er es bei seinem Vorgänger genauso empfunden habe. Dann machten sie kehrt, gingen ebenso gemessen wie wir vorhin auf Abstand, machten wieder kehrt und grüßten uns als die neuen Posten.

Dann trugen sie sich ins Kondolenzbuch ein, jeder nahm sich noch einige Augenblicke Zeit im Angesicht des Containers, dann grüßten sie zum Abschied den Gefallenen militärisch und gingen.

Sie hatten beide geweint.

Wir standen fast zehn Minuten alleine. Die Temperatur war erträglich, das Stehen strengte nicht übermäßig an, aber in mir wuchs von Minute zu Minute der Schmerz. Es war so viel Raum in der Stille und im Ritual. Mir kam es vor, als hätten alle Posten vor uns, alle die zum Abschiednehmen gekommen waren, ihren Kummer hier gelassen. Und jetzt wohnte er in diesem Hof, und wenn man zu lange blieb, machte er sich in einem selbst breit.

Ich dachte an die Familie, an die Kinder. Hoffte, dass die Witwe Kraft fände, dass ihre Verwandten und Freunde sie hielten. Immer wieder sah ich undeutlich eine Szene. Dass es klingelte, sie öffnete und da stand dann ein Offizier, in dem Fall ziemlich sicher vom KSK direkt, weil die Familie in Calw, am Standort des Kommandos, lebte. Neben ihm ein Pfarrer. Die Frau hatte es sicher sofort gewusst. Jeder Soldat erklärte seinen Angehörigen vor dem Einsatz, dass der schreckliche Moment genau so aussah. Ein Offizier und ein Pfarrer. Auch die Überbringer taten mir leid. Wie war das? Die Fahrt dorthin. Das Öffnen der Tür, der Blick in die Augen der Frau und es dann zu sagen. In der Welle zu stehen. Den Unglauben, das Leugnen, das Begreifen sehen und ertragen.

Erst zehn Minuten, vielleicht zwölf standen wir hier, und meine Brust war eng geworden, die Augen gereizt. Dann kam ein junger Hauptmann, Fallschirmjäger, er grüßte uns militärisch, dann faltete er die Hände vor dem Bauch, senkte den Kopf. Er stand eine ganze Weile und dachte oder betete oder fühlte einfach. Dann schrieb er etwas in das Kondolenzbuch und nahm wieder seinen vorherigen Platz ein. Sein Atmen war über die ganzen zehn Meter zu hören und fuhr durch mich durch. Er straffte sich, hob die Hand an die Schläfe und grüßte den Toten.

Später kamen zwei Soldaten zusammen, gedachten, schrieben sich ein und gingen, dann folgte eine Soldatin, die einfach in gerader Haltung und grüßend weinte. Ich konnte Rolfert hören, er verlagerte vorsichtig und leise immer wieder sein Gewicht von einem Fuß auf den anderen, was ich auch tat. Und er atmete. Schwer, räusperte sich immer wieder fast lautlos, aber schon über die kurze Zeit des Zusammenstehens hier war es, als ob man den anderen direkt neben sich spürte.

Nach einer Ewigkeit, die doch nur dreißig Minuten dauerte, kam unsere Ablösung. Ich wusste jetzt, warum die Gesichter unserer Vorgänger so geschwollen ausgesehen hatten, und es konnte kein Zweifel bestehen, dass auch wir jetzt so aussahen. Das Bemühen, nicht die Fassung zu verlieren, ein würdevolles Bild abzugeben, während andere ihrer Trauer zu Recht nachgaben, ließ allen Kummer sich anstauen, und die Tränen hielten sich mit letzter Kraft zurück.

Und mit der Übergabe der Armbinde veränderte sich das Gesicht des Ablösenden, er übernahm, wie auch ich vor einer halben Stunde, meine Trauer, meine Fassung und setzte mich frei.

Rolfert und ich trugen uns ins Buch ein. Dann gedachten wir des Kameraden und grüßten ihn zum Abschied. Wir gingen schweigend fast den ganzen Weg bis zum Stabsgebäude.

# Camping, extended version

**M**it dem Tod des jungen KSK-Mannes veränderte sich das Klima im Lager. Das Frühjahr ist seit Jahren der Beginn der »fighting season« in Afghanistan, und ebenso kündigten die Taliban seit Jahren eine Offensive an. Die auch immer wieder gestartet wurde. Jede ISAF-Nation ist ständig mit Informationsgewinnung und Auswertung befasst, das ist militärisches Alltagsgeschäft. Kurz vor dem Gefecht, in dem der Hauptfeldwebel fiel, wurde zum ersten Mal seit längerer Zeit wieder eine Patrouille angesprengt. Die Soldaten waren auf dem Weg ins DHQ* Char Darah, wo nach wie vor ständig ein Infanteriezug aus Kunduz stationiert war. Um die ANSF** bei der Überwachung des Raumes Char Darah zu unterstützen, der traditionell ein Rückzugsort der Taliban war und wo die Bundeswehr ihre schwersten Gefechte erlebt hat.

Der Sprengsatz war nicht sehr groß, und die betroffenen Fallschirmjäger waren anderes gewohnt. Kleine Schäden an einem Dingo, ein Schreck und leichte Knalltraumata waren die einzigen Folgen. Doch wiederum einige Zeit später wurde derselbe Zug nachts im DHQ unter Steilfeuer genommen. Die Geschosse landeten außerhalb, es gab noch Beschuss aus Handwaffen, aber auch der blieb folgenlos.

Die Frage war, ob das nun die angekündigte Offensive

---

\* DHQ = District Head Quarter, Zentrale der afghanischen Polizei auf Distriktebene
\*\* ANSF = Afghan National Security Forces, zusammenfassend für Armee und die diversen Polizeieinheiten

war. Im ganzen Land nahmen die Angriffe auf ISAF wieder zu, wenn es auch uns im Norden im Grunde nicht so stark betraf. Die beiden Attacken in Char Darah konnten durchaus als Warnung verstanden werden. Der Feind wusste, dass ISAF sich im Laufe des Jahres aus der Region Kunduz zurückziehen würde. Und dass er es danach nur noch mit ANSF zu tun hatte. Die afghanische Polizei oder Armee patrouilliert bevorzugt in Pick-ups. Auf der Ladefläche sitzen vier oder fünf Mann mit Kalaschnikows, eventuell ist auf einen Stahlrahmen über dem Führerhaus noch ein MG montiert. Zwar hatten vor allem die Amerikaner eine Menge geschützter Fahrzeuge an die Afghanen abgegeben und sie auch darauf und damit geschult, aber die ganze Wartung und Instandsetzung funktionierte nicht so wie in einer westlichen Armee. War ein Fahrzeug kaputt, nahm man eben ein anderes, das noch in Ordnung war, anstatt zu reparieren und regelmäßig zu warten. Mit den Pick-ups war alles viel einfacher für sie.

Nun war es natürlich für den Feind auch einfacher, so einen Pick-up zu beschädigen beziehungsweise die darauf befindlichen Kämpfer zu verletzen oder zu töten, als einen deutschen Konvoi mit geschützten Fahrzeugen, schwerer Bewaffnung und taktisch gut geschulten Soldaten zu attackieren.

Ich will damit nicht sagen, dass die afghanischen Soldaten nicht gut sind. Sie sind furchtbar tapfer und hart. Aber man muss ehrlich sagen, dass sie taktisch und von der Ausrüstung her weit hinter modernen Standards liegen. Ein Zugführer in unserer Schutzkompanie hat es mir mal so erklärt: Neben dem guten Schutz der Fahrzeuge ist unsere Hauptstärke gegen die Angreifer hier, dass deutsche Soldaten äußerst flexibel handeln. Sie haben in zig Trainings und Übungen für jede Situation Analysetools erlernt und sich einen Katalog von Handlungsmöglichkeiten angeeignet. Die Truppenführer geraten nicht leicht in Panik oder Überschwang, sondern beurteilen jeden Gefechtsverlauf mit möglichst viel Ruhe und kühlem Kopf. Bloß weil Feindkräfte an irgendeiner Stelle nah kommen und Druck ausüben, muss man nichts drangeben. Man kann reagieren. Gegendruck erzeugen oder ausweichen. Einfach irgendwo öffnen und den Angreifer ins Leere laufen lassen, ihn dafür von überraschender Seite aufrollen und wegdrängen. Das ist Taktik. Wichtig dabei ist, dass alle Entscheider vor Ort ein möglichst genaues Lagebild haben und den Überblick behalten. Je besser das gelingt und je schneller Entscheidungen getroffen und umgesetzt werden, umso größer sind die Erfolgsaussichten.

Natürlich ist dieser Feind nicht dumm. Er analysiert auch, und er lernt. Und er kämpft schon über dreißig Jahre. Taktisches Können aus all diesen Jahren wird weitergegeben und verfeinert. Aber er ist dennoch eingeschränkt durch viele Faktoren. Bewaffnung, Kleidung, Nachschub, Sanitätsversorgung, Training, Gesundheit, Fitness. Das alles kommt über ein einfaches Niveau nicht hinaus. Er kann damit viel anfangen, nicht umsonst hat die Bundeswehr fünfunddreißig Soldaten in Gefechten und Anschlägen verloren. Aber es kostet ihn viel, uns anzugreifen. Geld, Mühe, Blut. Mit oft nicht sehr großem Erfolg.

Die ANSF anzugreifen kostet ihn sehr viel weniger, und in der Regel hat er mehr Erfolg. Solange wir gemeinsam gekämpft haben, musste der Feind es eben zwangsläufig auch mit uns aufnehmen, uns schlagen, wo er konnte. Aber jetzt, wo klar war, wir würden in wenigen Monaten gehen, und jetzt, wo die ANSF ja auch schon so gut wie alles ohne unsere Hilfe machen sollten, hatte er einfach beschlossen, uns außen vor zu lassen. Das hatte auch den Vorteil, dass die Wahrscheinlichkeit sehr gering gehalten wurde, dass sich

Politiker im Westen doch noch mal überlegen, ob man nicht noch länger in der Provinz Kunduz bleiben sollte. Solange keinem der Deutschen oder Belgier oder Niederländer oder wem auch immer etwas passierte, so lange würde unser Abzug auch weiterlaufen. Ab und zu eine Warnung, hier und da ein Schlag, das war gut fürs Image und zeigte uns, dass der Feind da war.

So, im Großen und Ganzen, erklärte man sich bei uns die Lage. Für die ANSF in der Zeit nach unserem Abzug verhieß das nichts Gutes.

Ich habe jetzt viel vom »Feind« gesprochen. Wer ist überhaupt »der Feind«?

In Deutschland liest und hört man ja fast immer in diesem Zusammenhang: die Taliban. Das ist auch nicht falsch, nur sind die Taliban letztlich bloß ein Teil des Problems. Ich möchte hier nicht in tiefste Details gehen, dazu fehlt mir Expertise, das kann man bei anderen Autoren sehr viel besser nachlesen, als ich es erklären könnte. Aber ein paar Punkte sind wichtig: Neben den Taliban gibt es noch die Warlords, ehemalige Player des jahrelangen Bürgerkrieges um die Macht in Afghanistan. Manche von ihnen, wie der brutale Raschid Dostum, hatten mal auf dieser, mal auf jener Seite gekämpft, alle waren ehemalige Mudschaheddin, und viele hockten jetzt irgendwo, hatten noch eine Menge Männer unter Waffen, machten dubiose Geschäfte und finanzierten sich damit ihre Truppen. Hielten sich im Spiel um Geld und Macht im Land. Dann die Drogenbarone, die mit Gewalt ihr Geschäft schützen. Und ehemalige Banden- oder Guerillaführer, die sich mit ISAF verständigt haben und mit ihren Männern in der ALP[*] aufgingen, einer eigens gegründeten

* ALP = Afghan Local Police

Polizeimiliz. Mit dieser Konstruktion hoffte ISAF ganze Kampfverbände einfach von der falschen auf die richtige Seite zu bekommen. Und oft vermischten sich die Interessen und Betätigungsfelder auch in einer Gruppe.

Deswegen heißt der Feind im ISAF-Sprech auch nie »Taliban«, es sei denn, eine Gruppe ist eindeutig als solche identifiziert worden, sondern: Insurgents, zu Deutsch: Aufständische. Ich finde diesen Begriff passend, weil er nichts anderes sagt als: Gruppen, die bereit sind, mit Gewalt gegen das vorzugehen, was hier als offizielle Ordnung installiert wird, und damit etwas zu erreichen, was nur ihnen in den Kram passt.

Und es ist im Kern die militärische Aufgabe von ISAF, diesen Feind gemeinsam mit den ANSF zu bekämpfen und selbige so auszubilden, dass sie das irgendwann ohne fremde Hilfe können. Dazu sollte dann der zivile Aufbau auf allen Ebenen kommen. Also Landwirtschaft, Handwerk, Industrie, Medizinische Versorgung, Infrastruktur, Bildung, Verwaltung, Rechtssystem. Alles.

Dass wir jetzt abziehen würden, bedeutete im Umkehrschluss, dass die ANSF nur noch Ausbildungsunterstützung brauchten und die auch nicht mehr direkt vor Ort, sondern zentral von Mazar-e Sharif. Ein toter Deutscher passte da nicht gut ins Bild. Und Anschläge auch nicht.

Ich werde nicht spekulieren, aber dass die Kanzlerin und der Verteidigungsminister genau in dieser Phase einen sehr spät angekündigten Überraschungsbesuch bei uns machten, dürfte durchaus mit Befürchtungen einer vielleicht so dramatischen Entwicklung zu tun haben, dass es den Bundestagswahlkampf doch mit Stoff versorgen konnte.

Dieser Besuch war organisatorisch eine rechte Hölle. Im Tross der beiden Spitzenpolitiker befand sich ein riesiger Pulk Hauptstadtjournalisten, und das Programm war vollge-

219

packt und eng. Hubschrauber, Leibwächter, Generale und Admirale, Staub und Reden, eine einzige Hetze.

Ich fand es interessant, Angela Merkel mal von so nah zu erleben. Was sie erzählte, waren letztlich Gemeinplätze, und ihre Ansprache an ausgewählte Soldaten in der DFAC war nett gemeint und inhaltsarm. Was mich positiv überraschte, war, dass sie sich sehr bereitwillig und freundlich mit Soldaten fotografieren ließ, die ihrerseits erstaunlich flockig darum baten. Dabei wirkte sie dann mädchenhaft und scheu. Ich machte selbst ein paar Bilder mit Kameras, die mir Kameraden in die Hand gedrückt hatten (»Das kannste doch bestimmt gut als Pressefeldwebel«).

Die Offensive blieb, was uns anging, aus. Wir arbeiteten Liegengebliebenes ab, es würde drei Wochen dauern, bis überhaupt wieder ein Journalist kam. Die Spannung sank wieder, was ja gut war. Das Liegengebliebene war irgendwann erledigt, dann gab es nur noch Tagesroutinen. Lagebesprechungen, Papierkram, Mails, Kaffee, Kekse, Sport, Essen, Eis, Besprechung, Essen, Spezi und noch eine Spezi, Schlafen. Ich schlief nie durch, entweder wegen Lärm oder der Klimaanlage oder wegen eines Traums. Manchmal hatten wir Dienst als »Guardian Angels«, standen mit Schutzweste und Gewehr eine Stunde oder zwei vor der DFAC oder dem Gym.

Freitags war Yalla-Markt. Ein Wochenhöhepunkt. Im Bereich des Main Gate war eine kleine Ladengasse aufgebaut. Dort hatten einige Afghanen feste Stände und verkauften alles Mögliche. Lapislazuli als Stein oder mit Silber zu sehr schönem Schmuck verarbeitet, Pakols[*], Burkas, Pashminaschals, Telefonkarten, Lederwaren aller Art, handgenähte

---

[*] Pakol = traditionelle afghanische Mütze aus Wollfilz

Pistolenholster, Handys, Sonnenbrillen, Taschenmesser, traditionelle Holzwaren, Bling-Bling und irgendwie alles und nichts. Und Patches.

Der Patchdealer hieß Ajmal und arbeitete als Schneider in unserer Kleiderkammer. Man konnte ihm Sachen zur Reparatur geben, aber vor allem gestaltete er auf Wunsch Patches und stickte diese dann. Auch die mehrsprachigen Namensschilder machte er. Man bestellte während der Woche in der Kleiderkammer, wo Ajmal, stets freundlich und ziemlich gut Deutsch sprechend (»Wie gehts, Alter?«), hinter seiner Nähmaschine saß. Freitags holte man dann die Ware an seinem Stand ab. Sein jüngerer Bruder saß im anderen Teil des Ladens und verkaufte Schals und bestickte Westen und Pakols. Ich habe alle meine Mitbringsel auf diesem Markt gekauft, und die Besuche dort gehören zu meinen schönsten Erinnerungen an den Einsatz. Doch die Gesichter der Händler und vor allem das von Ajmal gehören zu denen, die ich jetzt häufig mit bangem Gefühl vor mir sehe. Wie mag es ihnen gehen? Leben sie noch? Sind sie noch in Kunduz? Selbst wenn sie sicher sind vor Nachstellungen – was machen ihre Geschäfte? Wir waren sicher ein erheblicher Teil ihres Einkommens.

Jetzt, wo wir abgezogen sind, gibt es niemanden mehr, den ich fragen kann. Es wird Winter. In wenigen Monaten, wenn dieses Buch erscheint, kommt die »fighting season« 2014. Was wird sie bringen? Und werden wir hier irgendetwas darüber erfahren?

Misst sich daran nicht eigentlich, ob der Einsatz erfolgreich war?

Es wurde schnell wärmer. Im Juni kletterte das Thermometer schon regelmäßig auf vierzig Grad. Ich hatte eine solche Hitze noch nicht erlebt. Wenn etwas Wind aufkam, dann fühlte es sich an, als stünde man in der geöffneten Tür eines riesigen Backofens. Der ganze Körper wurde von Hitze eingehüllt. Verließ man ein klimatisiertes Gebäude, dann traf einen die Hitze wie ein Schlag ins Gesicht. Man wurde kaum noch trocken. Die Kleidung musste jeden Abend in den Wäschebeutel, jeden zweiten Morgen gab man ab, jeden zweiten Nachmittag empfing man Gereinigtes. Die Kleidung wurde zwar sauber, aber sie roch unangenehm. Ob das die Chemikalien der Waschmittel waren, oder die Fäkalien, von denen die Luft gesättigt ist – keine Ahnung. Bei der ganz frischen Wäsche war der Geruch noch schwach, aber sobald man sie ein, zwei Stunden trug, war er wieder da. Fuhr man raus, legte sich der Staub wie Mehltau auf alles, vermischte sich mit Schweiß, buk in der Nase fest.

Weil nichts passierte, spürte man Überdruss. Bei sich, bei den anderen. Gereizte Stimmung. Das ganze Kontingent war schon über die Hälfte hinaus, manche schon seit fünf Monaten hier.

Da hatte Rolfert, der alte Panzergrenadierzugführer, der auch acht Jahre Spieß war und immer Verantwortung für Untergebene getragen hatte, eine Idee. Ein Fotowettbewerb. Für alle im Camp. Ein einfaches Thema vorgeben und dann geht es los. Alle knipsen, jeder darf ein Bild einreichen, am Ende entscheidet eine Jury, und es gibt schöne Preise.

Major Mischke war begeistert, unser Kommandeur auch, also ging es los. Rolfert sprach mit dem Betreuungsoffizier, der auch für den »Verticker«, also den Marketenderladen, verantwortlich war. Der spendete unter anderem eine Uhr und andere schicke Sachpreise. Die Jury wurde gebildet, in der neben anderen der Kommandeur der MSU sitzen würde, und Rolfert fungierte sozusagen als Fotosachverständiger. Rolfert gestaltete ein Plakat, ich übersetzte es in Englisch, damit unsere Alliierten auch mitmachen konnten. Wir klärten mit der IT-Abteilung, dass sie alle eingereichten Bilder in die internen Laufwerke schleusen würden, was nicht wenig Arbeit für sie war. Alles wurde genehmigt, und wir hängten im ganzen Lager die Plakate auf.

Nach wenigen Tagen schon stand der erste Kamerad im Büro. Ein junger Oberfeldwebel.

»Ihr macht doch den Fotowettbewerb, oder?«

Rolfert sagte ja. Der Oberfeldwebel wiegte den Kopf und sagte als Nächstes: »Eigentlich ist das ja ungerecht.« Rolfert und ich sahen uns an. Rolfert fragte: »Wieso? Was jetzt genau?« Der Oberfeldwebel hob den Kopf: »Na, manche haben ja Spiegelreflexkameras und andere eben nicht.« Rolfert zog eine Augenbraue hoch und machte ein Gesicht, das mir, der ihn jetzt schon mehr als zwei Monate kannte, ein Warnzeichen gewesen wäre, für den Oberfeldwebel aber immer noch das freundliche und harmlose Rolfert-Gesicht war. Er setzte nach: »Also Profikameras. Dagegen kommt man ja nicht an.« Rolfert fragte mit hörbar gezügelter Stimme, ob der Kamerad denn schon Fotos habe? Der schüttelte den Kopf. Rolfert wies auf einen unserer Schränke und sagte, da drin seien mehrere dienstliche Spiegelreflexkameras, er könne sich gerne gegen Unterschrift eine leihen und auch ein paar Tage behalten. Der Bewerber schüttelte den Kopf: »Nee, damit kann ich nicht umgehen.« Rolfert bot an, ihm einen kleinen Kurs zu geben. Der Oberfeldwebel winkte ab. »Es ist ja nicht nur die Kamera, manche haben ja Photoshop.« Jetzt wurde Rolfert wirklich sauer, aber er beherrschte sich. »Dafür bin ich ja in der Jury. Ich sehe das in den Dateien und kann die anderen darauf hinweisen, dass ein Bild bearbeitet ist. Ist ja nicht ehrenrührig, aber dann können die es einordnen im Vergleich.«

Der Oberfeldwebel machte ein skeptisches Gesicht und

einige skeptische Laute und sagte dann, er würde mal gucken. Dann ging er wieder.

Rolfert verschränkte die Arme und schüttelte beinahe eine halbe Minute lang den Kopf. »Was soll man dazu sagen, he?«

Ich winkte ab und sagte irgendwas von Einzelfall.

Das war aber ein Irrtum.

Es kamen immer wieder Kameraden und beklagten sich über dies und über jenes. Immer ging es darum, dass sie Ungerechtigkeit oder Bevorzugung witterten, noch bevor sie überhaupt ein Bild gemacht hatten. »Die, die immer rausfahren, machen doch eh geilere Pics, wir sehen ja nix hier drin.«

Richtig gut drauf waren hauptsächlich nichtdeutsche Bewerber. Die scherzten und lachten und klopften Rolfert auf die Schulter, dass das eine tolle Idee sei. Irgendwann gab es Probleme mit einigen IT-Jungs, denen wurde es zu viel mit dem Einstellen der Bilder. Rolfert zerbrach sich den Kopf über ein effektives und gerechtes Bewertungssystem, bastelte Mappen mit anonymisierten Bildern für die Jurymitglieder, mit einem Wort: Er riss sich total den Arsch auf, damit es schön wurde.

Kurz vor Ende des Wettbewerbs stand ich mit einem jungen Hauptgefreiten und einem Hauptmann von der PATF vorm Cash-Office, wo wir alle Geld abheben wollten. Die beiden Kameraden unterhielten sich über den Fotowettbewerb.

Der Hauptgefreite mutmaßte, wer wohl in der Jury sei (wir hatten das eigentlich bekanntgegeben, aber geschenkt). Er habe gehört, dass Vertrauensleute drin wären. Das fände er gut, damit nicht beschissen würde. Die würden aufpassen. Der Hauptmann, kaum dreißig, nickte beflissen dazu. Ich mischte mich ein, erklärte, dass tatsächlich eines der Jurymitglieder eine Vertrauensperson sei, das sei aber Zufall. Die

Jury bestehe aus dem Kommandeur der MSU, Stabsfeldwebel Rolfert als Fotosachverständigem, dem Betreuungsoffizier, der die schönen Preise gestiftet habe, einem Unteroffizier ohne Portepee und einem Mannschaftsdienstgrad, damit alle Dienstgradgruppen vertreten seien und man mit fünf Leuten auf jeden Fall immer eine Mehrheit herstellen könne. Der Kommandeur habe allerdings kurzfristig zu einer Besprechung außerhalb des PRT gemusst, er werde durch Major Mischke, den Pressestabsoffizier, in der Jury vertreten. Und der sei zufällig auch Vertrauensmann der Offiziere des Stabes. Der Stabsgefreite nahm die Auskunft hin und war dran, sein Geld zu holen. Ich blieb mit dem Hauptmann stehen. Der guckte mich mit hochgezogener Braue an und ließ spitz hören, dass man natürlich schon fragen könne, warum nur Soldaten der MSU und niemand aus der PATF in der Jury sitze.

Ich wollte sagen, dass auch keine Frau, niemand mit Migrationshintergrund, kein Körperbehinderter (ich weiß leider nicht den aktuell gültigen politisch korrekten Begriff, sorry), kein Alliierter, niemand aus der Wehrverwaltung, keiner unter 20 und niemand über sechzig in der Jury saß, aber ich war zu müde.

Ich sagte einfach: »Ach, Herr Hauptmann, weil das Leben manchmal scheiße ungerecht ist.« Er zeigte sich erwartungsgemäß humorfrei und zischte: »Was haben Sie denn für ein Problem?«, worauf ich sofort zurückzischte: »Seit Stabsfeldwebel Rolfert die total blöde Idee hatte, allen mit dem Fotowettbewerb eine Freude zu machen, sind wir keine Pressestelle mehr, sondern eine Beschwerdestelle. Das ist mein Problem.«

Worauf der Hauptmann nichts zu antworten hatte als: »Passen Sie auf, was Sie zu wem sagen, Feldwebel.« Das »Feldwebel« spuckte er mir quasi vor die Füße, um mich daran zu erinnern, wie niedrig mein Dienstgrad und wie knapp ich an einem sauberen Anschiss vorbeigeschlittert sei.

Ich schämte mich einfach nur, um was wir uns hier die Haare ausrissen.

Mitten in bitterster Armut, mitten im Krieg, auch wenn der weiterhin ohne uns stattfand.

# Aus, aus, das Spiel ist aus ...

Die trügerische Ruhe bei Außeneinsätzen – trügerisch, weil die ANSF ja durchaus kämpfen mussten – ließ in mir mehr und mehr das Gefühl wachsen, dass wir hier auf dem Rückzug waren. Auch wenn es natürlich niemals so genannt wurde und es, militärisch betrachtet, selbstverständlich keiner war. Wir zogen verabredungsgemäß ab und hinterließen ein so weit als möglich geordnetes Haus. Auch wenn niemand zweifelte, dass die ANSF noch einen weiten Weg vor sich hatten, war es auch beileibe nicht umsonst oder sinnlos gewesen.

Die Situation in und um Kunduz im Sommer 2013 war besser, viel besser als 2009. Es gab eine Mädchenschule. Es gab eine Universität, und dort wurde nicht nur der Islam gelehrt. Kunduz hatte eine beginnende städtische Kultur, auf sehr einfachem Level. Frauen traten in den Polizeidienst und moderierten Radiosendungen. Es gab keine täglichen Angriffe, und selbst in Char Darah konnten die Taliban nicht ständig machen, was sie wollten.

Aber wie stabil war dieser Zustand, wenn wir weg sein würden?

Diese Zweifel trieben die meisten Soldaten um. Manche ließen sich niederdrücken und fanden alles sinnlos. Viele wandten den Blick auf das unzweifelhaft Erreichte, das sei doch besser als nichts. Und manche drehten jetzt noch mal richtig auf, wollten raus und raus und wieder raus, um noch irgendeiner Arbeit den letzten Schliff zu geben, bevor sie heimflogen und an Nachfolger übergeben würden, die wirklich nur noch zum Lichtausmachen herkamen, weil sie für alles andere keine Zeit mehr bekämen.

Zu letzter Kategorie gehörte das CIMIC-Team von Kaleu[*] Lehmann. Sie hatten in den letzten Wochen ihr Augenmerk auf die Heranbildung von CIMIC-Personal in der ANA gerichtet.

Lehmann fühlte sich besonders Major Haydar, dem »Religious and Cultural Advisor« eines Kandaks in Taloqan verbunden. Haydar war seiner Meinung nach ein sehr modern eingestellter und loyaler Offizier, der den CIMIC-Gedanken für Afghanistan perfekt begriffen hatte. Dass nämlich die Armee durch Beteiligung an zivilen Hilfsprojekten die Köpfe und Herzen der Menschen für sich gewinnen könne. »To win hearts and minds«, war das Mantra des Kaleu.

Und ihm lief die Zeit weg. Sein Einsatz neigte sich dem Ende zu, und er ging fest davon aus, dass CIMIC eingestellt würde im letzten Kontingent, weil das gesamte Augenmerk dann auf die militärische Absicherung des Abzuges und dessen Organisation fallen würde. Vermutlich lag er damit nicht ganz falsch, denn schon in unserem Kontingent nahmen die Ausfahrten für die CIMIC-Leute stetig ab. Bei einer Tour nach Taloqan begleitete ich den Drei-Mann-Trupp.

In Taloqan parkten wir im »Deutschen Eck«, und ich ging mit Lehmann, seinem Hauptfeldwebel, dem Verbindungsoffizier der PATF und dem Übersetzer zum Executive Officer (XO) des dort stationierten Kandaks von Major Haydar. Der Kommandeur selbst war nicht da. Das Kandak saß in leicht gewelltem, dürrem Hügelland vor einem Höhenzug. Wie ein Westernfort. Zeltunterkünfte, nur die Küche war ein festes Gebäude. Auf den vorgelagerten Hügeln waren kleine Krähennester, in denen Tag und Nacht Beobachter lagen. Sie

---

[*] KaLeu = Kapitänleutnant, Marinedienstgrad, der dem Hauptmann entspricht. Wird mit »Herr« oder »Frau Kaleu« angesprochen.

mussten vierzehn Tage oben bleiben, in Sichtweite des Lagers, und sich irgendwie versorgen. Dann wurden sie abgelöst. Und vor den Posten lag das wilde Land mit dem Feind.

Das Kandak wirkte wie ein verlorenes Fähnlein, und Lehmann erklärte mir, dass sein Kommandeur ein Hazara sei.
Die Hazara bilden zwar die drittgrößte persischsprachige
Ethnie in Afghanistan, sind aber aufgrund ihrer Mischher-
kunft aus mongolischen Eindringlingen, iranischer Urbevöl-
kerung und Turk-Einflüssen sowie vor allem ihrer Zugehö-
rigkeit zur schiitischen Glaubensrichtung eine bei den
Paschtunen und Turkmenen schlecht angesehene Minderheit. Der Kommandeurposten war dem Hazara nur gegeben
worden, weil es eine Quote gab, und das Kandak wurde als
»Hazara-Kandak« entsprechend benachteiligt.

Der XO, ein dicker Mann, jedem Klischee eines orientali-
schen Schlitzohrs mit Macht entsprechend, empfing uns in
seinem Zelt. Sein Schreibtisch quoll von Nippes und Zierrat
über, an der Tischkante war ein Bleistiftspitzer mit Kurbel in
Form eines Zuckerbäckerhauses befestigt, riesig groß. Unser
Verbindungsoffizier, ein junger Hauptmann, sollte im Gespräch ein Lagebild einholen. Er hatte einen Ordner mit Fragen dabei. Er kam wenig zu Wort, weil ständig Türen auf-
und zuflogen, Soldaten eintraten und mit knallenden Hacken
laut brüllend meldeten, während andere Tee und Knabberkram servierten. Der XO nahm Meldungen gönnerhaft entgegen und telefonierte quasi unaufhörlich. Grundsätzlich
gilt es in Afghanistan nicht als unhöflich, mitten in einem
Gespräch ans Telefon zu gehen, aber hier war die ganze Situation so, dass ich es als klares Signal verstand, wie un-
wichtig wir waren und dass die Fragen des LNO* bestenfalls
naiv, im Grunde aber plätscherndes Bla-bla für den Afgha-

* LNO = Liaison Officer, Verbindungsoffizier

nen waren. Auch das Eintreten und Melden geschah in einer so irrwitzigen Frequenz, dass ich den Eindruck von Theater hatte, als wäre befohlen worden, den Boss dadurch einfach wahnsinnig busy erscheinen zu lassen.

Als er anfing, wirklich herablassend mit dem LNO zu sprechen, verschwanden auch die noch nicht geleerten Teegläser und die fast vollen Knabberschalen ganz schnell. Wir wurden gerade rausgeworfen.

Ich werte das nicht. Gerade in Taloqan, wo ich ja kurz danach wieder war, konnte ich mich des Eindrucks nicht erwehren, dass die Afghanen sich von uns verraten oder zumindest im Stich gelassen fühlten. Wir würden gehen? Dann sollten wir keine blöden Fragen stellen, deren Beantwortung doch ohnehin nichts ändern würde.

Lehmann war deprimiert. Wir gingen zum Zelt seines Partners im Kandak, auf den er sich sehr freute. Doch Major Haydar war nicht da, obwohl sie sich verabredet hatten und das überhaupt nicht dessen Art war.

Ein junger Oberleutnant, der zu den von Haydar ausgewählten zukünftigen CIMIC-Leuten des Kandaks gehörte, erzählte vom Einsatz in Warduj. Er hatte dort versucht, die Bevölkerung für die ANA und die Regierung einzunehmen, indem er zivile Hilfe unterstützte. Er sprach viel von Stolz, und ich hatte mittlerweile gelernt, dass es fast unmöglich war, Afghanen auf Misserfolge anzusprechen, man muss diese Dinge sehr geschickt verklausulieren. An Zwischentönen und Blicken glaubte ich zu bemerken, dass er mit dem Ergebnis in Warduj nicht glücklich war, aber vielleicht täuschte ich mich auch. Irgendwann sah er an mir herunter, wir saßen an einem Holztisch, und schaute auf meine Stiefel. Ich trug an dem Tag nicht die Wüstenstiefel, sondern meine Bergschuhe. Die sind auch in der Bundeswehr ziemlich begehrt, weil sie von Markenherstellern wie Meindl oder Lowe

230

für die Gebirgsjäger gefertigt werden und sehr viel besser sind als die Standardkampfstiefel.

Der Oberleutnant hatte recht abgetragene Schuhe. Er fragte mich über den Übersetzer, was das für Stiefel seien, und ab da war er für kein anderes Thema mehr erreichbar. Ich frage mich noch heute, ob ich ihm meine Stiefel hätte geben sollen. Andererseits wusste ich weder seine Schuhgröße, noch hatte ich Ersatzstiefel dabei. Vielleicht hätte er das auch empört zurückgewiesen.

Wir sammelten uns im »Deutschen Eck« und warteten auf einen Teil der Truppe, der in die Stadt Taloqan gefahren war. Lehmann, der sonst reden konnte wie ein Wasserfall, wurde schweigsam und nickte schließlich sogar im parkenden Fahrzeug ein.

Ich unterhielt mich draußen mit dem Terp[*] des Teams. Ein junger Mann, vielleicht Mitte zwanzig. Er fragte mich, ob ich wisse, warum es so schwierig sei für die afghanischen Mitarbeiter, aus dem Land zu kommen. Wer das denn bestimme?

Ich sagte ihm, dass es letzten Endes im Innenministerium in Berlin entschieden würde. Dass die Bundeswehr nur im Gespräch und durch Nachforschung das Risiko einschätzen solle, alles Weitere liege nicht mehr in unserer Hand. Das war sachlich richtig, aber es fühlte sich für mich trotzdem wie eine billige Ausrede an. Der Terp lächelte traurig. Die Amerikaner, die Briten, die hätten einfach große Kontingente, und dann könne man gehen. Er hatte einen großen Teil seines Lebens im Iran verbracht, seine Eltern waren früh geflohen. Er würde ja auch dorthin gehen oder nach Pakistan, aber etwas Unterstützung wäre schon gut. Er und viele an-

---

* Terp = Interpretor, Übersetzer

dere hätten schließlich mit der Bundeswehr gekämpft, auf ihre Art. Was absolut stimmte. Sie waren in denselben Situationen gewesen wie die Soldaten, die sie begleitet hatten. Und jetzt? Er könne nicht sagen, wie gefährdet er sei, aber er fühle sich absolut nicht sicher. Ich wies ihn auf die Möglichkeit hin, einen Termin beim Kommandeur zu bekommen und eine genaue Untersuchung seiner Umstände. Der Kommandeur der MSU verbrachte täglich Zeit mit diesen Anträgen und es lag ihm sehr auf der Seele, das wusste ich.

Der Terp schaute mich an und dann sagte er: »How can I prove, I am in danger? They will believe it only, when I got killed.«[*]

Die militärische Abstinenz wurde ein paar Tage später unsanft unterbrochen. Die ANSF in Kunduz, geführt von dem Polizei-Oberst, der so aufrüttelnd bei der Graduierung gesprochen hatte, wollten den Ort Isa Khel in Char Darah angreifen, wo wieder Taliban eingesickert wären. Es war sehr heikel, und sie baten um deutsche Unterstützung, was angesichts der offiziellen ISAF-Position, dass die ANSF das alles schon alleine schafften, wiederum bei unserer Führung Kopfzerbrechen verursachte. Andererseits war Char Darah aus Bundeswehrsicht neben Baghlan der blutigste Boden in Afghanistan. Und zur Zeit meines Einsatzes waren genau das Fallschirmjäger- und genau das Panzergrenadierbataillon in Kunduz, die den Karfreitag 2010 in Isa Khel durchgestanden hatten. Und dann zusehen, wie die Taliban sich noch vor dem Abzug wieder dort festsetzen?

Man entschloss sich, mit Schützenpanzern und Infanterie einen Gefechtsstand zu betreiben und abzusichern und dem Oberst den stellvertretenden Kommandeur der PATF als tak-

[*] »Wie kann ich beweisen, dass ich in Gefahr bin? Die werden mir erst glauben, wenn mich einer umgebracht hat.«

tischen Berater zur Seite zu stellen. Und so außerdem sicherzustellen, dass im Zweifelsfalle deutsche Spezialisten den Einsatz von Luftnahunterstützung oder der 20-mm-Kanonen der Schützenpanzer koordinieren könnten.

Gut verteidigte Ortschaften anzugreifen ist immer schwierig und langwierig. Um es kurz zu machen: Die Polizisten und Soldaten gingen mehr oder weniger ungedeckt über freies Feld vor und gerieten schon bei Annäherung unter Feuer. Im Ort wurden sie aus praktisch jedem Gehöft beschossen, und nach zwei Stunden gab es die ersten Toten auf Seiten der ANSF. Insgesamt verloren sie vier Mann an diesem Tag, zwei davon durch Beschuss aus einem eigenen Mörser. Sie kamen nicht bis ins Ortszentrum, und am frühen Abend war die ganze Sache eigentlich verloren.

Es war drunter und drüber gegangen, das »friendly fire« war eine Folge davon, dass die meisten der Soldaten und Polizisten überhaupt nicht in der Lage waren, ihre eigene Position oder die des Feindes präzise zu bestimmen. Sie konnten nicht mit Karte und Kompass umgehen, sie hatten keine Hand-GPS, die meisten konnten ja noch nicht mal lesen und schreiben.

Am Tag danach flog ein deutsches Filmteam in Kunduz ein. Sie drehten seit sechs Wochen einen Kinofilm in Mazar-e Sharif und wollten zum Abschluss zwei Tage bei uns drehen. Die Dreharbeiten zu betreuen, war mein Job geworden, klar.

Es gab sehr viel abzusprechen, vor allem das Drehen direkt am Airfield würde aufwendig werden, und es gab ein Zeitfenster von knapp fünfzig Minuten, dann musste die Transall wieder zurückfliegen. Ich begann die Begrüßung gleich mit einer eindringlichen Sicherheitswarnung. Zeigte in Richtung Isa Khel und erzählte, dass es dort, in nicht mal zehn Kilometer Luftlinie, gestern schwere Gefechte mit vier toten afghanischen Polizisten und Soldaten gegeben hatte. Und dass man ja sähe, dass hier kein Zaun und keine Mauer sei. Dass der Weg zum Camp sicher und das Airfield sehr gut bewacht sei, aber man hier eine völlig andere Sicherheitssituation als in Mazar vorfände.

Ich kam mir wie ein Idiot vor, während ich das erklärte. Keiner hörte richtig zu, alle wuselten wild durch die Gegend, niemand übernahm organisatorische Verantwortung. Als wären wir auf dem stillgelegten Flughafen Berlin-Tempelhof, hätten ewig Zeit und als gäbe es keinen Krieg.

Aber als am nächsten Tag eine Fahrt zwischen Airfield und Camp gedreht werden sollte, dauerte es ewig, bis sich endlich zwei der Schauspieler freiwillig bereit erklärten, in dem geschützten Fahrzeug wieder mit rauszufahren, um im Bild zu sein.

Die Tage rasten. Das Thermometer fiel tagsüber nicht mehr unter achtunddreißig Grad, kletterte bis auf fünfundvierzig Grad. Wir wackelten durch den Backofen zur DFAC, zum Stab, zum »Lummerland«, zum Stab, zur DFAC, in die Unterkunft. Oder in die Gottesburg, um einen Film zu gucken, falls Montag war.

Ich fuhr noch einmal nach Taloqan, zum Abbau des »Deutschen Ecks«, wo wir auf dem Rückweg liegenblieben. Meine bange Erwartung an jenem Tag wurde nicht von einer heranrasenden RPG oder von Feuer aus Kalaschnikows bestätigt. Es passierte nichts. Außer, dass durch die ausgefallene Klimaanlage die Temperatur im »Fuchs« irgendwann deutlich über fünfzig Grad stieg, und das war dann auch schon die heftigste Anstrengung, die ich in meinem gesamten Einsatz erlebte. Mir lief die Soße in Strömen. Nach einer Dreiviertelstunde hatte uns der »Boxer« am Haken und der Konvoi machte sich wieder auf den Weg. Das war's.

Mein letzter richtiger Auftrag kam vom CIMIC-Kaleu. Er hatte Major Mischke gebeten, dass wir mit den ausgewählten CIMIC-Soldaten der ANA im Camp Pamir eine Medienschulung machen sollten, und Mischke hatte das gerne zugesagt. Wir besprachen das Programm. Mischke würde einen allgemeinen Vortrag über Presse- und Öffentlichkeitsarbeit beim Militär halten, Rolfert natürlich eine Fotoschulung machen, und ich schlug vor, zu erklären, was eine Pressemeldung sei, warum man so etwas erstelle und wie es im Groben gemacht wurde. Wir bastelten jeder einen Powerpoint-Vortrag, der Terp des CIMIC-Teams übersetzte die Folien auf Dari und am vereinbarten Tag fuhren wir alle gemeinsam rüber ins Camp Pamir.

Zuerst sprach Kaleu Lehmann, dann Major Mischke, danach wurden die Teilnehmer in zwei Gruppen geteilt. Eine ging zu Rolfert, eine blieb bei mir, danach tauschten wir. Rolfert bekam den deutschsprachigen Übersetzer, ich den englischsprachigen. Es war das erste Mal für mich, einen mehr oder weniger freien Vortrag in Englisch zu halten. Beim ersten Durchgang war ich sehr nervös, beim zweiten ging es ganz gut. Im zweiten Durchgang saß der ranghöchste Offizier der Afghanen, der sich auch noch mit einer kurzen Ansprache bedankte. Nach höflichen Worten zu meinem Engagement und Beteuerungen, dass sie alle heute sehr viel gelernt hatten, sagte er aber tatsächlich etwas, das mich sehr berührte. Er dankte mir im Namen aller, dass ich hergekommen sei, um für Afghanistan zu kämpfen. Dass ich mein Leben riskiere für ihr Land. Ich war baff und wurde knallrot.

Ob mein Unterricht wirklich gut war und den Soldaten etwas gebracht hatte, weiß ich nicht. Sie bemühten sich auf jeden Fall, konzentriert und aufmerksam zu sein. Das ist nicht so einfach für sie, denn – kulturelles Lernen, Achtung! – Moslems stehen ja brutal früh auf, um zu beten. Und

235

zumindest bei der Armee legen sie sich nicht mehr hin. Und sie beten abends auch noch mal spät, bekommen also nicht so sehr viel Schlaf. Das mussten alle deutschen Ausbilder erst mal verstehen und lernen, damit umzugehen. Lehmann sagte, dass man sich dran gewöhne, dass es okay sei, einem Erwachsenen ab und zu im Unterricht zu befehlen, dass er stehen soll, wenn er immer einschlafe. Das sei besser, als das Schlafen durchgehen zu lassen, das würden die Afghanen nicht verstehen.

Ich war sehr gespannt auf die Ergebnisse von Rolferts Fotounterricht. Denn da würde man ja etwas Konkretes sehen, er schulte sie auf einfachen, kompakten Digitalkameras, die die Bundeswehr der ANA geschenkt hatte. Und würde die Bilder, die die Schüler damit und mit ihren Handys machen sollten, am Laptop mit ihnen auswerten.

Ich fand, dass er seinen Unterricht ganz großartig konzipiert hatte. Mit schönen Grafiken und guten Folien. Er erklärte das grundsätzliche Funktionsprinzip einer Kamera und hatte tolle Falsch-/Richtig-Beispiele für Schärfe, Entfernung, Bildausschnitt und ähnliche Themen hergestellt. Er war regelrecht darin aufgegangen, und ich war sicher, dass er als ehemaliger Zugführer, als Vater und Großvater ein geduldiger und fähiger Pädagoge war. Mischke und Lehmann berichteten auch, dass die Leute wirklich total angesprungen seien auf seinen Unterricht und nach anfänglicher Scheu wie wild fotografiert hätten mit den Kameras und ihren Handys. Ich war sehr gespannt. Erst als wir wieder zurück in unserem Camp waren, konnte Rolfert mir die Bilder der Azubis zeigen.

Bei gut der Hälfte war gar nichts drauf, beim Rest konnte man nicht mal erkennen, ob die Soldaten verstanden hatten, was das Thema war und wie Richtig und Falsch aussähen. Aber was soll man an einem Nachmittag auch erreichen? Bei den schlechten Voraussetzungen, die die Leute völlig ohne Schuld mitbringen? Angeblich sagen die Taliban: »Ihr habt die Uhren, wir haben die Zeit.« Auf jeden Fall würde dieser Satz auch für den Aufbau gelten. Wenn wieder mal irgendeine Bischöfin sagt, nichts sei gut irgendwo, dann kann man nur antworten: Weil unsere Gesellschaft sich die Zeit nicht nimmt und die Opfer nicht zu bringen gewillt ist. Soldaten würden das gerne tun. Danke fürs Zuhören.

Anfang Juli ging Rolfert. Er brauchte zwei Anläufe, weil an seinem ersten Abflugtermin die Transall von Kunduz nicht flog. Es war zu heiß. Er wurde durch einen weiteren pensionierten Berufssoldaten ersetzt, Oberstabsfeldwebel Liebknecht. Liebknecht war ein alter Fallschirmjäger und Ausbilder bei Spezialkräften gewesen. Ein sehr ruhiger und total freundlicher Mann von beinahe sechzig. Es war sein dritter Einsatz in Kunduz, er hatte das Gefecht miterlebt, in dem Sergej Motz starb, und andere haarsträubende Situationen. Während des nun beginnenden Einsatzes würde er seinen 1000sten ISAF-Tag begehen.

Wir verstanden uns ebenso gut wie Rolfert und ich, und die Übergabe klappte reibungslos. Major Mischkes Nachfolger kam dann auch eingeflogen. Ich hatte schon Waffen und Munition abgegeben, und nach und nach folgte der Rest. Eines Tages ging die große Kiste mit dem Vorgepäck auf den Weg, und ich hatte nur noch großen und kleinen Rucksack, wie bei der Ankunft. Major Mischke und ich bekamen auf dem Ehrenhain mit zig anderen unsere Einsatzmedaillen (Danke fürs Mitmachen!), und die Konversationen mit zu Hause wurden immer inhaltsgleicher und aufgeregter. Nur noch fünf Tage. Jaaaaa. Nur noch drei. Jaaaaaa.

Und dann war es so weit.

Aus Kunduz wegzufliegen war sentimental. Dreieinhalb Monate sind doch eine lange Zeit. Und obwohl schon einige gegangen waren, die mir hier nahegekommen waren, blieben auch eine Menge Leute noch da. Viele Umarmungen, viele Zettel mit Adressen und Telefonnummern. Und die Gesichter der Afghanen. Zum Teil auch die Namen. Die würden mich begleiten. Wie würde es sein? Heimkommen.

Wir flogen reibungslos nach Mazar-e Sharif. Dort empfing man uns wie lästige Touristen, und wir wurden in ein riesiges altes Zelt gestopft. Informationen bekamen wir nur spärlich, da gab sich keiner Mühe. Mischke sagte dazu traurig und treffend: »Wir brauchen uns eigentlich nicht beschweren, dass die Gesellschaft nicht empathisch mit uns ist. Wir kriegen das ja nicht mal selber für uns hin.«

Wir leisteten uns ein fettes Essen in der Oase, Steak und Pommes. Mit am Tisch noch ein Fotojournalist, den ich aus Deutschland kannte. Mazar kam mir jetzt noch unwirklicher vor, als bei den anderen Besuchen. Ich war sehr dankbar, dass ich meinen Einsatz nicht hier verbracht hatte. In stockfinsterer Nacht stolperten wir zum LUZ, wo die Listen hingen, mit welcher Maschine man morgen nach Termez fliegen würde. Mischke und ich waren früh dran, wir würden hier nicht frühstücken können. Egal.

Die Nacht war unruhig, klar, gut hundert Soldaten in einem Zelt.

Waschen, anziehen, zum LUZ latschen. Gepäck aufgeben. Warten. Ich fotografierte das LUZ, ich fotografierte mich. Im LUZ hatte ich Internetzugang und postete ein Bild auf Facebook. Auf Kommentare brauchte ich nicht zu warten, in Deutschland war es gerade mal 4.30 Uhr.

Ich nahm noch einmal das Gewimmel in mich auf. Verwegene amerikanische Special Forces, die von hier nach Baghram flogen, Norweger, Briten, Zivilisten von Firmen oder von Geheimdiensten. Crazy. Das war wirklich für dreieinhalb Monate meine Welt gewesen.

Wir wurden aufgerufen. Gingen aus der Halle zum Bus. Wurden zur Transall gefahren und bekamen wieder mal die Einweisung. Stopften uns in die Maschine und dann … Verließ ich Afghanistan. In einem Stück. Ohne traumatische Erlebnisse. Voller Eindrücke. Guter und schlechter. Mein Kompaniechef hatte das bei der Verabschiedung in Kunduz fein gesagt. Wir sollten die guten und die schlechten Erlebnisse mitnehmen und bewahren. Beide würden uns als Menschen reifen lassen und beide seien Teil der Erfahrung.

Die Maschine rollte an, und wir starteten.

Goodbye, Afghanistan. Wie sieht deine Zukunft aus?

Wie überaus seltsam, einen solchen langen Weg wieder zurückzugehen. Termez wiederzusehen. So fremd und doch jetzt vertraut als Durchgangsstation. Wieder die »Area 51«, diesmal ohne Bier, aber mit Kaffee und Brötchen. Endlich. Wir mussten einige Stunden warten, was keiner verstand, weil der Airbus der Luftwaffe schon da war. Egal. Beim Gepäckcheck geriet mein Rucksack in den Container nach Köln, ich aber wollte in Hannover aussteigen, weil wir da zuerst landeten und ich so bessere Zugverbindungen nach München hatte. Meiner Meinung nach war die Einweisung nicht deutlich gewesen, allerdings gehörte ich zu einer Minderheit, die den Fehler gemacht hatte. Meine Nerven waren nicht die besten, ich hatte keinen Bock, nach Köln zu fliegen und dort noch eine weitere Nacht zu verbringen, wenn ich eigentlich schon heute zu Hause sein könnte. Bei meiner Familie. O Gott.

Ich war nicht unverschämt, ich schwöre, aber ich war auch nicht gerade ruhig. Ein Hauptfeldwebel der Feldjäger fühlte sich offenbar so provoziert, dass er mich aus dem Stand anbrüllte und auf seiner Vorgesetztenfunktion bestand. Ich wurde bockig und er brüllte »Achtung!«. Das bedeutete, ich musste ins Stillgestanden. Vor etwa vierzig Kameraden.

Es war peinlich. Es war eklig. Er brüllte mich fortwährend an, dass ich als Feldwebel, also angeblich Meister meines Fachs, nicht zuhören könne oder wolle, er sei es so satt, immer dieselbe Scheiße mit den Heimfliegern, wer nicht hören will, muss fühlen … Endlos. Ich wollte dem Typ einfach eine reinhauen. Ihn fragen, was er eigentlich denke? Hier mit seinem faulen Arsch in Usbekistan, wo er bloß ein paar Wochen absaß, und wir kamen nach drei, vier oder sechs Monaten Einsatz hierher und wollten bloß noch heim. Auch nicht fair, ich weiß, aber …

Doch das würde alles nur schlimmer machen, viel, viel schlimmer. Ich riss mich halbwegs am Riemen und Major Mischke half mir im Nachgang, meinen Rucksack doch noch in den richtigen Container zu kriegen.

Es reichte.


Diesmal arbeitete immerhin der Zeitunterschied für uns. Kurz vor 17 Uhr deutscher Zeit landeten wir in Hannover-Langenhagen. Mischke flog weiter nach Köln. Wir fielen uns kurz in den Arm, dann musste ich raus.

Die Sonne schien. Es war kühl für jemand, der aus dem afghanischen Sommer kam. Sechsundzwanzig Grad und leichter Wind. Wir stolperten alle etwas verstrahlt die Gangway runter und in den Bus. Wurden ans Terminal gefahren, dort vom Zoll auf einer Liste abgehakt und zu den Transportbändern weitergereicht. Das staubige Armeegepäck kam angefahren wie bei normalen Fluggästen.

Endlich mein großer Rucksack. Ich hievte ihn auf den Rücken, hängte den kleinen vor den Bauch. Ging auf die automatische Tür zu. Die Angehörigen guckten durch mich hindurch. Klar. Auf mich wartete hier keiner, ich hatte nicht gewollt, dass meine Familie bis hierher mit dem Auto gurkte.

Ich schob mich durch die Leute, alle schauten vorbei,

suchten nach ihren Liebsten, ich versperrte nur die Sicht. Ich sah mich um, ob irgendwo Offizielle waren, von der Bundeswehr oder so. Irgendjemand, der einen in Empfang nahm, etwas sagte wie: Herzlich willkommen. Gut, dass Sie wieder da sind! Oder: Wie geht es Ihnen? Wie reisen Sie weiter? Können wir Sie irgendwo hinbringen?

Ich stehe nicht sonderlich auf Blaskapellen, aber an diesem Tag, in diesem Moment, nach diesem Erlebnis hätte ich mir ein Heeresmusikkorps gewünscht. Ich meine, wenn irgendwelche Fußballspieler von einem Turnier und ihren klimatisierten Fünf-Sterne-Hotels zurückkommen, ist die Ankunftshalle im Flughafen zu klein für das ganze Trara. Ich schaute an mir hinunter, und mein Blick blieb an der deutschen Flagge auf meinem Ärmel hängen.

Waren wir nicht auch die Nationalmannschaft?

Hatten wir kein Auswärtsspiel gehabt? Und ein ziemlich hartes dazu?

Ich sah zu, dass ich wegkam von dem ganzen Willkommen, das mir nicht galt und keinem der Soldaten, die noch weitermussten. Ich hatte meiner Frau eine SMS geschickt: BIN GELANDET!!! Und sie hatte geantwortet: OH MEIN GOTT!!!!!!!!! Daran hielt ich mich, marschierte mit wackeligen Beinen zum Ausgang und suchte ein Taxi. Es gab keines, die Uhr tickte. In einer halben Stunde führe ein Zug nach München. Nach einer gefühlten Ewigkeit kam eines, ich teilte es mir mit dem Mitarbeiter einer Rüstungsfirma, der in Kunduz gearbeitet hatte. Am Bahnhof raste ich ins Reisecenter, ich hatte nur einen Gutschein der Bundeswehr, der bei meiner Einberufung für den Einsatz damals dabei war. Es fehlten Unterlagen, ich war nervös, doch die Frau am Schalter schaute mich an und sagte mit einem Lächeln: »Ich sehe doch, wo Sie herkommen, und ich bin sicher, Sie wollen nirgendwo anders hin als heim. Wohin also?«

Ich gab meinen Wohnort an, sie druckte die Karte aus und überreichte sie mir. »Herzlich willkommen zu Hause, Soldat.«

Beinahe hätte ich sie geküsst.

Ich sprang in den Zug, fand gleich einen Platz. Nachdem ich mein Gepäck verstaut hatte, ging ich in den Speisewagen. Bestellte Rinderschmorbraten mit Polenta und eine kleine Flasche Côtes du Rhône. Der erste Alkohol nach mehr als drei Monaten. Es war fantastisch. Ein junger Mann schaute mich lange an, dann setzte er sich zu mir und fragte. Zuerst dezent, dann merkte er, dass ich gerne erzählte, und wir bedauerten dann beide, dass er schon in Göttingen wieder rausmusste. Ich war euphorisch. Konnte mich nicht sattsehen an den grünen Wiesen, den Wäldern, den Ortschaften. Dem Frieden. Dem Reichtum.

Unfassbar, wie gut es uns geht, dachte ich immer nur. Unfassbar. Unfassbar.

Ich machte Bilder vom Essen und vom Wein und von mir und postete sie wieder, diesmal hagelte es Kommentare. So viele Freunde nahmen Anteil, beglückwünschten mich und meine Frau.

Hießen mich willkommen.

Ich sah aus dem Zugfenster, bis es stockdunkel war, erst dann gelang es mir, ein wenig zu lesen.

München.

Ich stapfte mit meinem Gepäck, in dieser Uniform, die Stiefel weiß vom afghanischen Staub, durch die Haupthalle zur S-Bahn. Die war rappelvoll, ich fand keinen Sitzplatz. Mein Herz raste, und die Bahn rumpelte durch die Vororte. Ich zählte die Stationen und dann…

War es so weit.

Die Tür der Bahn öffnete sich.

Ich setzte den Fuß auf den Bahnsteig.

Sah meine Familie.

Die Kinder rannten auf mich zu, meine Frau, der Hund. Wir verschmolzen zu einer riesigen Traube. Meine Tochter kreischte »Papiiii« und weinte, meine Frau kreischte »Gregooooor« und weinte. Mein Sohn seufzte »Papi, Papi« in meinen Hals. Ich weinte und weinte und zitterte am ganzen Leib.

Und zwischen unseren Beinen quietschte und wedelte und herzkasperte unser großer Zottelhund. Die anderen Fahrgäste schoben sich rechts und links vorbei, wir konnten uns nicht lösen. Die Bahn fuhr los, der Bahnsteig leerte sich.

Zwei junge Männer, etwas angetrunken, standen noch da. Sie warteten auf die Bahn in die Gegenrichtung, in d'Stood eini. Es war schließlich Samstag.

Einer von ihnen rief rüber: »Wo biast'n du g'wesn? Weit weg, oda?« Ich sagte: »Afghanistan«, und er klatschte sich auf den Oberschenkel: »Sakra, des hob i ma denkt, dos des a hoarde G'schicht wor. Mei, mir gönna eich des so! G'niaßt des, dos er eich wiada hobts.«

Zu Hause gingen wir alle zusammen die Abendrunde mit dem Hund und dann …

Zog ich endlich die Uniform aus, alles, auch die braune Militärunterhose und die beigen Strümpfe, und schmiss das Zeug in die Wäsche. Duschte kurz. Stieg in meinen Schlafanzug. Bekam eine Flasche Helles und goss mir einen Single Malt Whisky ein. Saß einfach da mit meiner Familie.

Und spürte wie nie zuvor in meinem Leben, was für ein glücklicher Mann ich war.

# Epilog:
# Look back in ...?

Ich war im Krieg, und doch habe ich ihn nicht gesehen. Ich habe keine Todesängste ausgestanden, keine Kameraden sterben sehen, und ich habe niemanden getötet. Kein Blut, wenige Tränen, keine Schüsse und Explosionen.

Aber während ich in Kunduz war, sind Menschen gestorben. Durch Gewalt und vor der Zeit. Der junge Mann vom Kommando Spezialkräfte, der eine kleine Familie in tiefer Verzweiflung hinterlässt. Afghanische Polizisten und Soldaten. Taliban. Milizionäre. Und auch Zivilisten. Das Sterben und Töten in Kunduz hört nicht auf, nur für uns Soldaten der Bundeswehr ist es zu Ende.

Wir gehen heim, viele von uns mit schrecklichen Erinnerungen. Mit der Erinnerung an Machtlosigkeit und Handlungsunfähigkeit.

Mit der Erinnerung an Kameraden, die es nicht heim geschafft oder die schwer verwundet und versehrt, körperlich oder seelisch, das Land verlassen haben.

Mit der Erinnerung, anderen das Leben genommen zu haben.

Mit der Erinnerung, trotz guten Willens und enormer Strapazen nicht genug erreicht zu haben.

Während ich an den letzten Kapiteln meines Buches arbeitete, geschah das, womit jeder, der als Soldat in Afghanistan war, fest rechnete: Ein ehemaliger Mitarbeiter, ein junger Terp wurde in Kunduz ermordet aufgefunden. Zum jetzigen Zeitpunkt ist nicht wirklich klar, wer ihn umgebracht hat und warum, aber letzten Endes ist das völlig egal. Er ist nur der Anfang.

Diese Menschen wollten eine Zukunft und ja, wir haben ihnen für afghanische Verhältnisse sehr viel Geld bezahlt. Mancher von ihnen fuhr zweigleisig, redete auch mit dem Feind, aber das ist in so einem Land nicht verwunderlich und eigentlich auch nicht verwerflich, nur realistisch.

Der entscheidende Punkt ist: Sie haben uns vertraut. Sie haben auf uns gesetzt. Sie haben unseren Weg auch für sich gewählt.

Vor allem die lokalen Übersetzer sind ungeheure Risiken dafür eingegangen. Sie haben unsere Infanterie und die Verbindungsteams, die CIMIC-Leute und andere überallhin begleitet und den Kontakt zur Bevölkerung überhaupt erst ermöglicht. Sie haben mit uns draußen geschlafen, und sie sind mit unseren Soldaten in die Luft gesprengt und beschossen worden. Sie haben buchstäblich mit ihnen im Dreck gelegen und gekämpft, wenn auch ohne Waffen. Und jeder Landsmann konnte sie dabei sehen, jeder konnte ihre Namen wissen.

Sie haben darauf gezählt, dass, wenn wir nur lange genug blieben und wenn sie lange genug mit und für uns arbeiteten, ihre Heimat sicherer werden würde, der Himmel heller. Sie würden ein gutes Leben haben und – unendlich viel wichtiger – ihre Kinder würden ein Leben haben, wie es in Afghanistan seit dreißig Jahren nicht mehr vorstellbar ist. Sie haben geglaubt und sie waren geduldig.

Und jetzt gehen wir, lange bevor diese Ziele erreicht sind, weil der Westen nicht glaubt und nicht geduldig ist. Und sie sterben oder sie leben in Angst.

Unsere Politiker wissen genau, dass wir Bürgerinnen und Bürger in der Masse nicht bereit sind, uns mit Tod und Verderben und mit den Qualen und Mühen der Veränderung in weit entfernten, schrecklich fremden und kaputten Ländern auseinanderzusetzen. Und weil sie das wissen und weil sie uns und sich selbst keine Fragen stellen wollen, deren Beantwortung so kompliziert ist, dass es einen zerreißen kann oder Konsequenzen fordern würde, die uns auf viele Jahre verpflichten, enorme Opfer für ein fremdes, weit entferntes Land zu bringen, stellen sie diese Fragen eben nicht.

Uns geht es so gut hier, dass wir uns ein Elend wie in Afghanistan gar nicht vorstellen können oder wollen. Ein Elend, das nicht nur und nicht zuvorderst ein materielles Elend ist, sondern vor allem eines der Hoffnungslosigkeit, der Zukunftslosigkeit, der Schicksalsergebenheit, der Unfreiheit und der Angst. Angst vor Gewalt, tödlicher Gewalt.

Erschossen zu werden ist für einen jungen Afghanen eine ebenso wahrscheinliche Todesart wie für einen Mitteleuropäer ein Verkehrsunfall. Der Unterschied liegt klar auf der Hand: In Afghanistan kann jemand einfach beschließen, dass ein Mensch sterben muss. Und dann geschieht es auch. Niemand verhindert es, kaum jemand ist in der Lage, den Mörder zu ermitteln, und wenn, dann ist es von sehr vielen Faktoren abhängig, ob er für seine Tat zur Rechenschaft gezogen wird.

Es ist in Afghanistan nach wie vor normal, dass Macht und Einfluss durch Gewalt gesichert wird. Ein Gewaltmonopol des Staates, wie bei uns, gibt es theoretisch, aber es ist weit davon entfernt, durchgesetzt zu werden. Sich mit einer Kalaschnikow seinen Lebensunterhalt zu verdienen ist ein normaler Beruf in diesem Land, und es ist oft zweitrangig, ob man das in einer Uniform tut oder für einen Drogenhändler, Warlord oder die Taliban.

Und deswegen haben wir auch keinen realistischen Begriff davon, was es bedeutet, in solch einem Land etwas zu ändern. Für ein Land in diesem Zustand gibt es keine einfachen Lösungen, und man braucht sich nicht einzubilden, dass man bei der Befriedung und dem Wiederaufbau eines solchen Landes immer und mit allem auf der richtigen Seite mit den richtigen Partnern das Richtige tun wird. Es ist ungeheuer schwierig, überhaupt zu verstehen, wer die Guten, wer die Bösen und wer die dazwischen sind. Man muss manchmal mit Menschen arbeiten, die Furchtbares getan haben, wenn man denen eine Zukunft sichern möchte, die Furchtbares erlitten haben. Man muss die fremde Kultur achten und so weit als möglich verstehen lernen. Was wir optimal finden, kann für den Afghanen befremdlich und nicht erstrebenswert sein, und es hat dann keinen Zweck, ihm ständig zu erzählen, dass er so leben solle.

Ich habe kein Rezept, es steht mir nicht zu, Empfehlungen für einen nachhaltigen Aufbau abzugeben.

Natürlich kann ein Militäreinsatz alleine nicht viel bewirken, aber Soldaten schaffen in Ländern wie Afghanistan die Voraussetzungen für einen zivilen Aufbau. Wenn sie mit dem richtigen Auftrag und unter ehrlichen Vorzeichen in den Einsatz geschickt werden und wenn sie dort mit allem, materiell und mandatsmäßig, ausgestattet werden, was sie dafür brauchen.

Das hat in Afghanistan und für die Soldaten der Bundeswehr manchmal geklappt. Soldaten mussten aber auch mit vielem zurechtkommen, das man sich hier nicht vorstellen kann.

Sie erlebten die Afghanen als Feind, der sie tötet, als Kamerad, der mit ihnen kämpft und neben ihnen stirbt. Als Zivilisten in elendem Zustand, als Arbeiter im Camp. Sie sahen arrogante Stabsoffiziere, die mit der Gegenseite arbeiteten oder einfach korrupt waren. Und die armen, tapferen Schweine im Graben.

Und für die Afghanen gilt dasselbe umgekehrt: Da sind Familien, die Schreckliches durch uns erlitten, und solche, die alle Hoffnung in uns setzten. Wir waren für sie Helfer und Mörder, Kameraden und Feinde, Ausbilder und Besatzer.

Daraus folgt ein Anspruch auf Empathie, für die Soldaten und die Afghanen, die wir durch unser Engagement berührt und deren Leben wir verändert haben, zum Guten oder zum Schlechten.

Unser Parlament, unsere Regierungen, wir alle bringen die Soldaten in diese Situation, erwarten, dass sie angesichts solcher Umstände weitreichende Entscheidungen treffen, Lebensgefahr ertragen, Tod und Verwundung. Dass sie existenziellen Einfluss nehmen nicht nur auf die ihnen anvertrauten Soldaten, sondern auch auf die Afghanen, mit denen sie arbeiten oder mit denen, für die oder auch gegen die sie kämpfen. Sie dürfen damit nicht allein gelassen werden.

Der Einsatz liegt jetzt ein halbes Jahr hinter mir. Ich bin nicht traumatisiert, wovon auch. Aber ich habe mich verändert.

Die Dankbarkeit ist geblieben. Der Wille zur Zufriedenheit und zum Glück. Der Stolz auf meine starke Familie, ihre Geduld und ihren Glauben. Ich bin froh, dass ich diese Erfahrungen machen durfte, und ich bin sehr froh, dass ich sie so gut überstanden habe. Viele Kameraden hatten dieses Glück nicht.

Und ich denke immer und immer wieder an das Land. An die Menschen. Manche Gesichter kann ich mir nicht vor Augen rufen, ohne Angst und Trauer zu spüren. Weil ich nicht weiß, was aus ihnen geworden ist. Weil ich nicht weiß, ob sie ihr feines, offenes afghanisches Lächeln noch zeigen. Dieses Lächeln, das manchmal aus den von Kummer und Krieg und

Vorsicht so verschlossenen Gesichtern brach und davon erzählte, wie schön dieses Land und diese Menschen sein können.

Ich wünsche mir, so naiv es klingen mag, dass am Ende alles gut wird in Afghanistan. Ich will immer noch daran glauben, dass unser Einsatz dort einen Unterschied macht.

Alles andere wäre schrecklich.

Schrecklich traurig.

# Verzeichnis der Abkürzungen

ALP        Afghan Local Police. Miliz, die aus ehemaligen Freischärlergruppen gebildet wird.

AMILA     Allgemeines militärisches Ausdauertraining

ANA        Afghan National Army

ANSF      Afghan National Security Forces, zusammenfassend für Armee und die diversen Polizeieinheiten.

CIMIC     Civil Miltary Cooperation, militärische Unterstützung für zivile Aufbauprojekte

CPT        Close Protection Team. Leibwache, normalerweise durch die Militärpolizei, also die Feldjägertruppe, gestellt.

DFAC      (»Die-Fäk« ausgesprochen) Dining Facility. Die Kantine

DHQ       District Head Quarter, Zentrale der afghanischen Polizei auf Distriktebene

DVag      Dienstliche Veranstaltung, eine Art Ultrakurzwehrübung, für die ein Reservist in der Regel Fahrtkosten, Unterkunft und Verpflegung gestellt bekommt, aber keinen Wehrsold erhält.

EAKK      Einsatzorientierte Aufbau- und Verwendungsausbildung

EOD       Explosive Ordnance Disposal, zu Deutsch Kampfmittelbeseitiger

EPA        Ein-Mann-Packung, Karton mit Feldverpflegung für 24 Stunden

FOB        Forward Operating Base, ein leicht befestigter Feldposten

| | |
|---|---|
| GPTC | German Police Training Center |
| GraMaWa | Granatmaschinenwaffe. Schwere Waffe, die 40-mm-Granaten verschießt. Die Munition ist, wie beim MG, in einen Gurt gesteckt, und die Waffe schießt, solange man den Abzug gedrückt hält. |
| IRF | Immediate Reaction Force, Alarmzug im Feldlager, der von eigenen Kräften draußen zu Hilfe gerufen werden kann. In der Regel wechselnde Bereitschaft von je 24 Stunden. |
| ISAF | International Security Assistance Force Afghanistan |
| Kompaniefeldwebel | für Personalfragen mitverantwortlich, geht dem Chef bei solchen zur Hand, ist Führer aller Unteroffiziere der Kompanie und soll Ansprechpartner in allen Nöten und Sorgen sein, deshalb auch »Mutter der Kompanie« genannt. In früheren Zeiten trug er eine Stangenwaffe (einen Spieß), mit dem er Soldaten, die im Gefecht fliehen wollten, disziplinierte – sie »bei der Stange hielt«. Er marschiert immer am Schluss der Kompanie. Erkennungszeichen in der Bundeswehr ist eine geflochtene gold-gelbe Kordel um die rechte Schulter. |
| KSK | Kommando Spezialkräfte, die Spezialeinheit des deutschen Heeres |
| LNO | Liaison Officer, Verbindungsoffizier |
| LUZ | Luftumschlagzug, bezeichnet eigentlich die Soldaten, die mit dem gesamten Umschlag von Ladung und Passagieren befasst sind, meint hier aber auch das Terminalgebäude in den Feldflughäfen. |
| MatGrp | Materialgruppe. Die für die Bevorratung und |

|  | Nachschub aller möglichen Gebrauchsartikel zuständige Teileinheit. Vom Bleistift bis zum Schützenpanzer. |
|---|---|
| MedEvac | Medical Evacuation. Das Ausfliegen von Verwundeten aus der Kampfzone. |
| MSU | Military Support Unit |
| MuBuKu | Mucki-Bude Kunduz |
| MuConPers | Multi-fähiger geschützter Container zur Personenbeförderung |
| NSAK | Neues Schießausbildungskonzept |
| OP | Observation Post, Beobachtungsposten |
| OPZ | Operationszentrale |
| PATF | Partnering and Advisory Task Force, fasste alle Schutz- und Ausbildungseinheiten des PRT Kunduz zusammen. |
| Portepee | Schlaufe für den Offiziersdegen, deren Tragen etwa ab Mitte des 18. Jahrhunderts den Feldwebeln der preußischen Armee gestattet wurde, um sie von den einfachen Unteroffizieren zu unterscheiden. |
| PRT | Provincial Reconstruction Team, Provinz-Wiederaufbau-Team. Bezeichnet sowohl das Personal als auch die Liegenschaft. |
| PX | Post Exchange, eigentlich Geschäfte, die von den US-Streitkräften finanziert werden und deswegen steuerfrei Waren an Soldaten und ihre Angehörigen verkaufen. Hat sich für Stores in Einsatzliegenschaften aller westlichen Armeen als Bezeichnung durchgesetzt. |
| RPG | Rocket Propelled Grenade, technisch unkorrekte amerikanische Sammelbezeichnung für eine russische Panzerfaust, die in Afghanistan weit verbreitet ist. |

| | |
|---|---|
| SAS | Special Air Service, britische Spezial- und Anti-Terror-Einheit, im Zweiten Weltkrieg begründet. |
| Terp | Interpretor, Übersetzer |
| TOC | Tactical Operation Centre oder Operationszentrale |
| TPZ | Transportpanzer |
| Vektoren | hier: Krankheiten übertragende Insekten und Gliedertiere |
| VN | Vereinte Nationen |
| ZA EAKK | Zentrale Ausbildung – Einsatzausbildung Krisen- und Konfliktverhütung |